ORGANIZATIONS & HUMAN RELATIONS

조직과 인간관계

박성민 · 김선아

박영사

본 도서는 2013년 정부(교육과학기술부)의 재원으로 한국연구재단의 지원을 받아 수행된 연구임(NRF-2013S1A3A2055042).

Preface
머리말

행복한 삶에 있어 인간관계와 조직은 빼놓을 수 없는 중요한 주제이다. 모든 인간은 특정 조직의 구성원으로서, 타인과 관계를 형성하고 이들과의 상호작용을 통해 성장해 나가기 때문이다. 이에 본서는 조직 구성원 간의 건전한 인간관계 형성을 기초로 행복한 개인, 효과적인 조직으로 성장하기 위한 방안에 대한 학습을 목적으로 출간되었다. 본서는 보다 건강한 조직 생활을 기초로 행복을 추구하는 일반 독자와, 행복한 조직 관리 및 행복한 인사 관리에 관한 지식 습득을 바탕으로 미래의 행복한 리더로 성장할 젊은이들에게 길잡이로서의 역할을 할 수 있을 것이라 생각된다.

본서는 인간관계론과 조직행태론의 이론적 관점에서 1) 행복한 개인과 조직, 2) 개인, 3) 조직, 4) 동기, 5) 문화, 6) 스트레스, 7) 리더십, 8) 구조, 9) 갈등, 10) 커뮤니케이션 등 10개 주제를 포함하였다. 특히, 본서를 학습서로 활용할 경우, 각 챕터는 최근 교육현장에서 강조되고 있는 "학생 중심의 교육"을 지원하기 위해, 저자의 다년간의 걸친 Flipped Class 및 PBL(Problem-Based Learning) Class 운영 경험을 토대로 이론과 실제의 연계 및 교수자와 학습자 간의 상호 작용 강화를 위한 "Pre-Class / In-Class / Post-Class" 3단계 학습 체계를 구축할 수 있도록 구성하였다. Pre-Class Activity는 Prologue Section을 기초로, In-Class Activity는 Theory Synopsis를 기초로, Post-Class Activity는 Epilogue Section과 Research Follow-Up Section을 기초로 운영한다면 보다 효과적인 학습이 가능할 것이라 생각된다.

첫 번째, 1단계 Pre-Class Activity는 Prologue Section을 기초로 운영할 수 있을 것이다. Prologue Section은 Book Preview, Movie Preview, Theory Preview 등으로 구성하였다. Book Preview와 Movie Preview는 각 주제와 관련된 교양 서적과 영화를 간략하게 소개하여 독자들의 흥미를 유발하고 본 과목의 주제와 관련하여 생각해볼만한 문제들을 제시하여 브레인 스토밍을 촉진하고자 하였다. 뿐만 아니라, Theory Preview에서는 학술적 지식 습득을 위해 Youtube, Ted 영상 자료 등 이론의 이해를 도울 수 있는 Video Clip Lists를 제시하였다.

두 번째, 2단계 In-Class Activity는 Theory Synopsis Section을 기초로 운영할 수 있을 것이다. Theory Synopsis Section에서는 각 챕터별 주요 이론에 대한 핵심적인 설명을 담았다. 특히 In-Class Activity에 있어서는 과거 일방향적 지식 전달 방식에서 탈피하여 사전 학습이 이루어진 학생과의 질의응답 및 실제 현상 및 문제 상황에서의 적용 및 응용 방안에 대한 토론 등 교수자와 학습자 간의 쌍방향적 지식 공유 방식으로 진행을 권장하는 바이다.

세 번째, 3단계 Post-Class Activity는 Epilogue Section과 Research Follow-Up Section을 기초로 운영할 수 있을 것이다. Epilogue Section에는 실제 우리나라의 우수한 민간 조직 및 공공 조직에 대한 사례를 담았다. 이러한 내용을 바탕으로 스스로 "행복주식회사"를 설립한다고 가정하고, 행복하고 효과적인 조직 관리 및 인사관리 방안이 무엇인지에 대한 고민이 이루어진다면 Theory Synopsis를 통해 습득한 학문적 지식과 실천적 지식을 창의적 지혜로 발전시킬 수 있을 것이라 생각된다. Research Follow-Up Section은 대학원생을 위해 마련된 섹션으로써, 챕터별 주요 개념 및 이론 등을 학술연구에서 구체적으로 어떻게 다룰 수 있는지에 대해 살펴보고, 어떠한 정책적 함의를 이끌어낼 수 있는지에 대해 이야기 해봄으로써 연구역량 강화에 도움이 될 수 있을 것이라 생각된다.

인사 관리 및 조직 관리의 궁극적 목적이 조직 구성원들의 행복의 극대화 및 지속화에 있다면, 그 행복의 토대는 사랑과 진심에 기인한다고 생각한다. 사람을 사랑하고, 진심으로 모든 것을 소중히 생각하는 사람은 어느 곳에 있든 영롱한 빛이 나고, 그러한 사람들로 구성된 조직에서는 따뜻한 향기가 난다. 사람과의 관계에서든, 일을 하는 과정에서든, 내가 전한 사랑과 진심의 크기와, 그러한 관계와 과정 속에서 나에게 돌아오는 행복이라는 선물의 크기는 분명 비례할 것이라고 나는 믿는다. 나의 제자인 성균관대학교 국정관리대학원 박사과정 김선아 양과 함께 이 책을 쓰면서 인생에서 항상 손잡고 함께 해야 할 가치인 사랑과 행복의 중요성에 대해 다시금 느낄 수 있어 감사했다. 나의 진심이 독자들에게도 전해져, 모두가 사랑을 전하는, 그리고 행복을 추구하는 리더로 성장하길 감히 바래본다.

만약 하나님께서 내게 부모님을 선물로 주시지 않으셨다면, 나는 절대 사랑과 행복의 소중함에 대해 알지 못했을 것이다. 아직도 선명히 내 마음 깊은 곳에 남아있는 부모님과의 아름다운 추억들이 현재의 나를 지탱해주는 가장 큰 힘이라는 사실을 이제야 알게 되었다. 결코 갚을 수 없는 깊은 사랑으로 나를 보살펴주신 부모님을 이제는 내가 오랫동안 지켜드릴 수 있길 소망하며, 내 행복의 씨앗이자 열매이신 사랑하는 부모님께 이 책을 바친다.

2015년 3월

저자를 대표하여

박성민(성균관대학교)

Contents

차 례

행복한 개인과 조직

개인

조직

동기

Chapter 5

문화

스트레스

리더십

Chapter 8

구조

갈등

Chapter 10 커뮤니케이션

Chapter 1

행복한 개인과 조직

Framework

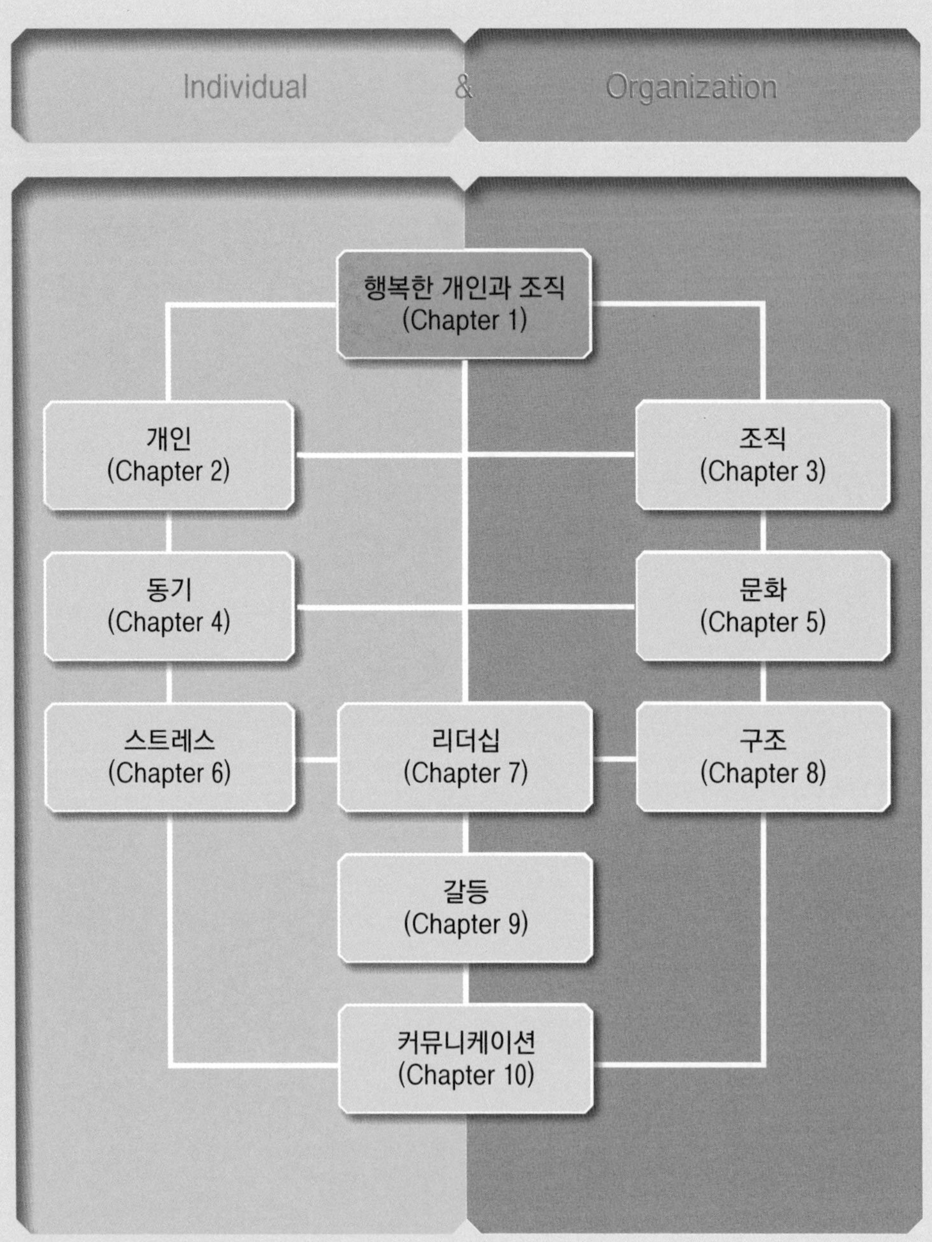

Individual
&
Organization
행복한 개인과 조직
(Chapter 1)
개인
(Chapter 2)
조직
(Chapter 3)
동기
(Chapter 4)
문화
(Chapter 5)
스트레스
(Chapter 6)
리더십
(Chapter 7)
구조
(Chapter 8)
갈등
(Chapter 9)
커뮤니케이션
(Chapter 10)

Keywords

- ○ 조직 관리
- ○ 인사 관리
- ○ 행복 관리
- ○ 산업혁명
- ○ 과학적관리론
- ○ 인간관계론
- ○ 폐쇄적 인사관리(PM: Personnel Management)
- ○ 인적자원관리(HRM: Human Resource Management)
- ○ 인적자본관리(HCM: Human Capital Management)
- ○ 삶의 질(Quality of Life)
- ○ 근로생활의 질(Quality of Work Life)

Prologue

프롤로그

구글은 어떻게 일하는가

에릭 슈미트가 직접 공개하는 구글 방식의 모든 것

에릭 슈미트

상상을 현실로 만드는 구글의 힘, 그 숨겨진 원리를 공개한다!

세계 최대의 인터넷 검색 서비스 기업, 구글. 구글맵 사용자 10억 명, 스마트폰 80% 구글 안드로이드 탑재, 〈타임〉선정 최고 발명품 구글글라스, 이메일 중심의 인터넷 클라우드 서비스의 개막을 알린 지메일과 구글드라이브, 개시 5년 만에 7억 명이 사용하는 웹 · 모바일 통합 브라우저 크롬 등 구글의 혁신은 세계를 열광시키고 있다. 세상을 바꾸는 구글의 힘은 과연 무엇일까?

『구글은 어떻게 일하는가』는 구글의 전 CEO인 에릭 슈미트와 전 수석 부회장인 조너선 로젠버그가 구글의 창업과 성장 과정을 특유의 구글정신의 관점으로 기술한 것이다. 스탠퍼드 대학의 기숙사에서 출발해 40여개국에 종업원 5만 명을 거느린 굴지의 세계적인 기업으로 성장하기까지, 구글의 역사와 정신을 한눈에 살펴볼 수 있다.

이 책의 키워드이자 구글에서 가장 중시하는 개념은 '전문성과 창의력'이다. 이는 구글의 직원 채용 기준이자 구글이 자유로운 업무환경을 제공하는 이유이기도 하다. 또한 구글은 시장조사나 마케팅 경영을 외면하고 오로지 기술혁신에 승부를 건다. 그들의 목표는 단순히 경쟁사를 이기는 것이 아니라 진정한 혁신을 이루는 데 있다. 이에 '달을 향해 쏴라!' '공개를 기본설정으로' '모바일 먼저' 등 구글의 다양하고 핵심적인 구호를 통해 그들의 문화와 전략, 소통과 혁신 등을 보여준다.

출처: 인터넷 교보문고(http://www.kyobobook.com)

Step 1 Warm-Up Exercise

일하기 좋은 100대 기업 1위에 선정된 구글, 구글의 일하는 방식을 소개한 책 "구글은 어떻게 일하는가"를 읽고, 두 마리 토끼, 즉 경제적 이익과 같은 양적 측면의 성과와 조직 구성원들의 행복과 같은 질적 측면의 성과를 모두 달성할 수 있었던 비결에 대해 조직관리의 시각에서 논의해 보자.

참고: 포춘 선정 일하기 좋은 100대 기업
(http://www.greatplacetowork.com/best-companies/100-best-companies-to-work-for)

모던타임즈

컨베이어 벨트 공장에서 일하고 있는 찰리는 하루 종일 나사 못 조이는 일을 하고 있다. 단순 작업의 결과 눈에 보이는 모든 것을 조여버리는 강박 관념에 빠지고 찰리는 정신이 이상해져서 급기야 정신 병원까지 가게 된다. 병원에서 퇴원한 그는 일자리가 없어 거리를 방황하다가 시위 군중에 휩싸여 감옥에 끌려가게 된다.

몇 년의 감옥살이 끝에 풀려난 찰리는 빵을 훔친 예쁜 소녀를 도와준다. 근사한 집을 사기 위해 백화점 경비원으로 취직하기도 하고, 철공소에서 일을 하나 번번히 소동으로 막을 내린다. 소녀의 도움으로 카페에서 일하게 된 찰리는 자신을 추적하는 사람들에 아랑곳 않고 노래를 하다가 결국 다시 떠돌이로 남는다. 거리에 나선 찰리와 소녀는 희망만은 버리지 않는다.

출처: 네이버 영화 (http://movie.naver.com/)

Step 2 Warm-Up Exercise

영화 “모던타임즈”를 보고 과거 조직 및 인사 관리에 있어 접근 방식의 특징과 문제점에 대해 논의해 보고, 현재의 조직 및 인사 관리 접근 방식은 과거와 어떤 차이점을 갖는지에 대해 생각해 보자. 또한 이러한 논의를 바탕으로 향후 조직 관리 및 인사 관리에 있어 바람직한 방향은 무엇인가에 대해 함께 고민해 보자.

Chapter 1 행복한 개인과 조직	Scientific Management	http://www.youtube.com/watch?v=dCWkWGW8Hcc
	Human Relations	http://www.youtube.com/watch?v=F2k018hctZQ
	개인의 만족과 조직의 성장	http://www.youtube.com/watch?v=FezGwLxwacg
	긍정심리자본	http://www.youtube.com/watch?v=K3xrGVydu4w

Self-Interview Project

● 영상을 시청하고, 스스로 조직의 CEO가 되어 아래 질문에 대한 인터뷰를 진행해 보세요.

Interviewer:

현재 CEO님께서 속한 조직의 조직 관리 및 인사 관리의 거시적 목표는 무엇인가요?

Interviewee:

Interviewer:

최근에는 조직의 1차적 목표라 할 수 있는 경제적 성과와 더불어 조직 구성원의 행복, 삶의 질과 같은 질적 성과가 강조되고 있다고 합니다. 조직 관리 및 인적 자원 관리의 시각에서 양적 성과와 질적 성과라는 두 마리 토끼를 잡기 위해 어떠한 관리 전략을 구사해 볼 수 있을까요?

Interviewee:

제1절 조직 관리

우리에게 잘 알려진 명제 중에 "인간은 생물학적 존재인 동시에 사회적 존재이다."가 있다. 이는 인간이 생물학적 존재로서 인간다운 삶을 영위해 나가는 데 있어서는 건강과 소득과 같은 물리적 요소들이 충족되어야 하며, 사회적 존재로서 안정감, 친밀감 등의 욕구를 충족하기 위해서는 타인과 관계를 맺고 상호작용하는 활동이 필요함을 의미하는 것이다. 이에 인간은 일생에 걸쳐 경제활동을 기초로 하는 물리적 욕구 충족과 더불어 나와 타인, 나와 가족, 나와 사회, 나와 조직 등 수많은 관계를 맺으며 삶을 유지해 나간다. 이러한 이유로 조직 관리에 있어 관계적 특성은 매우 중요한 이슈로 다루어져 왔다. 특히, 조직 관리에 있어 인간관계적 요소를 중요하게 다루게 된 것은 호손실험을 기초로 인간관계론이라는 학문이 등장하면서부터이다. 인간관계론이 등장하기 이전에는 과학적 관리론의 시각을 기반으로 조직관리가 이루어져왔다. 이처럼 조직 관리에 접근하는 시각은 시간의 흐름에 따라 변화해 왔는데, 크게 산업혁명 시대, 과학적 관리론의 시대, 인간관계론의 시대로 구분하여 각각의 특징을 간략히 살펴보면 다음과 같다.

- **산업혁명 시대** 산업혁명 시대의 조직 관리 방식은 비과학적 · 비체계적 방식으로 요약할 수 있다. 기술혁신을 통해 기존의 노동력을 기계가 대신하면서 대량생산이 가능해졌고, 이로 인해 노동자의 지위가 불안정해졌다. 이에 조직의 관리자는 사람에 대한 관심보다는 생산성 증대 등 경제적 성과의 극대화에만 관심을 기울였다. 뿐만 아니라 이 시기에는 조직 관리 및 인사 관리에 대한 지식이 축적이 거의 이루어지지 않은 시기였으므로 조직 운영에 있어 과학성과 체계성을 찾아볼 수 없었다.
- **과학적 관리론의 시대** 과학적 관리론 시대의 조직 관리 방식은 전문화와 표준화를 중심으로 하는 관리의 과학화로 요약할 수 있다. 산업혁명 시대의 비과학적 · 비체계적 방식으로 인한 조직 내 태업 및 비능률성을 목격한 Taylor(1914)는 이를 해소하기 위해 관리의 과학화를 시도하였다. 이에 시간연구, 동작연구 등을 통해 표준 작업량, 작업 방식 등을 결정하였고, 성과 달성 수

준에 따른 차별적인 인센티브 제도의 운영, 과업 목표를 달성하지 못할 경우 불이익을 부여하는 방법 등 객관적이고 체계적인 과학적 관리 방식을 도입하였다. 과학적 관리론 시대는 산업혁명 시대와는 달리 조직 관리에 있어 과학적이고 체계적인 방식을 활용하였다는 측면에서 차이를 살펴볼 수 있으나, 산업혁명 시대와 마찬가지로 사람보다는 성과에 대한 관심이 먼저였기 때문에, 지나친 합리화와 과학화, 노동자의 인간소외, 노동자의 심리적 요인의 배제로 인한 생산성 저하, 관리자와 노동자 간의 갈등 확산 등이 문제점으로 지적되었다.

- **인간관계론의 시대** 인간관계론 시대의 조직 관리 방식은 조직 구성원의 심리적 욕구의 중요성 강조로 요약할 수 있다. 인간관계론의 출발점이라고 할 수 있는 호손실험은 생산성 향상을 목표로 작업환경을 개선하기 위한 방법을 도출하기 위해 시도되었던 연구이다. 그런데 이러한 연구를 진행하는 과정에서 연구팀은 조직의 생산성 향상에 있어 작업환경 개선과 같은 물리적 요인뿐만 아니라, 작업자 간의 인간관계, 관리자의 감독 방식, 조직 구성원들의 사기, 감정 등과 같은 심리적 요인이 중요하다는 점을 발견하였다. 뿐만 아니라 조직 내 비공식적 집단의 중요성도 발견할 수 있었다. 조직 내 비공식적 집단의 규범이 조직 구성원의 행태에 영향을 미치고, 조직 구성원은 비공식적 집단에 소속됨으로써 공식적 집단에서 느끼는 소외감 등을 극복하게 됨으로써 관계욕구를 충족하게 되고 이와 같은 메커니즘이 궁극적으로 조직성과 향상과 연계될 수 있음을 발견하였다. 이러한 발견을 바탕으로 조직 구성원들의 심리적 만족에 중점을 두는 조직 관리의 필요성을 인식하게 되었고, 이를 인간관계론이라고 부르게 되었다. 이에 인간관계론을 기초로 하는 조직 관리는 문화, 구조와

그림 1-1 조직 관리 접근방식의 진화 과정

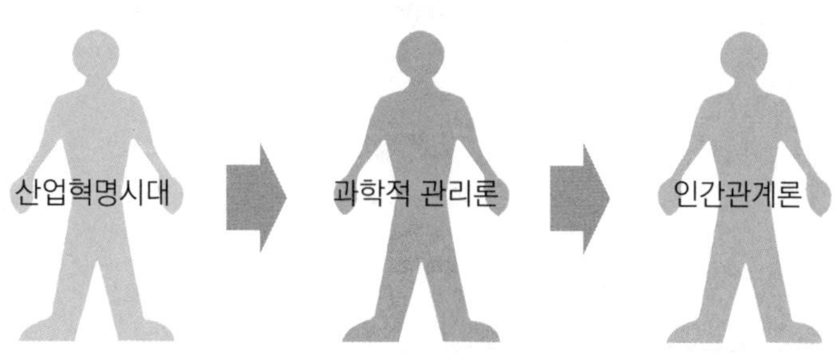

같은 조직적 특성과 더불어 동기, 스트레스, 갈등, 리더십, 커뮤니케이션 등 개인의 심리적 차원과 이에 영향을 미치는 다양한 요인들을 포괄적으로 다룬다.

제2절 인사 관리[1]

조직 관리의 접근 방식 변화와 함께 인사 관리의 접근 방식도 시대적 상황에 맞게 지속적으로 변화해 왔다. 〈그림 1-2〉에서 보는 바와 같이 인사 관리는 과거의 기술적 · 법 해석적 · 몰가치적 · 최소비용 지향이라는 가치를 기반으로 하는 폐쇄적 인사 관리(PM: Personnel Management) 접근 방식에서 경쟁적 · 다가치적 · 성과 중심적 · 자율적 가치를 기반으로 하는 개방적인 인적 자원 관리(HRM: Human Resources Management) 접근 방식으로 변화되어 왔다. 이는 현대 인사 관리가 내부 및 외부적 환경과 상호작용하는 개방 체계적 성격을 갖고 있고, 다양하고 대립적인 이념 및 가치와 조화를 추구하고 있다는 의미로 해석할 수 있다(강성철 외, 2009).

이와 더불어 규율과 관리중심의 시각이 아닌 자율과 참여적 가치를 반영한 변혁적 인사 관리의 패러다임으로써 인적 자본 관리(HCM: Human Capital Management)에 대한 관심 또한 증대되고 있다. 변혁적 시각에서는 기관의 미션을 효과적으로 달성하고, 양질의 재화와 서비스를 제공하는 것은 물론, 변화하는 환경에 신속하게 적응하기 위해서는 인사 관리에 있어, 과거의 패러다임을 넘어서는 새로운 방식이 필요

그림 1-2 인사관리 접근방식의 진화 과정

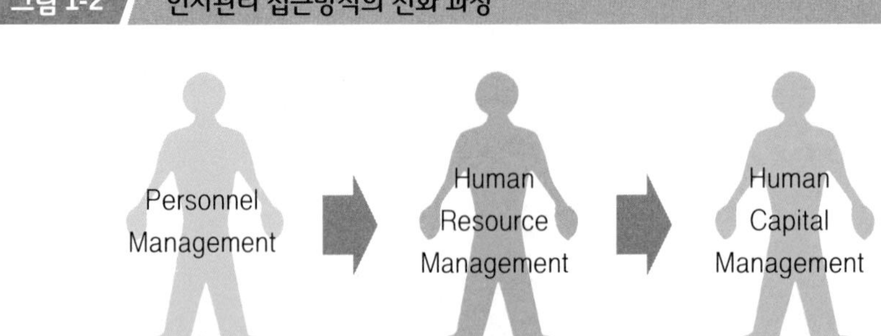

1 본 절의 내용은 본서의 제1저자가 공동 저자로 참여한 유민봉 · 박성민(2014)의 내용 중 일부를 발췌하여 수정 · 보완하였다.

하다고 주장한다. 이를 위해서는 무엇보다 조직구성원을 단순한 자원(Resource)이 아닌, 목표 달성에 있어 핵심적인 자산(Asset)이자 투자(Investment)의 대상으로 인식하여 함을 강조한다. 즉, 사람을 자본(Capital)으로 인식함으로서 이들의 가치가 시간이 지남에 따라 줄어드는 것이 아니라 다양한 교육, 훈련, 능력 및 역량 개발 프로그램을 통해 가치가 지속적으로 증가될 수 있다고 본다. 사람에 대한 인식의 전환을 바탕으로 인적 자본 관리에서는 개인 친화적 근무환경조성과 직장에서의 삶의 질 향상을 통한 인본주의적 성과지향 문화의 확산을 통해 궁극적으로는 인적 자본 관리를 조직의 전략적 관리와 연계하여 관리 역량을 향상시키고, 개인과 조직이 전략적 파트너로서 조직의 발전과 변혁을 함께 만들어 나가도록 유도하는 전략적 · 장기적 · 미래지향적 접근 방식을 지향한다.

이에 인사 관리 접근 방식을 폐쇄적 인사 관리 방식, 개방적 인적 자원 관리 방식, 변혁적 인적 자본 관리 방식 등 3단계로 구분하여 살펴볼 수 있다. 각 단계별 특징을 기능, 재정, 핵심전략, 중점 서비스 내용, 조직-개인 간의 관계, 목표 등의 측면으로 구분하여 살펴보면 〈표 1-1〉과 같다.

표 1-1 인사관리 접근방식의 진화 과정별 특징

	폐쇄적 인사 관리(PM) : 통제적 접근방식	인적 자원 관리(HRM) :관리적, 효율성 중심의 접근 방식	인적 자본 관리(HCM) : 전략적, 변혁적 접근방식
기능 (Functions)	- 사무처리(Transactions) - 규정준수(Compliance) - 기록관리 (Record Keeping)	- 자문서비스 (Advisory Service) - 문제해결 (Problem Solving) - 운영이슈 (Operational Issues)	- 역량구축 (Capacity Building) - 기회규명(Identification of Opportunities) - 전략적 이슈 (Strategic Issues)
재정의 초점 (Financial Focus)	- 최소비용(Minimal cost)	- 비용통제(Cost Control)	- 투자분석 (Investment Analysis) - 투자수익률(ROI)
핵심전략 (Key Strategies)	- 규정에 대한 지식 (Rule Knowledge) - 과정 효율성 (Process Efficiency)	- 인적 자원 관리 전략 (HR Practices) - 사업적 맥락 (Business Context)	- 시스템 사고(Systems Thinking) - 전략적 컨설팅(Strategic Consulting)

산출물/ 서비스 (Products/ Services)	- 임명(Appointments) - 임금변동(Pay Changes) - 직위기술서 (Position Description) - 인사자료 (Personnel Folders) - 보고서(Reports) - 급여지급 (Salary Payments) - 복리혜택정보 (Benefit Information) - 훈련관리 (Traning Administration) - 안전진단(Safety Inspections/Records)	- 채용(Recruiting) - 분류/보상 (Classification/ Compensation) - 성과평가(Performance Evaluation) - 훈련계획/시행(Training Planning/Delivery) - 직위관리 (Position Management) - 정보시스템 (Information System) - 직원 간 관계 (Employee Relations) - 급여관리(Payroll) - 위험관리 (Risk Management)	- 인적자본계획(Human Capital Planning) - 능력관리(Talent Management) - 리더십 개발 및 지속 계획(Leadership Development & Succession Planning) - 성과지향적 문화 (Performance Culture) - 능력시스템 (Competency Systems) - 업무환경향상 - 측정기준 (Metrics/Standards) - 변화관리/의사소통 (Change Management/ Communications)
메타포 (Metaphor): 조직과 개인 간의 관계	집행자(Enforcer)	업무 파트너 (Business Partner)	전략적 파트너 (Strategic Partner)
패러다임 (Paradigm)의 목표	기술적 정확성 (Technical Correctness)	프로세스 향상 (Process Improvement)	변혁(Transformation)

자료: 유민봉 · 박성민(2014).

제3절 행복 관리

조직 관리 및 인사 관리에서의 접근 방식 변화를 살펴봄으로써 시대적 흐름에 따라 관리적 차원에서 가장 중요하게 고려했던 가치가 무엇인지에 대해 이해해 볼 수 있었다. 그렇다면, 현재 조직 관리 및 인사 관리에서 가장 중요하게 생각하는 가치, 즉, 조직 관리와 인사 관리의 궁극적 목적은 무엇일까?

제1의 자본인 물적 자본과 제2의 자본인 인적 자본이 가장 주요한 자원으로 강조되던 과거 사회에서는 물적 자본과 인적 자본에 기초한 경제적 성과의 달성이 조직 관리와 인사 관리의 궁극적 목적이었다. 그러나, 제3의 자본인 사회자본과 제4의 자본인 심리자본이 보다 주요한 자원으로 강조되고 있는 현재의 사회에서는 사회자본과 심리자본에 기초한 정서적 가치가 조직 관리와 인사 관리의 새로운 목적으로 자리 잡게 되었다. 이에 본서에서는 조직 관리와 인사 관리의 궁극적 목적을 개인과 조직의 행복의 실현으로 보고자 한다.

행복(Happiness)이라는 개념은 관리적 차원에서 "삶의 질(Quality of Life)"이라는 용어로 대체되어 사용되곤 하는데, UN(2013) 이러한 삶의 질이 중요한 이유를 조직 차원과 사회 차원으로 구분하여 설명하고 있다. 조직 차원에서는 조직 구성원들의 삶의 질 향상이 생산성의 증가, 성과 향상, 조직의 창의성 증진 및 인식적 유연성 증대, 협력 및 협업 증진으로 직결될 수 있음을 설명하였다. 또한 사회 차원에서는 사회 구성원의 삶의 질 향상이 친사회적 행동의 증가, 위험 감소, 사교성 증진, 사회 관계 및 네트워크 강화 등을 통해 더 나은 사회의 구현을 가능하게 한다는 측면에서 삶의 질의 중요성을 설명하였다(UN, 2013). 이러한 시각을 기초로 본서에서는 조직관리 및 인적자원의 궁극적 목적을 개인과 조직의 행복의 실현으로 설정하였고, 이를 이해하기 위해 삶의 질의 개념과 구성요소를 살펴보았다.

1. 삶의 질의 의의[2]

삶의 질은 다양한 속성을 내포하고 있는 다차원적 개념으로서 행정학, 정책학, 경영학, 경제학 등 분야를 막론하고 연구자들의 관심 주제로 자리 잡고 있다. 경우에 따라 삶의 질 개념은 행복감(Happiness), 만족감(Satisfaction), 생활 만족도(Life Satisfaction), 안녕감(Well-Being), 주관적 안녕감(Subjective Well-Being), 긍정적-부정적 감정(Positive-Negative Affect), 긍정적-부정적 느낌(Positive-Negative Feelings) 등과 혼용되어 사용된다. 특히, 학문 분야, 연구 목적, 분석 수준 등에 따라 개념적 정의가 다르게 제시되고 있어 삶의 질 개념을 명확히 이해하기 위해서는 삶의 질에 접근하는 상이한 학문적 시각에 대해 살펴볼 필요가 있다. 삶의 질에 접근하는 학문적 시각은 경제학, 사회학, 심리학, 행정학 등 크게 네 가지 시각으로 구분해 볼 수 있다(고명

2 이 내용은 본서의 제1저자와 제2저자가 함께 연구한 김선아 · 박성민(2014)의 내용 중 일부 발췌하여 수정 · 보완하였다.

철 · 최상옥, 2012).

우선, 경제학적 시각은 GDP와 GNP와 같은 경제적 수준을 측정하는 전통적 측정지표를 대신할 수 있는 대안적 개념으로서 삶의 질에 접근한다. 그러므로 여기서의 삶의 질은 경제, 사회, 문화 등 사회 전반의 개발 정도를 포괄적으로 측정하는 역할을 한다. 반면, 사회학적 시각은 사회 체계 및 사회 구조와 삶의 질 관계의 메커니즘을 밝히는 데 주목한다. 이에 사회학적 시각은 삶의 질을 개인적 차원에서 이해하기보다는 사회적 차원의 개념으로 이해한다. 또한, 심리학적 시각은 행복감, 만족도, 안녕감 등 인지적 · 정서적 측면을 강조한다. 이에 심리학적 시각은 삶의 질 개념을 삶의 다양한 부분에서 개인이 느끼는 만족도, 행복도 등을 종합적으로 측정하는 척도로서 이해한다. 마지막으로, 행정학적 시각은 삶의 질 개념을 정부 활동 및 정부 정책의 궁극적 목표로서 이해한다. 특히, 행정학적 접근방식은 사회학적 접근 방식과 심리학적 접근 방식과 유사한 맥락에서 삶의 질 개념에 접근한다. 즉, 행정학적 접근 방식에서의 삶의 질은 사회적 차원과 개인적 차원의 만족도 등을 모두 포괄한다. 이에 범죄율 감소, 출산율 증가 등의 사회적 차원의 삶의 질과, 의료 · 주거 · 복지 · 치안 등 정부가 제공하는 복지 서비스에 대한 만족도 등 개인적 차원의 삶의 질 등을 포함한다.

이러한 네 가지 서로 다른 시각을 종합해 보면, 경제학적 시각과 사회학적 시각은 삶의 질 개념을 이해하고 측정하는 데 있어 객관적 차원으로 접근했다면, 심리학적 시각은 주관적 차원으로, 행정학적 시각은 객관적 차원과 주관적 차원을 포괄적으로 고려하고 있음을 알 수 있다. 객관적 차원에서 삶의 질에 접근하는 입장은 사람들이 안정적이고 만족스러운 삶을 영위하는 데 있어 필요한 물리적 상태 및 조건으로서 삶의 질을 이해하며 경제 수준, 문화 수준, 복지 수준 등 물리적 요인을 중시한다(김도엽, 2001). 반면, 주관적 차원에서 삶의 질에 접근하는 입장은 인간의 삶을 구성하는 다양한 영역에서 개인이 기대하는 수준과 실제 삶과의 부합 정도로서 삶의 질을 이해하며 개인의 행복, 만족감, 삶을 대하는 긍정적 태도, 도덕성 등 심리적 요인을 중시한다(Stock et al., 1986; Coulter, 1990; 김미령, 2012). 특히, 경제적 가치보다 정서적 가치가 더욱 중시되는 현재는 삶의 질 개념을 이해하는 데 있어 주관적 · 심리적 측면을 보다 강조하고 있다. 따라서 소득 수준과 같은 절대적 개념으로 삶의 질을 이해하기보다는 자신의 환경, 상태, 경험에 대한 인지된 만족도 등과 같은 상대적 개념으로 삶의 질을 이해하는 것이 더욱 바람직하다고 볼 수 있다. 이러한 맥락에서 McDowell & Newell(1987)은 "삶의 질이란 물리적 상황의 적절성과 이러한 상황에 대해 개인이 느끼는 감정 모두를 포함하는 개념이다(McDowell & Newell, 1987; 205)."라고 정의하였고, Kahneman & Deaton(2010)은 삶의 질을 주관적 삶의 질(Subjective Well-Being)로 개념화 하고, 이를 감정적 삶의 질(Emotional Well-Being)과 삶에 대한 평가(Life Evaluation) 차원으로 구분하여 설명하고 있다. 감정적 삶의 질의 경우 쾌락적 삶의 질, 경험적 행복 등과 관련된 개념으로 즐거움, 매력감, 불안감, 우울감, 분노감, 애착심 등을 느끼는 빈도로 평가된다. 반면 삶에 대한 평가의 경우 자신의 삶 전반에서 느끼는 만족감에 대해 스스로 평가하는 것을 의미한다. 이러한 내용을 종합하여 본서에서는 삶의 질을 과정적 개념으로 이해하고, 상황의 적정성과 이에 대한 인지적 반응으로 나타나는 자신의 삶에 대한 주관적 만족감으로 정의하고자 한다.

2. 삶의 질 구성 요소에 관한 이론적 논의

앞서 살펴본 바와 같이 삶의 질을 이해하는 데 있어 객관적 · 물리적 측면을 강조하는지, 주관적 · 심리적 측면을 강조하는지, 혹은 두 가지 차원을 종합적으로 고려하는지에 따라 삶의 질을 구성하는 요소 및 측정 방식은 달라질 수밖에 없다. 삶의 질 구성 요소를 이해하기 위해 삶의 질 구조를 규명하고자 했던 연구를 살펴보면 다음과 같다.

Parasuraman et al.(1989)은 삶의 질의 구성요소로서 결혼 적응(Marital Adjustment), 직무 만족(Job Satisfaction) 등을 제시하면서 가족 차원과 직장 차원으로 구분하여 삶의 질을 이해하였으며 Evans et al.(1993)은 삶의 질의 구성요소로서 결혼 만족도(Marital Satisfaction), 친밀감(Intimacy), 표현성(Expressiveness), 직무 만족(Job Satisfaction) 등을 제시하였으며, Liang et al.(2013)은 여가 만족도(Leisure Satisfaction), 직무 만족도(Job Satisfaction), 소득 만족도(Income Satisfaction), 가족 만족도(Family Satisfaction), 건강 만족도(Health Satisfaction), 영적 만족도(Spiritual Satisfaction), 친밀감 만족도(Friendship Satisfaction) 등을 제시하였다.

이처럼 학자들이 제시한 구성요소를 범주화 해보면 삶의 질은 일반시민으로서 일상생활을 영위해나가면서 느끼는 생활 만족도 중심의 삶의 질과 특정 조직에 소속된 조직 구성원으로서 조직 생활을 통해 느끼는 조직 생활 만족도 중심의 근로생활의 질 등 크게 2가지 차원으로 구분하여 살펴볼 수 있었다. 일반 시민으로서의 삶의 질은 건강 만족도, 경제적 상황 만족도, 가족 만족도, 사회 관계 만족도, 여가 만족도 등으로 구성해 볼 수 있었으며 조직 구성원으로서의 삶의 질은 이러한 일상생활의 삶의 질과 더불어 근로 생활의 질로서 직무 만족, 조직 만족 등의 차원을 추가적으로 살펴볼 수 있었다. 다만, 삶의 질과 근로생활의 질은 각각 서로의 영역에 영향을 미치기 때문에, 조직 및 인사 관리에 있어, 이 둘 모두를 포괄적으로 다루는 것이 바람직하다고 할 수 있다.

- **삶의 질(Quality of Life)** 일반 시민으로서 삶의 질은 건강 만족도(Health Satisfaction), 경제적 상황 만족도(Economic Situation Satisfaction), 가족 만족도(Family Satisfaction), 사회 관계 만족도(Social Relation Satisfaction), 여가 만족도(Leisure Satisfaction) 등으로 구분해 볼 수 있다. 이론적으로 볼 때 일반 시민으로서의 삶의 질 구성 요소는 Maslow(1954) 욕구 단계 이론(Hierarchy of Needs Theory)과 Alderfer(1972)의 ERG 이론과 맥락을 같이 한다. Maslow(1956)는 욕구 단계 이론을 통해 모든 개인에게는 생리적 욕구(Psychological Needs), 안전 욕구(Safety Needs), 사회적 욕구(Social Needs), 존경 욕구(Self-Esteem Needs), 자아 실현 욕구(Self-Actualization Needs) 등 다섯 가지의 위계적 욕구 단계가 존재하고 이를 순차적으로 충족해 나간다고 설명했다. 유사한 맥락에서 Alderfer(1972)는 ERG 이론을 통해 Maslow의 욕구 단계 이론을 수정하여 개인의 욕구 단계를 세 단계로 축소하여 제시하였다. 첫 번째 단계는 존재 욕구(E:

그림 1-3 행복 관리의 주요 요소

Existence Needs)로서 생리적 욕구와 물리적 안전에 대한 욕구 등을 포함한다. 두 번째 단계는 관계 욕구(R: Relatedness Needs)로서 대인 관계에서의 안전욕구와 사회적 욕구, 타인으로부터의 존경 욕구 등을 포함한다. 마지막 세 번째 단계는 성장 욕구(G: Growth Needs)로서 이는 자기 자신의 내면적 욕구를 의미하는 것으로 자신으로부터의 존중과 자아실현의 욕구 등을 포함한다. 이러한 내용을 종합해 볼 때 존재 욕구로서 건강 만족도와 경제 상황 만족도 등을, 관계 욕구 및 성장 욕구로서 가족 만족도, 사회 관계 만족도, 여가 만족도 등을 일상생활의 질에 있어 핵심요소로 이해해 볼 수 있다.

- **근로생활의 질(Quality of Work Life)** 청소년기 이후 인간은 대부분 생존을 위해 혹은 관계적 욕구 및 성장 욕구 충족을 위해 직업을 선택하고 특정 조직 구성원으로서 활동하게 된다. 이에 조직구성원으로서 경험하게 되는 근로생활의 질은 삶의 질을 이해하는데 있어 매우 중요한 요소이다. 근로 생활의 질은 조직 내 근로자들의 안녕감(Well-Being)과 만족도(Satisfaction) 등으로 이해할 수 있는데, Sirgy et al.(2001)은 근로생활의 질을 근로 생활에서 느끼는 다양한 유형의 만족도로서 특정 조직 구성원으로서 누릴 수 있는 자원 및 활동에 관한 욕구 충족의 정도라고 설명하였다. 특히 Sirgy et al.(2001)은 근로 생활의 질이 조직 몰입보다 상위 차원의 개념임을 강조하였으며 잘 알려진 직무 만족은 근로 생활의 질에 대한 많은 성과 중의 하나의 개념으로, 상위 차원의 근로 생활의 질은 직무 만족에 영향을 미칠 뿐만 아니라, 비 직장 생활의 영역인 가족 생활, 여가 생활, 사회 생활 등 무수히 많은 삶의 영역에 영향을 미치는 핵심 요소라고 설명하였다. 유사한 맥락에서 Danna & Griffin(1999)은 근로생활의 질을 위계적 개념으로 이해하였다. 이러한 위계 구조의 가장 상위 수준에는 근로 생활 전반에 대한 만족도가 위치해 있고, 중간 수준에는 직무만족도가, 가장 하위수준에는 직무 특성 요소가 포함되어 있다고 설명하였다. 직무 특성의 경우 급여, 동료, 리더에 대한 만족도, 근로 환경에 대한 만족도 등의 요소를 포함하고 있었다(Danna & Griffin, 1999). 조직 관리 및 인사 관리 차원에서 근로생활의 질이 중요한 이유는 행복한 근로자는 생산적이고, 조직에 헌신적으로 충성하는 근로자이기 때문에 조직 동일시(Organizational Identification), 조직 몰입(Organizational Commitment), 직무 만족(Job Satisfaction), 직무 관여(Job

Involvement), 직무 수행 노력(Job Effort), 직무 성과(Job Performance) 등의 수준이 높으며 이직 의도(Turnover Intention), 사고율 저하 등 조직 구성원들의 긍정적인 행태에 있어 핵심 요인으로 밝혀지고 있기 때문이다(Sirgy et al, 2001; 김선아 외, 2013).

신한은행, 'Smart & Happy' 자긍심 넘치는 행복한 일터

최윤호 기자

신한은행은 개개인이 조직과 함께 성장하고 함께 행복한, 활기찬 일터를 구현한다는 목표 아래 직무 전문성 강화와 직원의 성장 비전을 제시하고 자기주도형 학습 문화를 정착시켜 진정한 금융 전문가로 성장할 수 있도록 지원하고 있다.

이러한 자기계발 프로젝트는 구성원들의 경력관리를 지원하는 것으로 역량 강화를 통해 구성원들의 잠재 능력을 이끌어내 조직의 성과 창출에 활용한다.

구성원들은 이 조직에서 자신이 성장하고 성공할 수 있다는 믿음을 갖게 되며 동시에 구성원 한 사람으로서 조직으로부터 존중받고 있다는 느낌을 갖게 한다.

신한은행은 '광장 2.0'이라는 장을 만들어 직급에 관계없이 누구나 회사의 성장과 발전을 위한 개선 사항 및 새로운 아이디어를 제안하고 자유롭게 토론할 수 있는 소통의 장을 마련하고 있다. 이곳의 'CEO광장'은 익명으로 글을 제시할 수 있어 많은 직원들이 진솔한 이야기를 CEO에게 전달할 수 있으며, '제안광장'을 통해서 자유롭게 토론을 제기하

고 의견을 수집함으로써 직원들의 참여를 유도하고 있다. '광장2.0'을 통해 1만 건 이상의 아이디어가 검토되고 있으며, 집단 지성을 활용한 이 의견들은 신한은행의 성장 동력이 되고 있다.

창의적인 근무 환경의 인프라 구축뿐만 아니라 조직의 경영 현안과 발전 방향에 대해 은행장과 직원들이 격의 없이 토론하고 창의적인 아이디어를 제안하는 엠시큐브드는 기존 업무를 수행하며 온오프라인을 통한 미래 성장 동력원 발굴, 경영 개선 제안, 영업 현장 의견 전달 등의 활동을 펼치는 현장의 싱크탱크로서의 역할을 하고 있다.

이곳에서 구성원은 누구나 자신의 아이디어와 개선점을 리더들이 귀담아듣고 그것을 적용하기 위하여 노력하고 있다는 것을 잘 알고 있다.

'스마트한 신한은행, 행복한 신한인'이라는 주제로 진행되고 있는 SHB운동('Smart & Happy Bank'의 줄임말)은 비효율적인 요인을 찾아 이를 개선하는 것이 목표이다. 직원들의 퇴근 시간을 앞당겨 여가 시간을 개인의 성장과 자기계발에 활용할 수 있게 해 일과 삶의 건강한 균형이 유지되도록 하는 등 자긍심이 넘치는 행복한 일터를 만들고자 하는 문화 캠페인이다. 이런 노력을 통해 신한은행의 신뢰 구축 기반이 되는 'GWP'를 구현해 가고 있는 것이다.

출처: 동아일보(2015.02.09)

한국자산관리공사, 사내 카페 · 도시락룸… 직원 행복하게

이호승 기자 · 신현규 기자 · 김동은 기자
전범주 기자 · 김제림 기자 · 윤진호 기자

국가자산 종합관리기관의 역할을 수행하고 있는 한국자산관리공사(KAMCO · 캠코)는 직원들을 배려하고 행복한 일터를 만들기 위해 다양한 기업문화 프로그램을 운영하고 있다.

캠코는 직원이 하루의 대부분 시간을 보내는 일터에서 만족하고 행복감을 얻을 수 있도록 분위기를 조성해 생산성과 효율성을 높이고 있다. 일과 중 잠시 쉬는 시간에 저렴한 가격에 커피를 마시며 동료들과 대화를 나눌 수 있도록 사내에 카페를 운영하고 있다.

도시락을 가지고 다니는 여직원들을 배려하기 위한 도시락룸도 설치하는 등 근무환경 개선에 힘쓰고 있다. 직원들의 문화적 감수성을 높이기 위한 '메이크업 트렌드', '나만의 향수 만들기' 등의 강좌를 점심시간에 시행하고 있다.

주말에는 직원들이 업무에 전념하도록 조력한 가족들을 위해 '즐신프로젝트(즐겁고 신명나는 직장 만들기 프로젝트)'를 운영하여 교외로 나가 각종 체험활동을 할 수 있도록 배려하고 있다.

캠코는 행복한 일터 조성을 위한 노력뿐만 아니라 국민 행복을 위한 사회공헌활동에도 힘쓰고 있다.

캠코는 국가 경제의 순환을 도모하는 공사의 역할과 인체 혈액순환을 돕는 신장 역할

에 주목하여 '신장 이식수술 지원사업'을 캠코의 대표 사회공헌사업으로 운영하고 있다.

또한 단순한 지원 사업이 아닌 신장환자가 안정적인 자활을 할 수 있도록 자녀 장학금, 구직 활동까지 지원하고 있다. 직원 재능기부의 일환으로 시각장애인을 위한 오디오북 제작에 성우로 참여하는 등 캠코의 폭넓은 사회공헌활동은 2014 나눔국민대상 대통령 단체 표창을 수상하기에 이르렀다.

출처: 매일경제 (2014.11.18)

Step 1 Wrap-Up Exercise

민간조직인 신한은행과, 공공조직인 한국자산관리공사의 사례를 참고하여 조직 관리 및 인사관리에 있어 '행복'의 의미에 대해 논의해 보세요. 행복한 개인과 조직을 위한 조직관리 및 인사관리 10계명을 작성해 보세요.

시민의 삶의 질 선행 요인 규명에 관한 연구 : 일반 가구와 저소득층 가구의 비교를 중심으로

본 연구에서는 우리나라 경제활동 인구(실업자 제외)를 대상으로 개인의 삶의 질을 결정짓는 선행요인으로서 기존 연구에서 중요하게 다루어지고 있었던 경제적 요소인 물리적 환경과 더불어 자아존중감 우울감 등과 같은 심리 자본, 사회 자본 등 비경제적 요소 등을 포괄적으로 다루어 이들 간의 중요성을 비교 · 분석해 보고자 하였다. 특히, 본 연구는 분석대상을 일반 가구와 저소득층 가구로 구분하여 분석을 시도하였다. 일반 가구와 저소득층 가구는 물리적 특성의 차이뿐만 심리적 · 정서적 차원에서도 차이를 갖고 있으므로 삶의 질 향상 정책을 수립하는 데 있어 차별적 접근이 필요하다고 판단되었기 때문이다. 뿐만 아니라 본 연구에서는 물리적 삶의 질, 정서적 삶의 질, 총체적 삶의 질 등으로 구분하여 삶의 질에 접근하였다. 또한, 삶의 질 수준 및 영향요인 분석을 위해 선행요인과 결과요인의 시간차원을 3개년도로 구성하여 분석함으로서 시간 및 환경 변화에 따라 삶의 질 수준이 어떻게 다르게 나타나는지를 살펴보았다.

그림 1-4 연구 모형

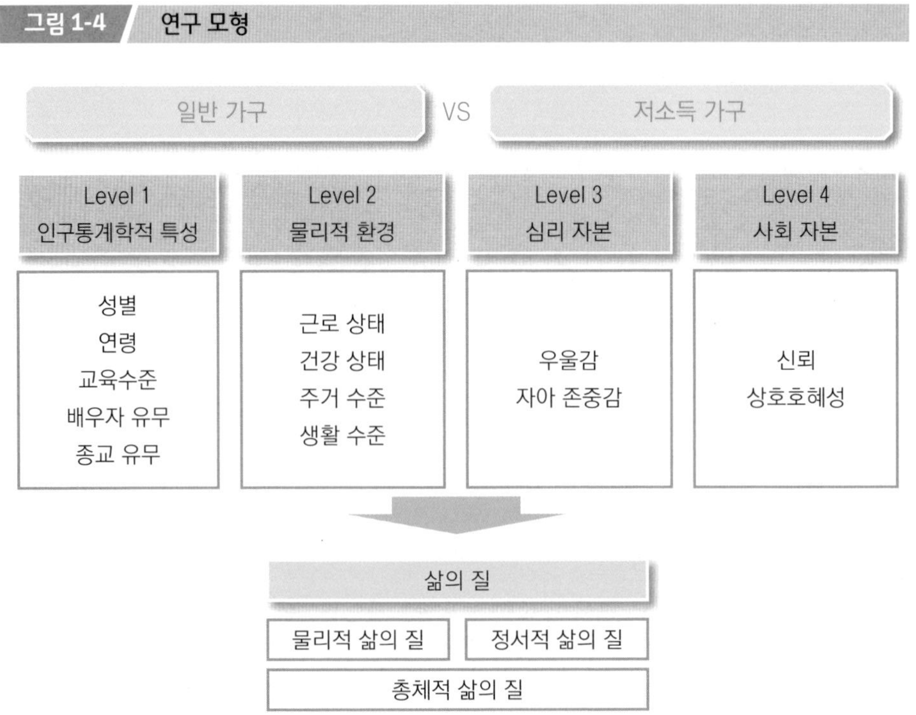

삶의 질 영향 요인 및 삶의 질 인식에 대한 집단 간 차이 검증 결과 2006년, 2009년, 2012년 모두 건강 상태, 주거 수준, 경제 수준, 자아존중감, 상호호혜성 등에서 저소득층보다 일반 가구의 인식 및 만족도 수준이 통계적으로 유의미하게 높은 것을 알 수 있었고 일반 가구와 저소득층 가구의 삶의 질 수준을 결정하는 데 있어 가장 중요한 요인은 우울감과 자아존중감과 같은 심리적 요인임을 확인할 수 있었다. 이러한 주요 결과를 바탕으로 본 연구에서는 행정학 · 정책학적 시각에서 시민들의 삶의 질 향상을 위한 이론적 · 실무적 함의를 제시하였다.

자료: 김선아 · 박성민(2014)

Step 2 Wrap-Up Exercise

김선아 · 박성민(2014)의 연구는 시민의 삶의 질 선행 요인으로 인구통계학적 특성, 물리적 환경, 심리 자본, 사회 자본 요인 등을 다루고 있다. 특히 김선아 · 박성민(2014)의 연구에서는 시민의 삶의 질에 있어 심리 자본과 사회 자본의 중요성에 대해 강조하고 있다. 이러한 결과를 조직 관리 및 인사 관리의 시각에서 해석해보고, 조직 내에서 심리 자본과 사회 자본을 개발하기 위한 방안에 대해 논의해 보세요.

강성철 · 김판석 · 이종수 · 진재구 · 최근열. (2009). *새인사행정론*. 대영문화사.

고명철 · 최상옥. (2012). 삶의 질(QoL) 연구의 행정학적 함의와 제언. *한국행정학보*, 46(4), 103–126.

김도엽. (2001). 지방정부의 '삶의 질' 결정요인에 관한 연구: 부산광역시 자치구 · 군을 중심으로. *지방정부연구*, 5(2), 81–96.

김미령. (2012). 연령과 성별에 따른 노인의 삶의 질 영향요인 차이분석. *한국노년학*, 32(1), 145–161.

김선아 · 박성민. (2014). 시민의 삶의 질 선행 요인 규명에 관한 연구: 일반 가구와 저소득층 가구의 비교를 중심으로. *한국행정연구*, 23(4), 173–210.

유민봉 · 박성민. (2014). *한국인사행정론* (제5판). 박영사.

Alderfer, C. P. (1972). *Existence, relatedness, and growth: Human needs in organizational settings*. Free Press.

Coulter, J. (1990). *Ethnomethodological sociology*. Edward Elgar Pub.

Danna, K., & Griffin, R. W. (1999). Health and well–being in the workplace: A review and synthesis of the literature. *Journal of Management*, 25(3), 357–384.

Evans, D. R., Pellizzari, J. R., Culbert, B. J., & Metzen, M E., (1993). Personality, marital, and occupational factors associated with quality of life. *Journal of Clinical Psychology*, 49(4), 477–485.

Kahneman, D., & Deaton, A. (2010). High income improves evaluation of life but not emotional well–being. *Psychological and Cognitive Science*, 107(38), 16489–16493.

Liang, J., Yamashita, T., & Brown, J. S. (2013). Leisure satisfaction and quality of life in Chian, Japan and South Korea: A comparative study using AsiaBarometer 2006. *Journal of Happiness Studies*, 14, 753–769.

Maslow, A. (1954). *Motivational and personality*. Harper & Row

McDowell, I., & Newell, C. (Eds). (1987). *Measuring health: A guide to rating scales and questionnaries*. Oxford University Press.

Parasuraman, S., Greenhasu, J. H., Rabinowitz, S., Bederian, A. G., & Mossholder, K. W. (1989). Work and family variables as mediators of the relationship between wive's employment and husbands' well–being. *The Academy of Management Journal*, 32(1), 185–201.

Sirgy, M. K., Reilly, N. P., & Gorman, C. (Eds.). (2001). *Handboook of quality-of-life programs: Enhancing ethics and improving quality of life at work*. Springer.

Stock, W. A., Okun, M. A., & Benin, M. (1986). Structure of subjective well-being the elderly. *Psychology and Aging*, 1(2), 91.

Taylor, F. W. (1914). *The Principles of scientific management*. Harper.

UN. (2013). *World happiness report 2013*. The Earth Institute Columbia University.

인터넷 교보문고(http://www.kyobobook.co.kr/)

네이버 영화소개(http://movie.naver.com/)

동아일보(2014.02.09)

매일경제(2014.11.18)

Chapter 2

개인

Framework

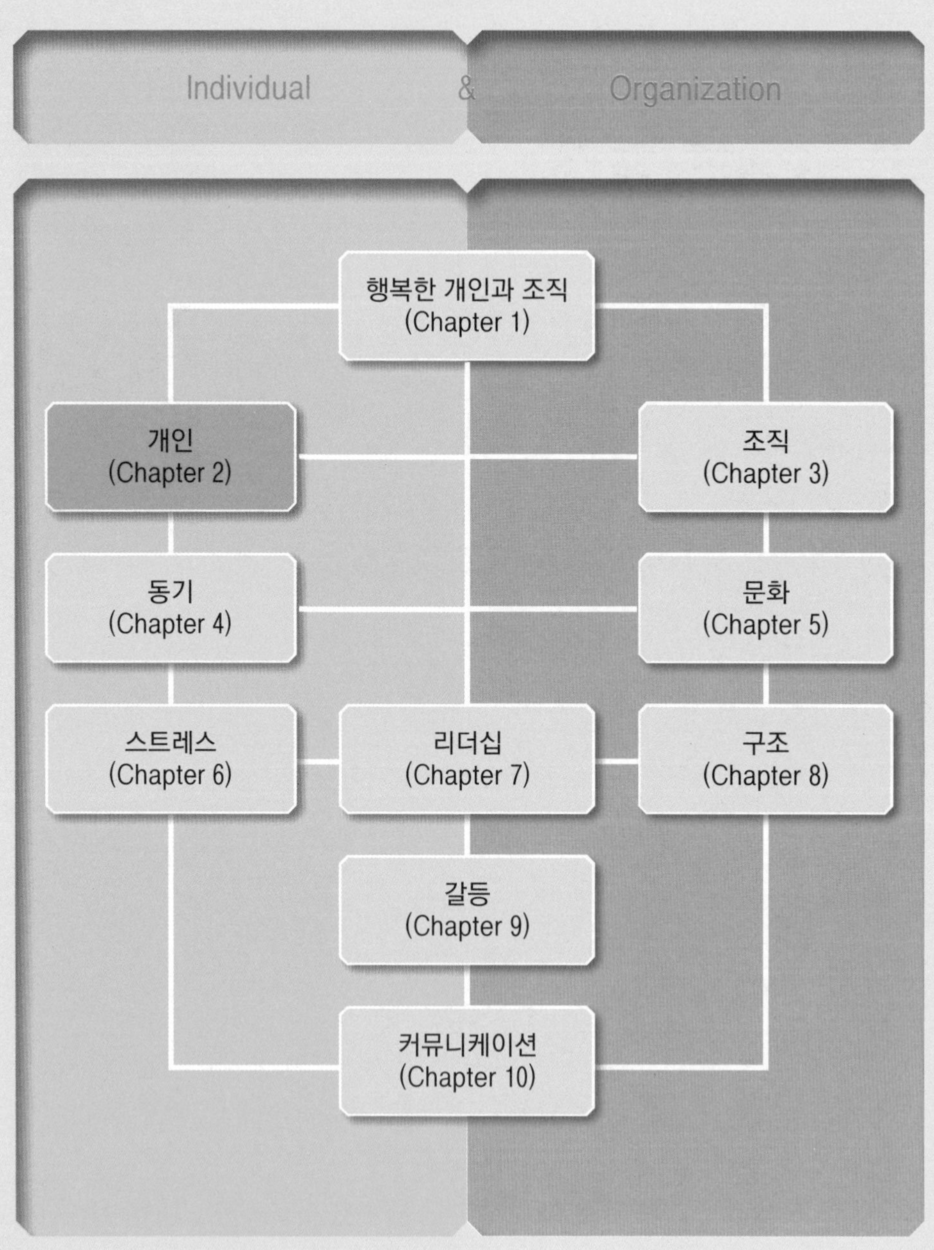
Individual & Organization
행복한 개인과 조직
(Chapter 1)
개인
(Chapter 2)
조직
(Chapter 3)
동기
(Chapter 4)
문화
(Chapter 5)
스트레스
(Chapter 6)
리더십
(Chapter 7)
구조
(Chapter 8)
갈등
(Chapter 9)
커뮤니케이션
(Chapter 10)

Keywords

- 개인
- 다양성(Diversity)
- 다양성 관리(Diversity Management)
- 외적 다양성(External Diversity)
- 내적 다양성(Internal Diversity)
- 표면적 다양성(Surface Level Diversity)
- 심층적 다양성(Deep Level Diversity)
- 균형인사정책
- 일과 삶 균형(WLB: Work Life Balance) 정책
- 성격(Personality)
- 태도(Attitude)
- 직무 만족(Job Satisfaction)
- 직무 몰입(Job Involvement)
- 조직 몰입(Organizational Commitment)
- 조직 지원 인식(Perceived Organizational Support)
- 조직 시민 행동(Organizational Citizenship Behavior)
- 다양성 수용도(Diversity Acceptability)

Prologue

프롤로그

남녀의 대화에는 통역이 필요하다

왜 남자와 여자는 같은 말을 하면서도 다르게 이해하는 것일까?

이정숙

알다가도 모를 남과 여의 대화, 그 소통법을 찾다!

『남녀의 대화에는 통역이 필요하다』는 같은 말을 해도 서로 다르게 이해하는 남자와 여자의 언어에 대해 대화 전문가인 저자가 남과 여의 소통법을 알려준다. 부부 간에도, 부모와 자식 간에도, 연인 간에도, 그리고 직장 안에서도 서로 다른 언어 사용법으로 많은 이들이 어려움을 겪는다. 책에서는 남자와 여자의 서로 다른 언어 특성, 보편적인 언어 차이에 대해 다루고, 실제 생활 속에서 남녀의 대화가 어떤 차이를 보이는지 쉽게 전달하고자 많은 사람을 인터뷰한 내용을 소개했다. 아울러 남녀의 소통에서 발생하는 오해를 줄이고 평화롭게 상생할 수 있는 방법을 30개의 상황에 맞춰 제시하였다.

여자	남자
칭찬을 받으면 일단 사양하는 것이 미덕이다	칭찬은 감사히 받는 것이 예의이다
배려는 눈치껏 알아서 해야 한다	요청하지 않은 배려는 간섭이다
성과를 냈다면 상대가 자연스럽게 알아줄 것이다	성과는 말하지 않으면 사라질 수도 있다
듣기는 친밀감의 확인이다	듣기는 낮은 자의 임무이다
여자는 비공식 석상에서 말수가 많다	남자는 공식 석상에서 말수가 많다
친한 관계라면 비밀을 공유해야 한다	아무리 친해도 경쟁을 멈추지 않는다
여자에게 서열은 불편한 장벽이다	남자에게 서열을 정체성이다
잘못을 하면 누구나 사과해야 한다	서열이 낮은 사람이 먼저 사과해야 한다
노력에 대해 인정받아야 한다	결과에 대해 인정받아야 한다
가사는 신성한 인간의 임무이다	가사는 사소하고 하찮은 일이다

출처: 인터넷 교보문고(http://www.kyobobook.com)

Step 1 Warm-Up Exercise

남성과 여성의 대화방식의 차이를 소개한 책 "남녀의 대화에는 통역이 필요하다"를 읽고, 여성과 남성 간 대화 방식의 차이가 왜 발생하는 것인지에 대해 생각해 보자. 또한 조직 관리 및 인사 관리에 있어 이러한 차이점이 유발할 수 있는 문제점은 무엇인지에 대해 고민해 보고, 대화와 소통 방식의 간극을 좁힐 수 있는 관리 전략에 대해 고민해 보자.

Before Sunrise & Before Sunset & Before Midnight

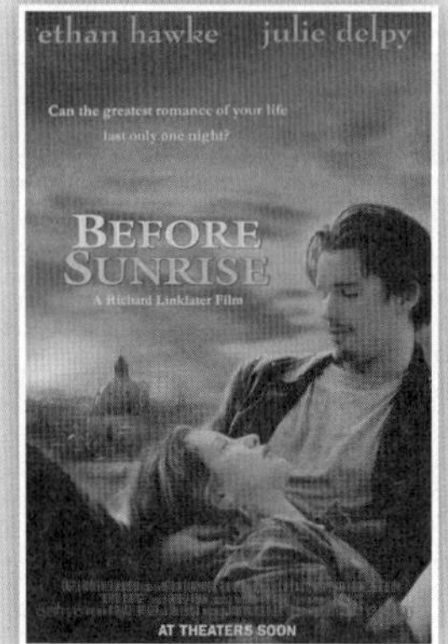

1995년 〈비포 선라이즈〉

유럽 횡단 열차에서 우연히 만난 '제시'(에단 호크)와 '셀린느'(줄리 델피). 비엔나에서 꿈같은 하루를 보낸 두 사람은 6개월 후 플랫폼에서 만날 것을 약속한다.

2004년 〈비포 선셋〉

베스트 셀러 작가가 된 '제시'는 파리의 오래된 서점에서 마치 운명처럼 '셀린느'와 만난다. 시내 곳곳을 거닐며 이야기를 나누는 동안, 아직 사그라지지 않은 아련함을 깨닫는 두 사람.

2014년 〈비포 미드나잇〉

사랑의 두근거림과 기다림을 아는 당신께..

마지막으로 다시 시작할 기회가 주어집니다.

따사로운 석양빛이 인상적인 그리스의 아름다운 해변마을 카르다밀리.

'제시'와 '셀린느'가 재회한다. 다시 열차에서 봐도 말을 걸어오겠냐는 그녀의 질문에 당연하지 라고 대답하는 '제시'.

바로 지금, 이들의 아직 끝나지 않은 사랑이라는 여행이 시작되는데….

출처: 네이버 영화(http://movie.naver.com/)

Step 2 Warm-Up Exercise

Before Sunrise와 Before Sunset에서는 기차에서 우연히 만난 프랑스에서 온 셀린과 미국에서 온 제시가 서로에게 설레는 감정을 갖고 대화를 나누는 모습을 그린 아름다운 영화이다. 하지만, 최근에 개봉한 Before Midnight에서는 설레는 마음보다는 서로의 다름을 이해하지 못해 발생한 갈등으로 서로를 미워하는 중년 부부의 모습이 담겨 있다. 영화 "Before"시리즈를 보고, 조직 내에서 남성과 여성의 성격, 생각, 대화 방식의 차이, 나아가 조직 구성원 간의 나이, 출신 지역, 가치관 등의 차이로 인해 발생할 수 있는 문제점이 무엇인지에 대해 논의해 보고 개인 간의 다양성을 포용할 수 있는 조직 관리 및 인사 관리 전략에 대해 논의해 보자.

Chapter 2 개인	Personality	http://www.youtube.com/watch?v=sUrV6oZ3zsk
	The Big 5 Personality Traits	http://www.youtube.com/watch?v=oWpRKJPCI7M
	개인과 공동체	http://www.youtube.com/watch?v=bTik54-jqR0

Self-Interview Project

● 영상을 시청하고, 스스로 조직의 CEO가 되어 아래 질문에 대한 인터뷰를 진행해 보세요.

Interviewer:

현재 CEO님께서 속한 조직 구성원 개개인이 타인과 구분되는 독특한 외적 · 내적 특성에는 무엇이 있나요?

Interviewee:

Interviewer:

CEO님께서 언급하신 조직 구성원 개개인 간의 이질적 특성이 조직 성과에 긍정적인 영향을 미치는 경우가 있었나요? 반대로 부정적인 영향을 미치는 경우도 있었나요? 구체적인 사례를 바탕으로 설명해주시길 부탁드립니다.

Interviewee:

Interviewer:

마지막으로, CEO님께서는 이러한 개개인 간의 이질적 특성이 조직의 자산이라고 생각하시나요, 아니면 부정적인 요소라고 생각하시나요?

Interviewee:

제1절 다양성 관리의 이해[1]

1. 다양성의 의의

1) 다양성의 개념

'여러 가지 많은 특성', '차이', '다름'이라는 뜻을 내포하고 있는 다양성(Diversity)은 조직을 구성하는 개인을 이해하고, 각 개인이 갖고 있는 독특성을 포용하기 위해 우리가 반드시 이해해야 하는 개념이다. 조직, 사회, 국가의 구성원 간에 상호 이질성, 즉 차이가 존재한다는 것은 매우 자연스러운 현상이다. 다만, 구성원들이 서로 다름을 인정하지 않아 '차이'가 '차별'로 변질되면 이는 조직 내에서 갈등과 혼란을 유발하고, 조직 구성원들의 행복을 저하시키는 부정적 요인으로 작용하게 된다(이종범, 2008). 차이(Difference)는 "두 사람 간 또는 두 집단 간의 특성이 서로 다른 것"을 의미하는 가치중립적 개념인 반면, 차별(Discrimination)은 "선정된 기준(또는 표준)에 따른 차이에 상징적 의미를 부여하면서 심리적이거나 물질적 차등 대우를 하는 상황"을 의미하는 가치부하적 개념이다(이종범, 2008: 2). 조직과 사회, 국가는 다양한 특성을 갖고 있는 집단들로 구성되는데, 특히 사회적 약자로 구분되는 장애인, 외국인, 새터민, 양심적 병역기피자, 비정규직 노동자, 병리적 소수자, 동성애자 등이 갖고 있는

그림 2-1 다양성의 개념

여러 가지 많은 특성

차이 ← Diversity → 다름

1 본 절의 내용은 본서의 제1저자가 공동 저자로 참여한 유민봉 · 박성민(2014)의 내용 중 일부를 발췌하여 수정 · 보완하였다.

차이를 인정하고 이러한 다양성을 적극적으로 포용하고자 할 때, 우리는 그 조직과 사회가 건강함과 성숙함을 지녔다고 말할 수 있다(Thomas & Ely, 1996; Ely & Thomas, 2001).

다양성에 대한 논의는 크게 두 가지 시각으로 나누어 살펴 볼 수 있다. 첫째는, 멜팅 팟(Melting Pot: 용광로) 접근방식으로, 이는 개념적으로 문화적 동화(Cultural Assimilation)와 문화적응(Acculturation) 등의 의미를 내포하고 있다. 예를 들면, 과거 미국에 이민을 간 사람들은 자신들이 태어난 곳에 대한 역사적 정체성을 버리고 미국의 생활방식을 채택하는 것에 매우 적극적인 자세를 취했다. 이민자들은 미국의 생활방식을 적극적으로 흡수하는 반면 자신이 떠나온 국가의 문화적 연결고리는 놓아버렸다. 이러한 과정을 통해 많은 이민자들이 미국의 문화와 제도에 완전히 통합될 수 있었다. 멜팅 팟 시각에서 보면 '미국인 정체성'은 미국 구성원의 다수라고 할 수 있는 백인 그룹에 동화되고, 그들과 결혼을 하는 것으로 인식되었고 이러한 시각은 미국인이 된다는 것이 '백인처럼 되는 것'이라는 백인우월주의적 사상을 학문화한 백인학(Whiteness Studies)이 등장하면서 더욱 강화되었다. 그러나 차이성을 바탕으로 한 긍정과 포용정책보다는 하나의 지배적 문화에 모든 것을 동화시키고자 했던 이러한 접근 방식은 미국 사회에 차별적 관념을 확산시키고 차별적 행동방식을 유발하게 하면서 많은 문제를 불러일으켰다.

이에, 이와 대비되는 다양성에 대한 접근 방식으로서 샐러드 볼(Salad Bowl) 접근방식을 살펴볼 수 있다. 샐러드 볼 접근방식은 다양한 소수집단의 문화와 정체성을 하나의 지배적(Dominant) 문화에 동화시키고자 하는 방식이 아니라, 샐러드에 담겨져 나오는 모든 내용물들이 각각의 맛과 향, 그리고 그 의미와 가치들을 인정받는 것처럼 중심문화 외의 주변문화의 가치관과 각 소수집단의 제도, 생활 태도 등을 인정하고 개방적 시각에서 그 의미들을 해석해야 한다고 주장한다. 이는 문화적 다원주의, 다문화주의, 그리고 크게는 거대 담론을 부정하고 주변적 담론을 적극적으로 인정하자는 포스트모더니즘의 시각과 맥락을 같이 한다(이종범, 2008).

빠른 속도로 다문화주의(Multiculturalism) 사회로 진입하고 있는 우리나라의 현실을 고려할 때 다양성에 접근하는 이러한 상이한 시각에 대한 이해를 바탕으로 조직 내 존재하는 다양성에 어떻게 접근할지에 대한 진지한 고민이 필요한 시점이라고 할 수 있다. 무엇보다 주류 문화와 소수자 문화의 조화 및 문화적 소통에 관한 고민이 선행되어야 할 것이며, 나아가 조직과 사회 구성원들의 다양성 수용도를 높이기 위한 관리 전략 구축에 대한 고민도 함께 이루어져야 할 것이다.

2) 다양성의 유형

초기 다양성에 대한 관심은 유전적, 인구통계학적 속성 등 외적 차원의 다양성에 집중되었다. 이에 조직 내에서의 다양성 관리는 이질적인 사회구성원들을 어떻게 하면 공평하게 선발할 수 있을 것인가에 중점을 두었다. 그러나 최근에는 사회 혹은 조직 구성원들이 갖고 있는 다양한 이념, 가치, 신념, 선호, 문화 등과 같은 심리적 · 문화적 속성에 기반을 둔 내적 차원의 다양성까지 포용하고자 하는 다양한 시도들이 진행되고 있다.

이러한 흐름을 종합해 볼 때, 다양성의 유형은 외적 다양성(External Diversity)과 내적 다양성(Internal Diversity)으로 구분해볼 수 있다. 다시 말해, 외적 다양성은 유전적, 인구통계학적 속성에 의해 발생하는 차이, 즉, 표면적 다양성(Surface Level Diversity)을 의미하는 것이며, 내적 다양성은 이념, 가치, 신념, 선호, 문화 등과 같은 심리적 · 문화적 속성에 의해 발생하는 차이, 즉, 심층적 다양성(Deep Level Diversity)을 의미하는 것이다(Ivancevich & Gilbert, 2000). 다양성 관리의 시각에서 볼 때, 외적 다양성은 인적 자원의 선발 차원에서 강조되는 개념이며, 내적 다양성은 인적 자원의 유지 차원에서 강조되는 개념이다.

그림 2-2 다양성의 유형

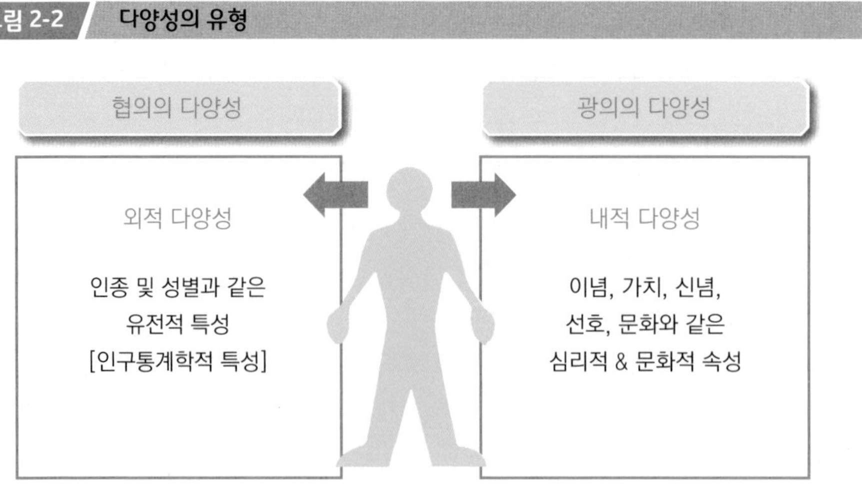

구체적으로 이러한 다양성의 유형은 Gardenswartz et al.(2010)의 다양성 4단 모형(Four Layers of Diversity)에 의해 좀 더 명확히 범주화 되었고 이 모형은 다양성 개념과 요소들을 '가시성'과 '변화가능성'의 기준으로 4가지 차원으로 유형화를 시도한 이근주 · 이수영(2012)의 연구를 통해 발전되었다. 다양성 4단 모형에 대한 구체적인 내용은 〈그림 2-3〉과 같다. 첫째, 가시성은 높으나 변화가능성은 낮은 Ⅰ유형은 인구통계학적 다양성 개념을 의미하는 것으로서 성별, 연령(세대), 인종, 민족, 장애(육체적) 등과 같은 요소를 포함한다. 둘째, 가시성과 변화가능성이 모두 높은 Ⅱ유형은 가시적 역할수행형의 다양성 개념을 의미하는 것으로서 직업(사무직/생산직), 직위 · 직급, 숙련도(업무수행능력), 전문성, 언어(외국어능력) 등과 같은 요소를 포함한다. 셋째, 가시성과 변화가능성이 모두 낮은 Ⅲ유형은 성장 및 사회적 배경의 다양성 개념을 의미하는 것으로서 고향(출신지역), 출신 학교(전공), 가족 배경, 혼인 여부, 성격(Personality), 사회화 경험, 종교, 동기 요인, 성적 지향 등과 같은 요소를 포함한다. 넷

그림 2-3 다양성 4단 모형

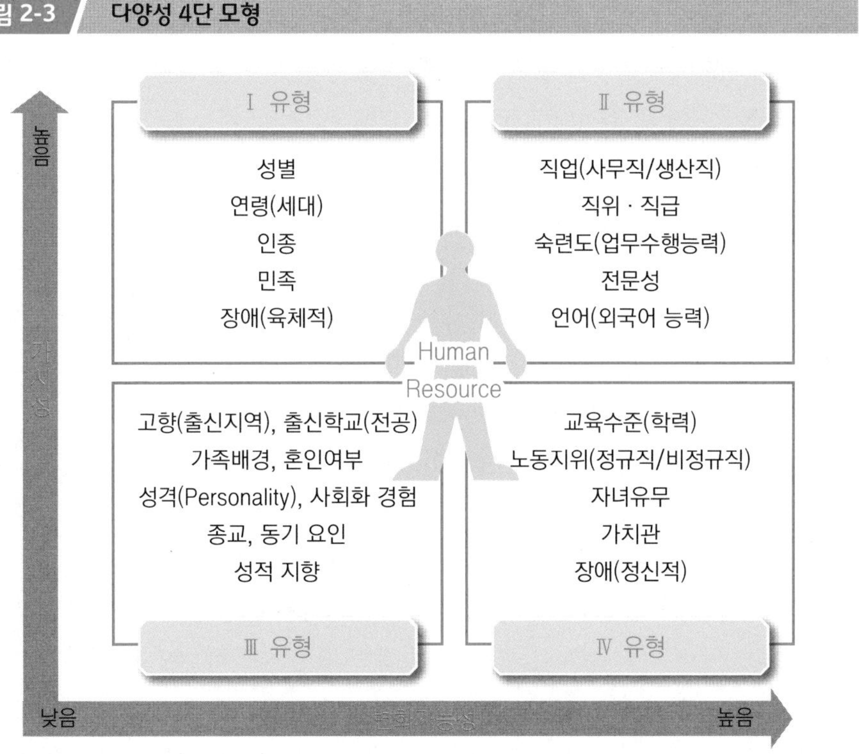

자료: 이근주 · 이수영(2012: 192)

째, 가시성은 낮으나 변화가능성은 높은 Ⅳ유형은 비가시적 역할수행형의 다양성 개념을 의미하는 것으로서 교육 수준(학력), 노동 지위(정규직/비정규직), 자녀 유무, 가치관, 장애(정신적) 등과 같은 요소를 포함한다.

종합해 보면, 다양성에 있어 가시성은 높으나 변화가능성은 낮은 Ⅰ유형은 인구통계학적 다양성의 개념으로서 협의의 다양성을 의미한다. 반면 가시성 수준은 높으나 변화가능성 수준이 높은 Ⅱ유형, 변화가능성의 수준은 다르지만 가시성 수준은 모두 낮은 Ⅲ유형과, Ⅳ유형은 상대적으로 광의의 다양성을 의미한다. 즉, Ⅰ유형은 외적으로 드러나는 외적 다양성을 의미하는 반면, Ⅱ, Ⅲ, Ⅳ유형은 내적으로 보유하고 있는 내적 다양성에 대한 요소들을 보다 많이 포함하고 있다. 이러한 다양성의 개념 정의가 중요한 이유는 앞서 언급한 바와 같이 다양성의 유형 및 특성에 따라 다양성 관리라는 처방이 달라지기 때문이다. Ⅰ유형에서의 다양성 관리는 외적 다양성으로 인해 발생하는 차별 문제 해결이 주요한 목표가 되겠지만, Ⅱ, Ⅲ, Ⅳ유형에서의 다양성 관리는 내적 다양성으로 인해 발생하는 다양한 욕구, 가치, 문화 체계 관리 등이 주요한 목표가 되기 때문이다. 따라서 이러한 다양성에 대한 현재의 논의와 연구들을 바탕으로 사회적, 조직적 차원에서의 다양성 개념의 구체화, 유형화, 모형화가 계속적으로 진행되어야 할 것이다.

2. 다양성 관리의 의의

조직관리 및 인사관리의 시각에서 다양성 관리(Diversity Management)를 정의해 보면, 내적 · 외적 차이를 가진 다양한 노동력을 공평하고 효율적으로 활용하기 위한 체계적인 인적자원관리 과정으로 이해할 수 있다. 즉, 채용, 교육 훈련, 평가 및 보상, 승진 등과 같은 인사 관리 전 단계에 걸쳐 신체적, 심리적, 문화적으로 이질적인 노동력을 공평하고 효과적으로 활용하고 나아가 이들의 행복을 실현하기 위한 인적자원 관리 전략이라고 할 수 있다.

외적 다양성 관리는 '사회적 형평성의 구현'이라는 관점에서 인구통계학적 특성이 다른 이질적인 사회구성원들을 어떻게 하면 공평하게 선발할 수 있는가에 초점을 두었고 이러한 문제에 대한 해결책으로 균형인사정책 및 소수자 채용 보호 정책이 구현되었다. 특히 소수자 채용 보호 정책을 의미하는 균형인사정책은 이윤 추구를 목적으로 하는 민간 조직보다는 공공 가치 실현을 위해 존재하는 공공 조직에서 더욱 체계적으로 구현되고 있다. 따라서 이러한 균형인사정책의 핵심가치는 공직 구성을 사회의 인구통계학적 특징과 일치시켜 공직의 대표성을 확보하는 대표관료제(Representative Bureaucracy)의 이념에 기반한다고 볼 수 있다. 미국에서 주도적으로 시행되었던 고용 기회 균등(EEO: Equal employment Opportunity) 정책, 소수 집단 우대(AA: Affirmative Action) 정책 역시 같은 맥락으로 이해할 수 있다. 따라서 외적 다양성 관리에서는 사회적 소수자들의 권리보호를 위한 평등기회 제공 및 적극적 조치의 제도화가 핵심적 내용이라고 할 수 있다.

반면 내적 다양성 관리는 모집과 선발 측면에 초점을 맞추는 외적 다양성 관리와 달리 '개인과 조직, 사회 전반의 행복 및 삶의 질 향상'을 목표로 가치, 선호, 문화적 배경이 다른 이질적인 조직 구성원들의 욕구체계를 어떻게 하면 효과적으로 충족시켜줄 수 있는가에 초점을 두었고 이에 일과 삶 균형(WLB: Work Life Balance) 정책이

그림 2-4 다양성 관리

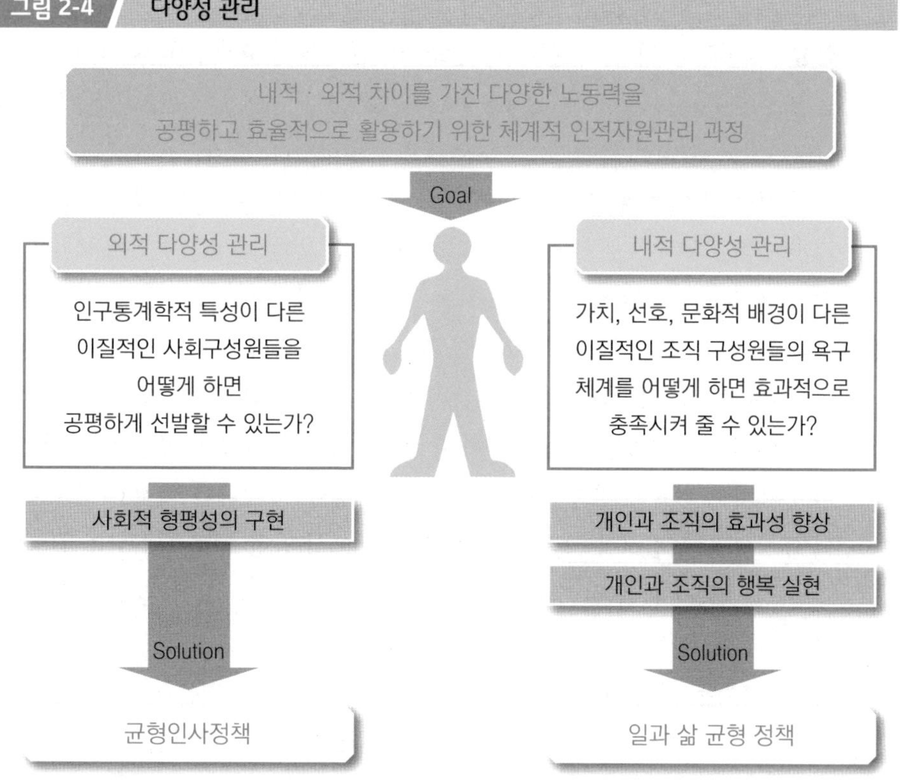

구현되었다. 일과 삶 균형 정책의 핵심은 개인의 '삶의 질(Quality of Life)'과 '근로 생활의 질(Quality of Work Life)'이라는 핵심 가치를 통합적으로 관리하는 정책인데, 이러한 정책을 통해 개인은 동기 부여, 조직몰입, 만족도 향상 등을 경험하게 되고, 이를 토대로 조직 차원에서는 직무만족도 향상, 이직율 감소, 창의성 증대, 생산성 향상, 의사결정의 질 향상 등과 같은 조직 효과성 향상을 기대할 수 있게 된다. 궁극적으로 일과 삶 균형 정책은 개인의 삶의 질과 근로 생활의 질 향상, 조직의 성과 향상이라는 선순환 구조 구축에 기여하면서 개인과 조직의 행복 실현을 가능케 한다.

제2절 외적 다양성

외적 다양성은 눈에 보이는 차이를 의미하는 것으로서 성별, 나이, 인종과 민족, 장애 상태 등 전통적으로 강조되어 왔던 다양성 관리의 대상이라고 이해할 수 있다.

- **성별** 성별은 우리나라에서 특히 강조되었던 다양성 요소인데, 과거 우리나라는 가정에서의 성 역할이 명확히 구분되어 있었다. 이에 남성은 경제적 역할을 담당하였고, 여성은 가사 및 양육 역할을 담당하였다. 그러나 사회 구성원들의 인식 변화 및 여성의 고등 교육 이수율 향상과 함께 경제활동에 참여하는 여성의 비율이 지속적으로 증가하였고, 성차별을 근절하기 위한 제도적 보완을 통해 현재 우리나라 조직에서의 성차별은 거의 존재하지 않는 것으로 여겨지고 있다. 그러나 실제 민간 조직과 공공 조직 모두 고위직 여성 인력의 비율이 매우 낮은 것으로 나타나고 있다. 이는 양적 불평등은 해결되었으나, 질적 불평등은 여전히 존재하는 것을 의미하는 것으로서 조직 내 보이지 않는 유리천장이 존재하고 있음을 방증하는 것이다. 또한, 성별 그 자체는 외적 다양성 관리의 대상이지만, 김선아 · 박성민(2014)의 연구에서 남성 근로자의 삶의 질 수준이 여성 근로자 삶의 질 수준보다 낮은 것으로 나타나고 있어, 성별은 외적 다양성 관리와 내적 다양성 관리 모두에서 중요한 요소로 고려되고 있다.
- **나이** 나이는 세대 차이를 유발하는 요소이기 때문에 조직은 늘 세대 간의 갈등을 최소화 하고 조화시킬 수 있는 방안에 대해 고민해야 한다. 특히, 연령이

높은 근로자는 상대적으로 풍부한 경험에 기초하여 업무와 관련한 암묵지식을 많이 갖고 있고, 연령이 낮은 근로자는 최신 기술을 습득하는 속도가 상대적으로 빠른 것처럼, 연령에 따라 근로자의 장·단점이 서로 다를 수 있기 때문에, 이러한 조직 구성원들이 함께 일하면서 시너지 효과를 낼 수 있는 환경을 조성하는 것은 조직 관리 및 인사 관리에 있어 중요한 과제라 할 수 있다.

- **인종과 민족** 인종과 민족의 경우 전통적으로 미국에서 중요하게 다루어졌던 개념이다. 인종은 지역 및 신체적 특징을 기초로 구분하는 기준을 의미하며 민족은 지역, 인종과 더불어 문화적 속성을 기초로 구분하는 기준을 의미한다. 현재 우리나라도 빠른 속도로 다문화주의(Multiculturalism) 사회로 진입하고 있기 때문에 조직 내에서 다양한 인종과 민족 간의 조화 방안에 대한 고민이 시급한 시점이라고 할 수 있다.
- **장애 상태** 조직 관리 및 인사 관리에 있어 장애 상태는 특히 고용 기회 부여 측면에서 중요하게 다루어지는 개념이다. 일반적으로 신체적·정신적 장애를 갖고 있는 사람이 그렇지 않은 사람보다 업무 수행 능력이 떨어질 것이라고 판단하여 이들을 고용하려고 하지 않기 때문에 정부는 민간 조직과 공공 조직 모두에서 장애를 갖고 있는 사람들을 일정 수준 이상으로 의무 고용하도록 규제하고 있다.

이러한 외적 다양성은 사회적 형평성의 구현이라는 관점에서 매우 중요한 조직 관리 및 인사 관리의 대상이라고 할 수 있다. 효율성, 효과성, 능률성 등 경제적 가치와 더불어, 민간조직과 공공조직 모두에게 형평성, 사회적 책임 실현 등이 요구되고 있기 때문이다. 즉, 조직 혼자 행복한 것이 아니라 사회 모두의 행복을 위한 하나의 의무로서 이러한 형평성의 구현이 중요하다고 말할 수 있다. 특히, 저출산·고령화로 인한 인구 구조의 변화, 다문화 사회로의 변화 등 우리나라의 인적 구성이 다양해지고 있다는 점을 고려할 때, 향후 우리가 직면할 수 있는 사회 문제의 예방 차원에서 이러한 외적 다양성을 적극적으로 받아들이고 전략적으로 활용할 수 있도록 해야 할 것이다.

제3절 내적 다양성

1. 성격

1) 성격의 개념

설레는 마음을 안고 초등학교에 입학했던 1학년 시절, 같은 반 친구들의 모습을 떠올려보자. 그 시절 친구들은 보여지는 외모뿐만 아니라 눈으로 보이지 않는 어떠한 독특한 개성, 특징을 갖고 있었던 것을 기억할 수 있을 것이다. 각종 임원을 도맡아하며 친구들과 어울리기를 좋아하는 활발한 친구도 있었고, 나이에 어울리지 않게 조용히 차분하게 자신의 일을 묵묵히 수행했던 친구도 있었을 것이다. 보통 우리는 이러한 특징, 차이들을 '성격이 다르다'라고 표현하곤 한다. 자주 쓰는 이러한 표현에서 알 수 있는 것처럼, 성격은 눈으로는 보이진 않지만 다른 사람과 구분되는 개인의 어떠한 독특한 특성이라고 이해해 볼 수 있다. 또한, 친구들의 모습과 더불어 그 시절 나의 모습을 생각해 보자. 외적 다양성인 눈으로 보이는 모습이 아니라, 내적 다양성의 기초라 할 수 있는 성격을 중심으로 초등학교 1학년 당시의 나의 특징, 중학교 1학년 당시의 나의 특징, 고등학교 1학년 당시의 나의 특징, 그리고 현재의 나의 특징이 얼마만큼 비슷한가에 대해 생각해 보자. 아마도 대부분의 사람들이 크게 변하지 않았다고 대답할 것이다. 이처럼 성격은 쉽게 변화하지 않는 '안정성'이라는 특징을 갖고 있다. 그렇다면 이처럼 안정적인 모습으로 개인의 독특성을 결정하는 성격이란 과연 무엇일까?

성격(Personality)이라는 개념에 대해 보다 정확히 이해하기 위해 성격의 어원을 살펴보았다. 성격은 가면이라는 뜻의 "Persona"에서 유래한 개념으로 고대 로마의 배우들이 연극무대에서 자신의 역할에 맞는 모습을 표현하기 위해 가면을 쓰고 연기를 하였는데, 그 가면을 불어로 "Persona"라고 하였다. 이러한 어원을 기반으로 우리는 성격을 조직 혹은 사회라는 무대에서 개인이 반응하는 방식, 외부와 상호작용하는 방식이라고 개념화 해볼 수 있다. 특히, 최초로 성격에 대한 학술적 접근을 시도한 학자로서 심리학자 Allport(1937)의 연구를 살펴볼 수 있는데, 그는 성격이란 개인의 심리적 체계 내부에 존재하는 역동적인 구조로서 환경에 적응하는 개인의 독특한 특징이라고 설명하였다. 즉, 성격은 개인의 독특성을 의미하는 것이며 이는 개인 내부에 존재하는 심리적 특징이며, 이러한 특징에 기초하여 환경 적응 방식 및 행동이 결정된다고 설명하였다. 특히, 그는 이러한 성격적 특성에 기초하여 각각의 개인은 어떤 식으로든 타인과 구별된다고 주장하면서 성격의 핵심요소가 독특성임을 강조하였다. Allport(1937)와 더불어 Slocum & Hellriegel(2011) 역시 성격을 개인의 독특한 특성을 담아내는 안적정인 심리적 속성의 전체적 윤곽 혹은 조합을 의미한다고 정의하면서 독특성을 강조하였다. 특히 Slocum & Hellriegel(2011)은 보다 구체적으로 성격이란 사람들이 어떠한 방식으로 보고, 생각하고, 행동하고, 느끼는지를 결정하는 육체적, 정신적 특징의 일련의 결합으로 이해할 수 있다고 설명하였다. Robbins & Judge(2011)은 성격이란 타인에 대한 반응 및 타인과 상호작용하는 모든 방식의 총체라고 설명하였다. 경우에 따라 성격이란 용어는 태어나면서부터 발현되는, 즉, 타고난 특성을 의미하는 기질(Temperament)과 품행의 바름을 의미하는 인성(Character)이라는 용어와 혼재되어 사용되곤 하는데, Allport(1937)는 기질과 인성은 성격을 구성하는 하위요소로서 성격은 이러한 요소를 모두 포괄하는 개념이라고 설명하였다. 이러한 내용을 종합하여, 본서에서는 성격을 타인 및 환경에 반응하는 개인의 독특한 내적 체계로 정의하고, 내적 다양성의 핵심 구성요소로 이해하고자 한다.

그렇다면 조직 구성원들의 성격을 이해하는 것은 왜 중요할까? 효과적인 조직관리 및 인사관리, 나아가 이를 통한 행복의 실현은 결국 조직을 구성하는 기본 단위

그림 2-5 성격의 중요성

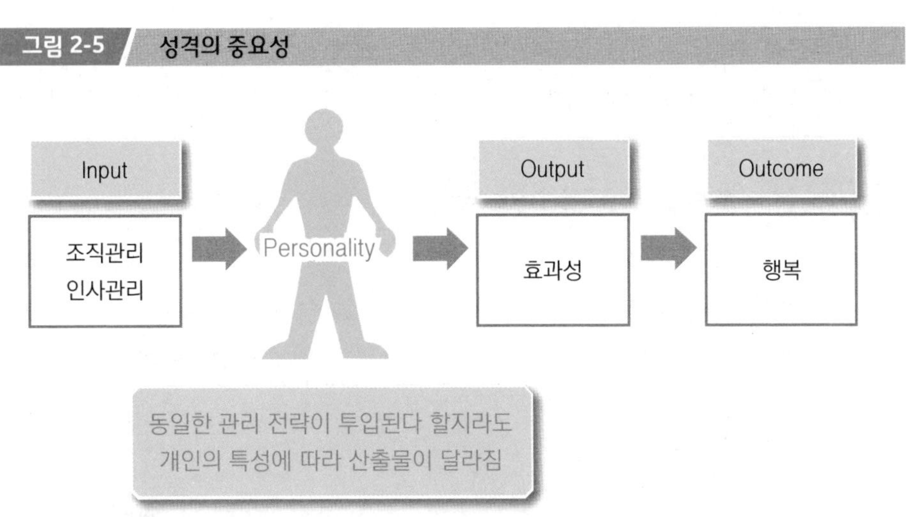

인 개인을 이해하는데서 출발하는 것이며, 이러한 개인을 이해하는 데 있어 가장 중요한 개념이 개인의 성격이라 할 수 있다. 특히, 효율적인 조직 관리 및 인사 관리 전략을 수립하기 위해서는 개인에게 무언가를 투입했을 때, 어떠한 결과가 나올 것인지를 예상할 수 있어야 한다. 여기서의 투입이란 조직 관리 및 인사 관리 전략이라고 이해할 수 있고, 산출물이란 성과 및 효과성과 연계되는 개인의 행동으로 이해할 수 있다. 성격을 포함하여 개인의 내적 체계는 모두 다르기 때문에 모든 사람에게 같은 관리 전략을 적용한다고 해서 늘 같은 산출물이 나오는 것은 아니다. 즉, 조직 내에는 수많은 내적 다양성이 존재하기 때문에 각각의 개인 특성을 고려한 관리 전략을 수립해야 하고 이를 위해서는 이러한 내적 다양성의 핵심 구성 요소인 성격을 이해하는 것이 매우 중요하다고 말할 수 있다.

2) 성격 결정에 영향을 미치는 요인

안정성과 독특성을 특징으로 하는 개인의 성격은 어떻게 형성되는 것인가? 혹은 어떻게 결정되는 것인가? 이에 대해서는 심리학자들을 중심으로 다양한 논의가 진행되고 있는데, 그중 대표적인 설명이 유전적 특징과 비유전적 특징으로 구분하여 영향 요인을 규명하는 것이다. 유전적 특징에 의해 결정된다는 시각은 태어날 때 이미 성격이 결정된다고 보는 것이고, 비유전적 특징에 의해 결정된다는 시각은 가족, 친구, 문화 등 환경적 요인들에 의해서 성격이 결정된다고 보는 것이다.

- **유전적 속성** 유전은 부모의 특성이 자식에게 전해지는 것을 의미한다. 엄마와 똑 닮은 딸, 아빠와 똑 닮은 아들과 같이 부모의 키, 생김새 등 외적인 모습

그림 2-6 성격 결정에 영향을 미치는 요인

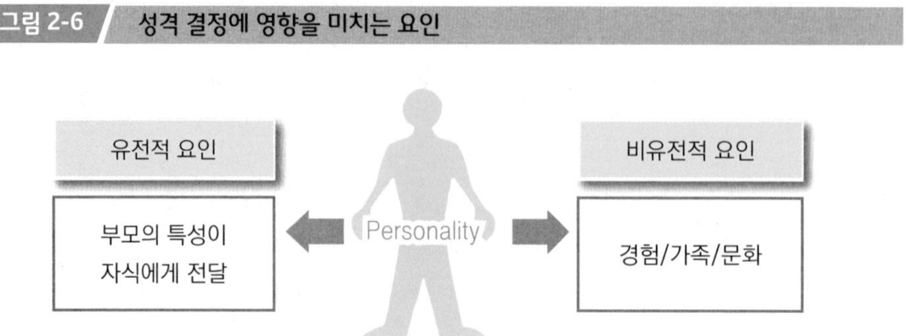

과 더불어 내적 특징인 성격 역시 부모의 특징이 전해진 것으로 이해하는 것이다. 이와 관련된 대표적인 연구로서 미네소타 대학교의 쌍둥이 연구(Twin Study)를 살펴볼 수 있다. 미네소타 대학교 연구팀은 유전적 특성과 인간의 행동 및 심리적 특성 간의 관계를 규명하기 위해 1,000여쌍의 쌍둥이를 대상으로 연구를 진행하였다. 미네소타 대학교 연구팀은 이 연구를 통해 성격 형성에 있어 부모의 유전적 특징이 미치는 영향이 약 50%라고 제시하였다. 뿐만 아니라 최근 버팔로 대학교와 캘리포니아 대학이 낙천적 특성, 비관적 특성, 자선 행위 참여 등 성격 및 행동적 특징과 유전적 특성 간의 관계를 규명하기 위한 공동연구를 진행하였는데, 해당 연구에서는 유전자의 영향으로 개인에 따라 세상을 바라보는 시각이 달라질 수 있음을 설명하였다. 다만, 연구자들은 반드시 이러한 성격적 특성이 유전적 속성으로만 결정되는 것은 아니라고 언급하면서, 유전적 속성과 환경적 요소의 결합에 의해 결정된다고 인정하였다. 이처럼 성격 형성에 있어 유전적 특징의 중요성에 대한 논란은 여전히 지속되고 있기 때문에 버팔로 대학교와 캘리포니아 대학교의 공동연구에서 지적한 바와 같이 유전적 특징과 비유전적 특징인 환경적 요소가 복합적으로 작용하여 성격이 결정된다고 이해하는 것이 바람직하다고 할 수 있다.

- **비유전적 속성** 비유전적 속성은 개인을 둘러싼 환경적 특징에 의해서 성격이 결정된다고 보는 것이다. 개인을 둘러싸고 있는 환경적 특징은 다양하게 살펴볼 수 있는데, 여기서는 개인의 경험적 요소, 가족적 특징, 문화적 특징을 중심으로 살펴보고자 한다. 우선 **경험적 특징**이란 개인의 일상생활과 더불어 독특한 사건의 경험 등을 의미한다. 성장 과정에서 사람들로부터 많은 주목을 받고, 타인이 자신을 중요하게 여긴다는 느낌을 받고 자란 사람은 자존감과 자신감이 높은 사람으로 성장하는 반면, 타인으로부터 인정받은 경험이 적고, 폭력을 접했던 기억이 있는 사람들은 소극적 성격을 소유한 사람으로 성장할 가능성이 높다. 또한, 공포감을 유발하는 대형 사고를 목격한 사람, 혹은 이러한 사고를 직접 경험한 사람의 경우 그렇지 않은 사람에 비해 조심성이 많고 겁이 많은 성격을 소유한 사람으로 성장할 가능성이 높다. 다음으로 **가족적 특징**이란 부모와의 관계, 그리고 형제 자매와의 관계, 가족 내에서의 위치 등을 의미한다. 사랑을 많이 표현하고 자상한 부모 아래에서 성장한 사람과, 엄격한 부

모 아래에서 성장한 사람의 성격은 분명 다를 것이다. 또 한가지 중요한 요소는 외동으로 태어났는지, 형제 · 남매 · 자매가 있는지, 만약 형제 · 남매 · 자매가 있다면 몇 번째 순서로 태어났는지 즉, 가족 내에서의 위치에 따라서 성격이 다를 수 있다는 것이다. 흔히, 첫째는 책임감이 강하고, 둘째는 똑 부러지게 맡은바 일을 잘 해내고, 막내는 애교가 많다라고 이야기하는 내용들이 바로 이러한 가족적 특징에 의해서 성격이 형성된다고 보는 시각이다. 마지막으로 **문화적 특징**의 경우 성격 형성에 영향을 미치는 비유적적 요인 즉 환경적 요인 중 가장 핵심적인 요인으로 제시되고 있는 요소이다. 문화에 대한 내용은 본서의 Chapter 5에서 보다 구체적으로 설명하고 있기 때문에, 여기서는 간략하게 언급하도록 하겠다. 사람들은 조직, 사회, 국가 등에 소속이 되면 누구나 다 '사회화'과정을 거치게 되는데, 문화적 특징은 이러한 사회화 과정에서 매우 중요한 역할을 담당한다. 개인의 행동 방식, 행동 규범이 문화를 기반으로 결정되기 때문이다. 개인의 성격 형성에 영향을 미치는 문화적 특징을 살펴볼 때 자주 언급되는 학자는 국가 간 문화적 차이를 연구한 Hofstede(1980)이다. Hofstede(1980)는 5가지 속성을 바탕으로 국가 간 문화적 차이에 대해 설명하였는데, 5가지 문화적 속성은 사회 내에서 힘의 불평등을 수용하는 정도를 의미하는 권력 거리(Power Distance), 위험 · 모호함을 회피하기 위하여 각종 절차와 조직에 의존하는 정도를 의미하는 불확실성의 회피(Uncertainty Avoidance), 개인의 목표와 개인의 성취를 강조하는지, 집단의 목표와 집단의 성취를 강조하는지에 따른 개인주의(Individualism) 대 집단주의(Collectivism), 성 역할이 명확히 구분되어 있는지, 중첩되어 있는지에 따른 남성주의(Masculinity) 대 여성주의(Femininity), 장기적 성과와 인내를 강조하는지, 단기적 성과와 속도를 강조하는지에 따른 장기 지향(Long-Term Orientation) 대 단기 지향(Short-Term Orientation) 등이다. 어떠한 문화적 특성을 갖고 있는 국가 혹은 사회에서 성장했는지에 따라 그들의 성격, 행동 방식이 다르게 나타나며 궁극적으로 이러한 차이로 인해 이들에게 적합한 조직 관리 및 인사 관리 방식 역시 다르게 나타날 것이다.

2. 태도

1) 태도의 개념

개인의 내적 다양성에 접근하는 데 있어 성격과 함께 중요한 요소로 고려되는 것이 태도(Attitude)이다. Robbins & Judge(2011)은 태도란 사람, 사물, 사건에 대한 호의적 혹은 비호의적인 평가적 표현이라고 정의하면서, 무언가를 어떻게 느끼는가를 나타내는 것이라고 설명하였다. 태도는 사고방식, 자세 등으로 번역되기도 하는데, 이에 태도는 사람이나 사물, 사건을 인지하는 방식과 이를 대하는 자세로 이해할 수 있다. 이러한 태도는 개인의 성격, 가치관 등에 기초하여 결정된다. 조직 관리 및 인사관리에 있어 태도라는 요소를 중요하게 고려하는 이유는 태도가 실제 겉으로 드러나는 개인의 행동을 예측하는 가장 주요한 역할을 하기 때문이다. 이러한 태도는 인지적 요소, 정서적 요소, 행동적 요소로 구성되어 있다(Breckler, 1984).

- **인지적 요소**(Cognitive Component) 사람, 사물, 사건 등 대상에 대한 사실 그대로의 인식 및 평가를 의미한다. 특히 대상에 대한 인지는 있는 그대로의 사실적 정보와 더불어 개인에게 내재되어 있는 가치관이나 성격 등에 따라 그 평가가 달라질 수 있다.

그림 2-7 태도의 개념 및 구성요소

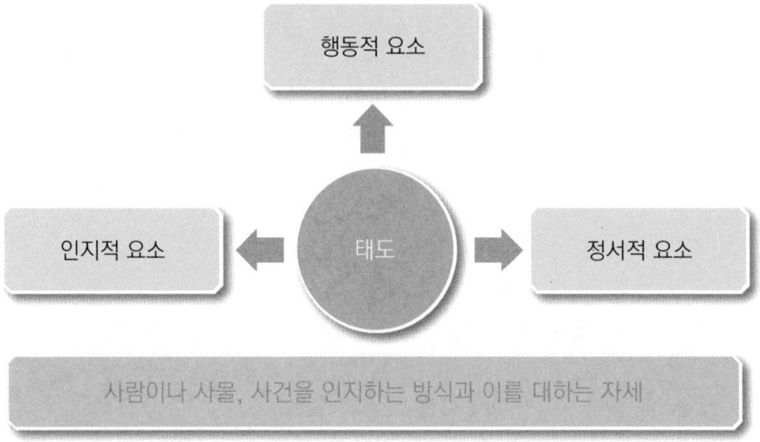

행동적 요소

인지적 요소 ← 태도 → 정서적 요소

사람이나 사물, 사건을 인지하는 방식과 이를 대하는 자세

- **정서적 요소**(Affective Component) 태도의 감정적 특징으로서 우호적, 비우호적 혹은 긍정과 부정, 찬성과 반대의 감정을 결정하는 요소이다.
- **행동적 요소**(Behavioral Component) 태도의 행동적 특징으로서 인지적, 정서적 요소를 기반으로 특정 행동을 취하려는 경향 혹은 의도로 이해할 수 있다.

이러한 세 가지 요소는 서로 분리되어 존재하는 것이 아니라 상호 영향을 주고 받으면서 존재하게 된다. 예를 들어, 특정 조직이 구성원들에게 좋은 복리 후생 제도를 제공하고 있을 때, 조직 구성원이 "우리 회사는 다양한 일과 삶 균형 정책을 운영하고 있어. 우리 회사는 일하기 좋은 환경을 갖추고 있어"라고 생각한다면 이는 태도의 인지적 차원으로 이해할 수 있고, "나는 우리 회사가 정말 좋아!, 아침에 일을 하러 집을 나서는 순간이 정말 행복해!"라고 생각한다면 이는 태도의 정서적 차원으로 이해할 수 있다. 마지막으로 이러한 인지적 · 정서적 요소를 기초로 "나는 우리 회사를 오랫동안 다니고 싶어. 앞으로도 더욱 일을 열심히 할꺼야!"라고 생각한다면 이는 태도의 행동적 차원으로 이해할 수 있다.

2) 조직 내에서 중요하게 고려해야 할 개인의 태도

조직 내에서 구체적으로 다루게 되는 개인의 태도는 직무 및 조직에 대한 긍정적 · 부정적 평가 및 인식 등이다. 주로 다루게 되는 요소는 직무 만족(Job Satisfaction), 직무 몰입(Job Involvement), 조직 몰입(Organizational Commitment), 조직 지원 인식(Perceived Organizational Support), 조직 시민 행동(Organizational Citizenship Behavior) 등이 있다. 특히 직무 만족, 직무 몰입, 조직 몰입의 경우 조직 효과성 및 성과 차원에서 매우 중요한 위상을 차지하는 요소이다. 더불어 최근에는 조직 관리 및 인사 관리에 있어 다양성 관리의 중요성이 강조되면서 다양성 수용도(Diversity Acceptability)라는 개념도 중시되고 있다. 조직 효과성 차원에서 중요하게 고려되는 이러한 태도들은 독립적으로 존재하는 것이 아니라 상호 영향을 주고 받는다.

- **직무 만족**(Job Satisfaction) 조직 구성원들이 직무를 수행하면서 느끼는 감정 및 반응으로서, Locke(1976)은 직무만족을 직무 가치를 보조하거나 실제로 성취함으로써 얻은 즐겁고 긍정적인 감정상태라고 정의하였고, Weiss(2002)는 직

무 상황이나 직업에 대한 긍정적이거나 부정적인 평가적 판단으로 정의하였다. 즉, 직무 만족은 직무에 대한 개인의 긍정적 · 부정적 태도로 이해할 수 있다.

- **직무 몰입**(Job Involvement) 자신과 직무와의 일체감 수준으로 정의할 수 있다. 즉, 직무 몰입이란 직무 성과와 자신의 가치를 동일시하는 수준으로 이해할 수 있다. 이에 직무 몰입은 직무에 대한 관심도를 결정하는 주요 변수로 고려되고 있다(Lodahl & Kejner, 1965).
- **조직 몰입**(Organizational Commitment) 직무 몰입과 유사한 개념으로, 조직 구성원이 조직과 일체감을 느끼는 정도로 정의할 수 있다. 따라서 조직 몰입 수준에 따라 조직 목표와의 동일시 정도 및 조직에 남고자 하는 근로 지속 수준 등을 예측할 수 있다. 특히 직무 몰입은 정서적 몰입(Affective Commitment), 규범적 몰입(Normative Commitment), 연속적 몰입(Continuance Commitment) 등 3가지 하위 차원으로 구성되어 있다(Meyer & Allen, 1991; Park & Rainey, 2007). 정서적 몰입은 조직의 문화, 가치 등에 대한 정서적 애착으로 조직에 남고자 하는 것을 의미하며, 규범적 몰입은 개인이 느끼는 조직에 대한 공식적, 비공식적 책임감으로 인해 조직에 남는 것이 도덕적으로 혹은 규범적으로 옳다고 여겨져 조직에 남으려는 의도를 의미한다. 이에 규범적 몰입은 의무 기반 몰입(Obligation-Based Commitment)이라고 불리기도 한다. 마지막으로 연속적 몰입은 조직 구성원과 관리자 혹은 조직 구성원과 조직 간의 상호 교환적 관계를 기초로, 조직으로부터 얻을 수 있는 급여, 승진 등과 같은 경제적 가치로 인해 조직에 남고자 하는 것을 의미한다. 이에 연속적 몰입은 계산적 몰입(Calculative Commitment)이라고 불리기도 한다.
- **조직 지원 인식**(Perceived Organizational Support) 조직이 자신의 가치를 인정하고, 자신의 상태에 대해 깊은 관심을 보이고 있다고 믿는 정도를 의미한다. 특히 여기서의 지원이란 제도적인 지원과 더불어 제도 자체의 공정성, 관리자들의 정서적 지원, 의사결정 참여 정도 등의 내용을 포함한다.
- **조직 시민 행동**(Organizational Citizenship Behavior) 자신에게 부여된 공식적인 업무는 아니지만, 조직 구성원 스스로 조직의 성과 및 생존을 위해 특정 행동을 하고자 하는 것을 의미한다. 자신의 동료를 돕는 이타적인 행동, 조직을 위해 업무와 관련된 불편을 참는 행동 등이 이에 포함된다.

• **다양성 수용도**(Diversity Acceptability) 다양성에 대한 거부감 없이 이를 긍정적으로 인식하고 자연스럽게 받아들이고자 하는 개인의 심리 상태로 이해할 수 있다. 즉, 다양성 수용도란 다양성을 지각 및 인정하는 수준을 넘어 이를 포용하고 긍정적으로 해석하는 정도로 이해할 수 있다. 조직 내에서 이러한 다양성 수용도가 중요한 이유는 다양성 관리 전략의 효과성이 조직 구성원의 다양성 수용 정도에 의해 달라질 수 있기 때문이다. 오화선(2014)은 다양성 수용도 차원을 사회범주 다양성 수용도, 정보 다양성 수용도, 가치다양성 수용도 등으로 구분하였다. 사회 범주 다양성 수용도의 경우 나이, 성별, 출신지, 근속과 같은 서로 다른 인구통계학적 요인을 포용하는 정도를 의미하며, 정보 다양성 수용도는 조직 구성원들이 지니고 있는 지식, 교육, 적성, 전공 분야 등의 차이를 포용하는 정도를 의미한다. 마지막으로 가치 다양성 수용도는 심리적, 정서적 다양성 즉 과업, 목표, 미션에 대한 이해와 사고의 차이를 포용하는 정도를 의미한다.

그림 2-8 조직 내에서 중요하게 고려해야 할 개인의 태도

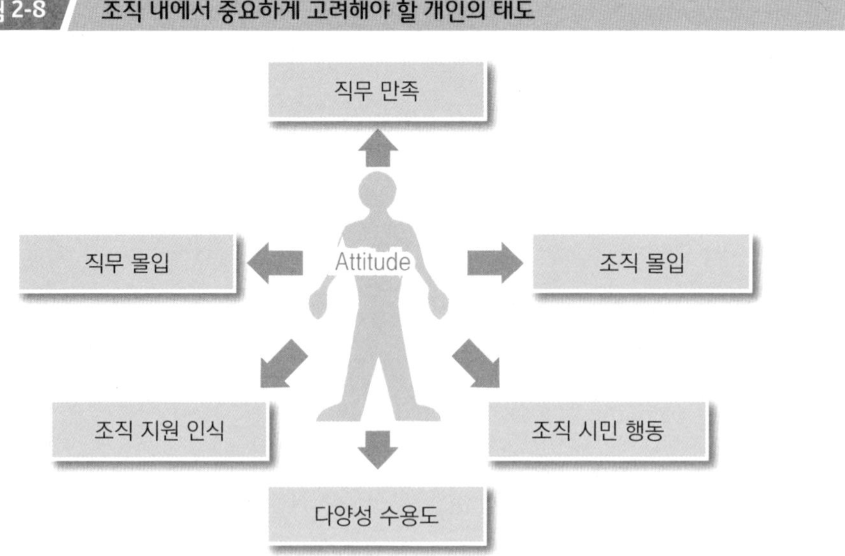

롯데, "다양성에서 창의 나온다" 성별 · 세대 차별 철폐

유주희 기자

신동빈 롯데 회장은 지난해 4월 "사내에서 모든 차별을 없애라"는 특명을 내렸다. 다양한 사고방식을 가진 인재들이 차별 없이 일할 수 있는 여건을 만들어야 미래의 시장 변화에 능동적이고 창조적으로 대응할 수 있을 것이란 인식에서였다. 이에 따라 롯데그룹은 '성별 · 문화 · 신체 · 세대의 다양성을 존중한다'는 내용의 '롯데그룹 다양성 헌장'을 제정하고 인재 육성 · 창의적인 조직 문화 조성에 박차를 가하고 있다. 이처럼 구성원의 다양성을 존중하고 차별을 철폐한다는 경영 방침을 명문화한 것은 국내 주요 기업 중에서 롯데가 처음이다.

다양성 존중 철학은 롯데의 채용 방침에도 반영되고 있다. 롯데는 올 상반기 채용 인원의 40%를 여성으로, 또 전체 인원의 30%를 지방대 출신으로 채용했다. 또 올해 총 4차례의 장애인 특별채용 전형을 별도로 진행했으며 학력 제한을 완화해 고졸 이상으로 지원의 문턱을 낮췄다.

구성원을 대상으로 한 교육 프로그램 역시 창의적인 인재와 경영 환경의 변화에 능동적으로 대응할 수 있는 인재 육성에 초점을 맞추고 있다.

신입사원의 경우 합격 발표부터 1년여 동안 롯데 차원의 체계적인 관리 · 육성 시스템을 거친다. '신입사원 입문교육'은 직장인으로서 첫발을 내딛는 신입사원들에게 기업 본연의 목적과 사회적 역할에 대해 심층적으로 학습하는 기회를 제공하며 성공적인 직장인으로의 성장을 돕는 과정이다. 이후 '신입사원 팔로업(Follow-Up) 과정'에선 직장인으로서

가장 기초적으로 숙지해야 할 회계 · 정보보호 · 윤리 · 안전 등의 필수 역량을 학습한다.

입사 10개월차가 되면 '신입사원 테이크오프(Take-Off) 과정'을 거친다. 사회 초년생의 티를 벗고 업무에 대한 자부심과 프로정신을 갖춘 직장인이 될 수 있도록 하는 과정이다. 롯데 관계자는 "지난 10개월 간의 회사 생활을 되돌아보고 그동안의 경험을 바탕으로 그룹 내에서 자신의 비전을 수립할 수 있도록 돕는 과정"이라고 설명했다.

회사에 성공적으로 정착한 후에도 교육은 계속된다. 롯데 인재개발원에선 입사 1년차 직원을 위한 '리스타트 과정'을 운영하고 있다. 또 금융 · 식품 · 서비스 · 유통 · 중화학 · 건설 등 각 그룹사의 대리~차장급 핵심 인재들을 대상으로 전략 · 마케팅 · 재무 · 해외사업 등 다양한 분야의 전문성을 강화하기 위한 교육 프로그램도 마련돼 있다. 부장~이사급은 경영 전반을 이해하고 비즈니스 리더로 거듭날 수 있도록 맞춤형 교육을 받으며 이후에는 '시니어-EMBA' 과정을 통해 거시적 안목을 갖춘 예비 최고경영자(CEO) 교육을 이수하게 된다.

롯데는 글로벌 인재 육성을 위한 교육 프로그램에도 공을 들이고 있다. 현재 주재원과 현지 채용인원 등 약 5만여 명이 해외 20여 개국의 그룹 사업장에서 근무하고 있다. 글로벌 시장 공략에 박차를 가하기 위해 롯데는 지난 2010년 '지역전문가(Country Expert) 제도'를 도입했다. 지역 전문가 제도는 앞으로 해외 법인장이나 사무소장으로 파견될 인재를 양성하기 위한 것으로, 베트남 · 러시아 · 인도 · 중국 · 인도네시아 등 롯데가 진출한 지역인 이른바 '브리시(VRICI)'를 중심으로 교육이 진행된다.

선발된 직원들은 해당 국가의 대학으로 파견돼 3~5개월간 현지 언어와 문화를 이해하기 위한 교육을 받게 된다. 흔히 생각하듯 형식적인 해외 연수 과정이 아니다. 하루 평균 4~6시간의 공식 수업 외에도 2시간 여에 걸친 개인 어학 학습과정이 포함돼 있으며 격주로 주어지는 사회 · 문화 관련 리포트 제출 등 빡빡한 일정이 이어진다. 고생한 만큼 학습효과도 좋아 참가자들의 호응도 높다. 지역전문가로 선발된 직원들이 아니더라도 롯데 인재개발원에서 VRICI 지역에 대한 이해도를 높이고 집중적으로 어학 능력을 향상시킬 수 있는 교육 프로그램을 운영하고 있다.

이밖에 협력사를 대상으로 한 교육 지원 프로그램도 가동 중이다. 롯데는 지난 2010년 개원한 '롯데그룹 동반성장 아카데미'를 통해 롯데의 인재 육성 인프라를 공유하며 협력사의 온 · 오프라인 교육도 지원하는 중이다. 윤리경영 · 환경경영과 공정거래법에 대한 이해, 중간 관리자들을 대상으로 한 업무 역량 향상, 전략경영 · 마케팅 · 재무 · 회계 등 각 직무의 역량 강화, 리더십 강화 등 다양한 내용의 프로그램이 준비돼 있다.

롯데 관계자는 "우리 사회의 구성이 다양해지면서 이를 인식하고 활용할 수 있는 인재가 절실해지고 있다"며 "이들이 모여 창의적인 아이디어를 주저 없이 제시하는 조직문화를 키우고, 신사업 발굴로 이어지는 선순환을 기대하고 있다"고 덧붙였다.

출처: 서울경제(2014.12.25)

부천시, 여성가족부 '가족친화 우수기관' 선정

조기종 기자

경기도 부천시가 여성가족부 주관으로 지난달 19일 대한상공회의소에서 열린 가족친화 인증기관 수여식에서 '가족친화 우수기관'으로 선정됐다고 6일 밝혔다.

가족친화 인증제도는 여성가족부가 주관해 가정과 직장생활을 조화롭게 병행할 수 있도록 가족친화 관련 제도를 모범적으로 운영하고 있는 기관에 대해 인증하는 제도이다.

부천시는 전 직원을 대상으로 건강검진 지원, 육아휴직 및 유연근무제 활성화 등 직원의 건강, 출산, 육아에 대한 직무환경을 적극 개선한 점을 인정받았으며, 가족친화에 대한 기관장의 관심과 추진의지, 가족친화 실행제도, 가족친화 경영 만족도에 대해 높은 평가를 받았다.

이춘구 부천시 여성청소년과장은 "앞으로 부천시는 31개 기관에서 인센티브를 받을 수 있으며 2015년 정부합동평가 시책 중 여성·가정 강화 부분에서 가점 부여 혜택을 누릴 수 있게 됐다"고 밝혔다.

출처: 아시아뉴스통신(2015.01.06)

Step 1 Wrap-Up **Exercise**

민간조직인 롯데와 공공조직인 부천시의 사례를 바탕으로 조직 구성원 개개인의 다양성을 포용하고, 전략적 시각에서 이러한 다양성을 하나의 자산으로 변화시킬 수 있는 조직관리 및 인사관리 전략에 대해 논의해 보세요.

다양성관리가 조직효과성에 미치는 영향력에 관한 연구 : 다양성 수용도의 매개효과를 중심으로

본 연구는 조직의 인적자원 속성의 다양화가 증가되고 있는 시대적 흐름에 따라 중요한 조직관리 전략으로서 주목받고 있는 다양성관리에 대한 실증분석을 시도하였다. 구체적으로 조직의 다양성관리가 구성원들의 다양성을 수용하는 태도에 미치는 영향을 파악하고, 이러한 다양성에 대한 구성원들의 수용도가 다양성관리가 조직효과성에 미치는 영향에 있어 어떠한 역할을 하는지 규명하고자 하였다. 이와 같은 연구목적을 달성하기 위해 선행연구를 기반으로 이론적 검토를 수행하여 각 요인에 대한 타당성 검증을 실시하였고, 이를 바탕으로 연구 모형을 설정하고 실증분석을 위한 가설을 도출하였다.

실증분석은 한국 공공부문 종사자를 대상으로 실시한 설문결과를 통해 이루어졌다. 특히 본 연구에서는 공공기관 인적자원관리와 개발에 있어 우수함을 인정받은 Best HRD 인증기관을 주요 표본으로 선정하고 비인증기관과 함께 표본으로 구성하여 실증분석하였다.

분석 결과, 한국 공공부문에서는 다양성관리와 다양성 수용도의 유형구분이 서구 중심으로 논의되어 온 틀과는 다르게 나타났다. 특히, 다양성 수용도에서 출신지역과 출신학교에 대한 차이에 대한 항목이 새로운 하나의 항목으로 구분되었다. 이러한 결과는 다양성에 대한 한국적 상황이 반영된 중요한 발

그림 2-9 연구 모형

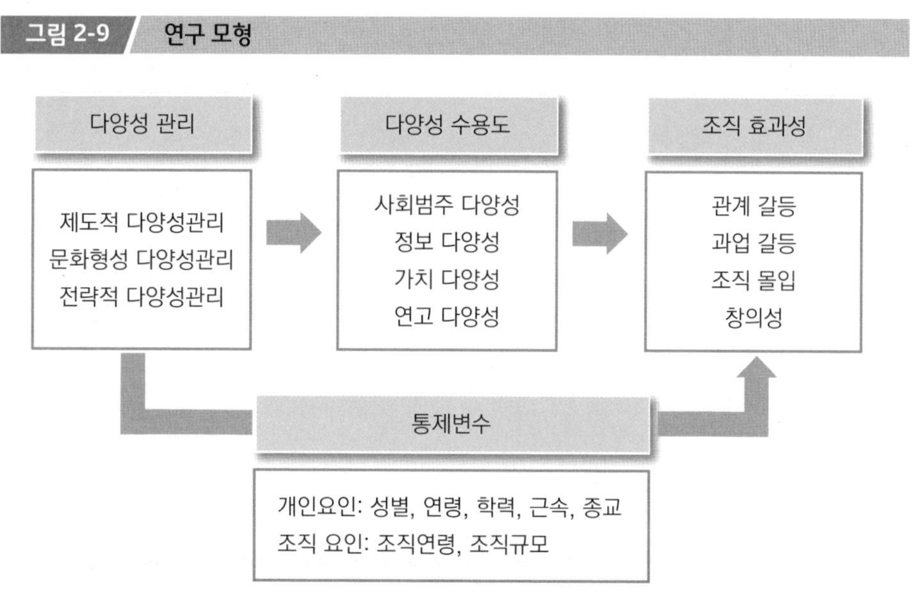

견으로서 연고다양성이라는 새로운 변수로 구분되었다.

변수 간의 관계에 대한 가설 검증 결과, 구성원들의 서로 다른 문화적 배경의 차이로 인한 가치를 이해하고 이들이 시너지효과를 발휘할 수 있도록 설계된 문화형성 다양성 관리가 조직 구성원들의 다양성 수용도에 긍정적 영향을 미치는 것으로 나타났으며, 조직 내의 갈등 수준을 낮추는 것으로 나타났다. 아울러 조직의 다양성관리를 통합하여 종합적으로 분석한 결과, 다양성관리로 인한 조직 효과성의 긍정적 측면인 창의성과 조직몰입에 있어서 다양성 수용도가 부분 매개 효과를 나타내고 있음이 검증되었다.

또한 본 연구에서 주요 표본으로 선정한 Best HRD 인증기관과 비인증기관을 비교분석 한 결과, 다양성관리와 다양성 수용도, 조직 갈등에서는 차이가 나타나지 않았으며 조직몰입과 창의성에서 유의미한 차이가 있음이 검증되었다. 이러한 분석 결과를 통해 Best HRD 인증제도의 평가기준에 대한 재검토가 요구된다는 정책적 함의를 도출해 볼 수 있었다.

마지막으로, 표본의 기관을 중앙행정기관, 공공기관, 책임운영기관의 유형으로 분류하여 각 변수별로 비교분석 한 결과, 제도적 다양성관리와 조직몰입, 창의성에서 집단 간의 차이가 있음이 확인되었다. 이와 같은 분석결과를 토대로 하여 본 연구가 지닌 이론적 · 정책적 함의를 제시하였으며, 본 연구가 지닌 한계점을 살펴봄으로써 향후 연구의 발전방향을 논의하였다.

자료: 오화선(2014)

Step 2 Wrap-Up Exercise

오화선(2014)의 연구는 조직 내 다양성관리가 다양성 수용도를 매개로 조직효과성 향상에 미치는 영향력을 분석하였다. 특히, 오화선 · 박성민(2014)은 다양성관리에 있어 다양성 관리 제도의 구축과 더불어 다양성 수용도를 높이는 것이 중요하다고 설명하고 있다. 이러한 논의를 바탕으로 다양성 수용도 향상을 위한 관리 전략에 대해 논의해 보자.

김선아 · 박성민. (2014). 시민의 삶의 질 선행 요인 규명에 관한 연구: 일반 가구와 저소득층 가구의 비교를 중심으로. *한국행정연구*, 23(4), 173-210.

오화선. (2014). 다양성관리가 조직효과성에 미치는 영향력에 관한 연구: 다양성 수용도의 매개효과를 중심으로. *성균관대학교 국정관리대학원 행정학 석사학위 논문*.

유민봉 · 박성민. (2014). *한국인사행정론* (제5판). 박영사.

이근주 · 이수영. (2012). 다양성의 유형화를 위한 시론적 연구. 한국인사행정학회보, 11(1), 175-197.

이종범. (2008). 정부수립 60년. *한국행정학회 동계학술대회 발표논문집*.

Allport, G. W. (1937). Personality. Holt.

Breckler, S. J. (1984). Empirical validation of affect, behavior, and cognition as distinct components of attitude. *Journal of Personality and Social Psychology*, 47(6), 1191-1205.

Ely, R. J., & Thomas, D. A. (2001). Cultural diversity at work: The effects of diversity perspectives on work group processes and outcomes, *Administrative Science Quarterly*, 46(2), 229-273.

Gardenswartz, L., Cherbosque, J., & Rowe, A. (2010). Emotional intelligence and diversity: A model for differences in the workplace. *Journal of Psychological Issues in Organizational Culture*, 1(1), 74-84.

Hofstede, G. (1980). *Culture's consequences*. Sage.

Ivancevich, J. M. & Gilbert, J. A. (2000). Diversity management: Time for a new approach. *Public Personnel Management*, 29(1), 75-92.

Locke, E. A. (1976). The nature and causes of job satisfaction. *Handbook of Industrial and Organizational Psychology*, 1, 1297-1343.

Lodahl, T. M., & Kejner, M. (1965). The definition and measurement of job involvement. *Journal of Applied Psychology*, 49. 24-33.

Meyer, J. P., & Allen, N. J. (1991). A three-component conceptualization of organizational commitment. *Human Resource Management Review*, 1, 61-89.

Park, S. M., & Rainey, H. G. (2007). Antecedents, mediators, and consequences of affective, normative, and continuance commitment: Empirical tests of commitment effects in federal agencies. *Review of Public Personnel Administration*, 27, 197-226.

Robbins, S. P., & Judge, T. A. (2011). *Organizational behavior* (4th ed.). Pearson.

Slocum, J. W., & Hellriegel, D. (2011). *Principles of organizational behavior* (13th ed.). South-Western Cengage Learning.

Thomas, D. A., & Ely, R. J. (1996). Making differences matter: A new paradigm for managing diversity. *Harvard Business Review*, 74(5). 79–91.

Weiss, H. M. (2002). Deconstructing job satisfaction: Separating evaluations, beliefs and affective experiences. *Human Resource Management Review*, 12(2), 173–194.

인터넷 교보문고(http://www.kyobobook.co.kr/)

네이버 영화소개(http://movie.naver.com/)

서울경제(2014.12.25)

아시아뉴스통신(2015.01.06)

Chapter 3

조직

Framework

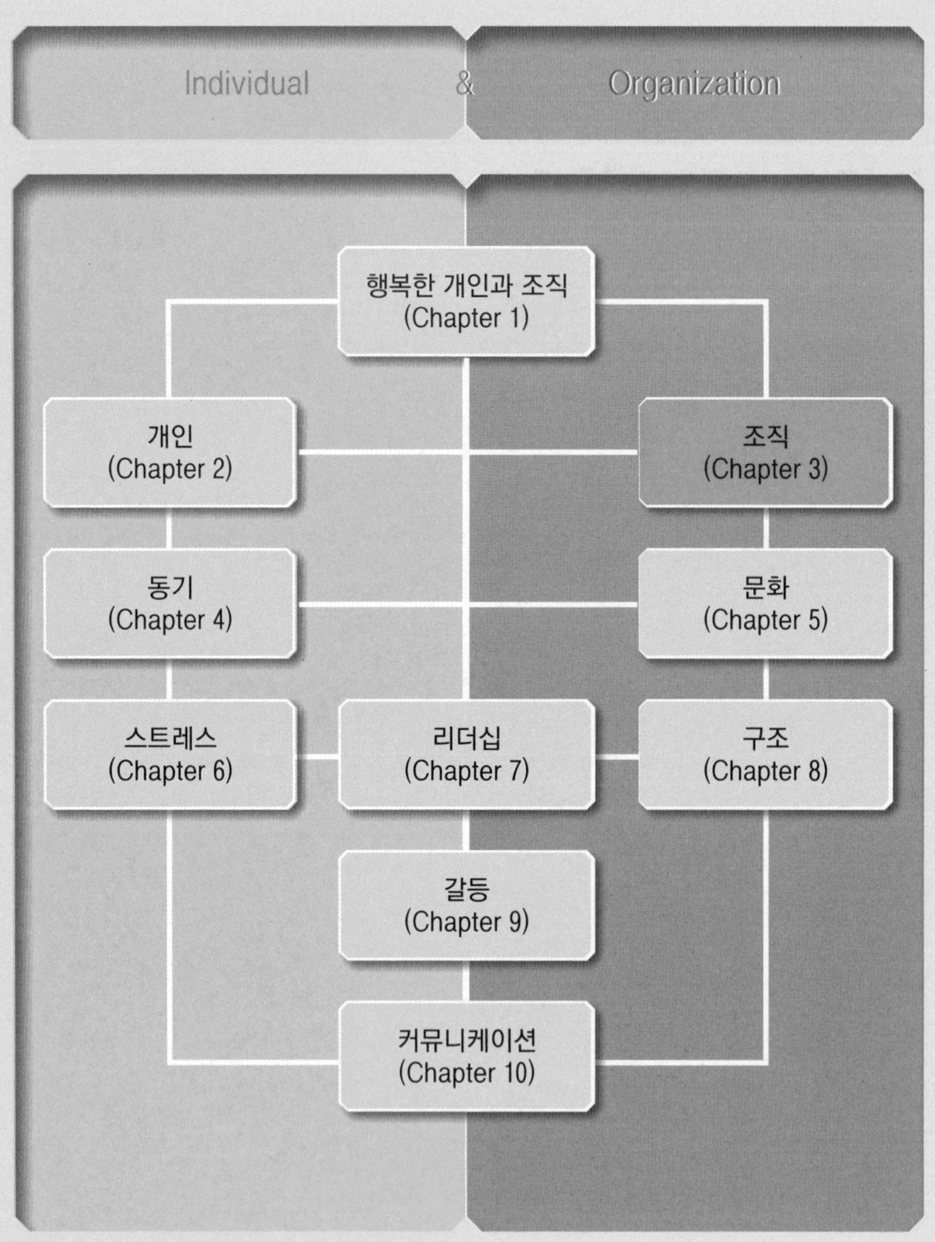

Individual
&
Organization
행복한 개인과 조직
(Chapter 1)
개인
(Chapter 2)
조직
(Chapter 3)
동기
(Chapter 4)
문화
(Chapter 5)
스트레스
(Chapter 6)
리더십
(Chapter 7)
구조
(Chapter 8)
갈등
(Chapter 9)
커뮤니케이션
(Chapter 10)

Keywords

- 조직(Organization)
- 조직 연구
- 공공 조직(Public Organization)
- 민간 조직(Private Organization)
- 공익(Public Interest)
- 사익(Private Interest)

천국 주식회사

사이먼 리치

지구의 운명을 건 하느님과 천사의 한 판 승부!

기발한 설정과 유머 작가다운 유머, 뭉클한 감동까지 선사하는 소설 『천국주식회사』. 재기 발랄한 미국의 작가 사이먼 리치의 이 소설은 특유의 대담하고 발칙한 상상력으로 천상의 세계를 그려 보인다. 인간 세계의 관리라는 핵심 사업은 안중에 없고 엉뚱한 신사업 구상에 정신이 팔려 있는 CEO 하느님, 직원은 천사들이며 지상의 회사를 방불케 하는 조직이 있고 일중독 천사들의 야근이 있는 '천국 주식회사'. 그곳에서 벌어지는 조마조마하고, 웃기고, 따뜻한 이야기를 담고 있다.

천국 주식회사의 기적부 산하 종합 웰빙과 직원인 천사 크레이그와 일라이자. 두 천사는 소소한 기적들을 생산해 인간 세계의 수많은 문제들을 땜질하려 애쓰지만 늘 역부족이다. 그러던 어느 날, 의욕 충만한 천사 일라이자는 산더미 같은 인간의 기도문을 방치한 채 딴 짓만 하고 있는 하느님에게 직언을 날리고 하느님은 그녀의 쓴소리에 엉뚱한 결단을 내린다. 골치만 아프고 소득은 별로 없던 인류 사업을 접기로 결정한 것이다. 지구 종말 30일 전이 선포되고, 천사들이 지구를 구할 수 있는 유일한 방법은 인간의 기도 중 하나라도 제대로 실현해 낸다면 지구 파괴를 취소하겠다는 하느님과의 내기에서 이기는 것인데….

출처: 인터넷 교보문고(http://www.kyobobook.com)

Step 1 Warm-Up Exercise

가상의 조직인 천국이라는 회사에서 벌어지는 유쾌한 내용을 담은 소설 책 "천국 주식회사"를 읽고 천국이라는 조직을 효과적이고 행복한 조직으로 탈바꿈 하기 위한 개혁안을 만들어 보자.

※ 단, 개혁안에는 새롭게 설정된 조직의 목표와 미션, 더불어 조직의 리더인 "하나님"을 효과적인 리더로 변화시키기 위한 방법과 조직 구성원들인 "천사"들을 조직에 헌신하는 몰입도 높은 구성원으로 변화시키기 위한 방안이 반드시 포함되어야 한다.

Enemy of the State

로버트 딘(Robert Clayton Dean: 윌 스미스 분)은 강직한 변호사다. 자신이 맡은 노조관련 사건의 의뢰인을 위해 마피아 보스와 맞닥뜨려야 하는 위험한 협상도 거리낌없이 밀고 나가는 스타일이다. 딘이 마피아 보스 핀테로와 협상을 벌이고 있을 무렵 공화당 소속의 국회의원 필(Phillip: 제이슨 로바즈 분)을 국가 안보국(NSA)에서 제거하려는 음모가 진행되고 있다. 국가 안보국의 감청 및 도청 행위를 법적으로 승인하자는 법안에 강력하게 반대하는 입장을 표명했기 때문이다.

한편, 조류 사진 작가이자 로버트 딘과 대학 동창인 다니엘(Daniel Zavitz: 제이슨 리 분)은 우연히 필의 피살 현장을 카메라에 담게 되고 그로 인하여 국가 안보국으로부터 제거당할 위험에 놓이게 된다. 아내(Carla Dean: 레지나 킹 분)의 크리스마스 선물을 사러 간 란제리 숍에 들렀던 딘은 마침 쫓기고 있던 다니엘과 맞닥뜨린다. 다급한 나머지 다니엘은 딘의 쇼핑백에 디스켓을 집어넣고 도망치다가 차에 깔려 즉사한다. 딘은 다니엘이 자신의 쇼핑백에 뭔가를 집어넣었다는 사실조차 모른다. 딘과 다니엘이 마주쳤던 순간을 란제리 숍의 감시 카메라를 통해 분석한 국가 안보국은 이제 딘이 소지하고 있는 녹화 테이프를 강탈하기 위해 딘을 추격한다. 국가 안보국의 획책으로 변호사 사무실에서 해고당하고 모든 금융거래마저 차단당한 딘은 아내한테도 의심받게 된다.

딘은 한마디로 벼랑 끝에 몰린 처지가 되어버린다. 이제 딘이 의지할 수 있는 사람은 단 한 명뿐이다. 그동안 변호사 일과 관련하여 그에게 비밀리에 정보를 제공해주고 뒷돈을 챙기던 정보 브로커 브릴(Brill/Edward Lyle: 진 해크만 분)이 바로 딘의 구세주로 등장한다. 브릴은 전직 국가 안보국 출신이며 냉전이 종식된 이후로 자신이 맡았던 국제적 도청행위를 청산하고 신비의 인물로 살아가는 정보 베테랑이다. 처음엔 자신의 정체가 노출될 것을 꺼리던 브릴마저 딘과 함께 국가 안보국으로부터 목숨을 위협당하는 위기에 처하게 되자 둘은 역습을 위한 준비작업에 착수한다. 그러나 국회의원 필을 죽인 장본인이자 국가 안보국의 도청 임무를 지휘하는 레이놀즈(Thomas Brian Reynolds: 존 보이트 분)는 순순히 꼬여들지 않는다. 결국 브릴이 레이놀즈를 단독으로 상대하기로 하고 접근한다. 그러나 이미 배치된 안보국 요원들에 의해 브릴은 최악의 궁지에 몰리고 딘 또한 숨어있던 아지트에서 발각당한다. 이때부터 딘은 레이놀즈에게 치명적인 일격을 가하기 위한 치밀하고도 쇼킹한 작전을 짜게 되는데….

출처: 네이버 영화(http://movie.naver.com/)

Step 2 Warm-Up **Exercise**

영화 "Enemy of the State"내용을 바탕으로 공공 조직과 민간 조직의 특징을 살펴보고 이러한 차이점이 조직 관리 및 인사 관리에 있어 어떠한 의미를 갖는지 논의해 보세요.

Chapter 3 조직	Learning Organization	http://www.youtube.com/watch?v=izkXtw1tDeg
	Organizational Behavior	http://www.youtube.com/watch?v=24V6XI1xWKE
	조직성과의 재정의	http://www.youtube.com/watch?v=lqv7h8jX7Zg

Self-Interview Project

● 영상을 시청하고, 스스로 조직의 CEO가 되어 아래 질문에 대한 인터뷰를 진행해 보세요.

Interviewer:

CEO님께서는 "조직"이란 무엇이라고 생각하시나요? 또한 "조직의 성과"를 어떻게 정의하고 계시나요?

Interviewee:

Interviewer:

조직 관리의 대상을 10개 키워드로 제시해본다면 무엇이 있을까요?

Interviewee:

Interviewer:

CEO님께서는 "조직의 성과"를 어떻게 정의하시나요? 또한 이러한 성과를 어떻게 측정하고 계시나요?

Interviewee:

제1절 조직의 이해

1. 조직의 의의

조직(organization)은 다양한 형태로 우리 곁에 존재한다. 우리는 모두 학교의 학생으로 소속되어 교육을 받으며, 아플 땐 병원에 찾아가 치료를 받기도 하고, 은행, 대형마트, 백화점 등 다양한 조직과의 상호작용을 통해 개인의 욕구를 충족하면서 살아간다. 뿐만 아니라 성인이 된 이후에는 구직활동을 통해 각 조직의 구성원으로 소속되어 경제활동을 하게 된다. 이처럼 모든 개인은 특정 조직의 구성원으로서 활동하거나 특정 조직과의 상호작용 과정을 거치며 성장해 나간다. 그러나 이처럼 조직이라는 개념이 친숙하고 익숙함에도 불구하고, 조직은 다양한 속성을 갖고 있기 때문에, 한마디로 정의내리기란 쉬운 일이 아니다. 조직 연구의 대표 학자인 Robbins & Judge(2011)는 조직의 기능에 중점을 두면서, 조직을 "공동의 목표 달성을 위해 지속성을 갖는 둘 이상의 사람들로 구성된 의도적으로 조정된 사회적 단위이다"라고 정의하였다(Robbins & Judge, 2011: 39). 이와 달리 Daft(2010)는 "조직이란 목적을 지향하는 사회적 존재이며, 의도적으로 구조화되고 조정된 활동 양식으로 설계되며, 외

그림 3-1 조직의 개념

부환경과 연계된다."라고 정의하면서 보다 광의의 시각으로 조직에 접근하였다(Daft, 2010: 11). Robbins & Judge(2011)와 Daft(2010)의 견해를 종합하여 본서에서는 조직이란 공동의 목표 달성을 위해 구성된 사회적 단위로서 특수한 행동양식이 내재되어 있으며, 외부 환경과의 상호작용을 통해 적응 및 변화해가는 유기체라고 정의하고자 한다. 이에 조직의 속성으로는 사회적 단위, 특수한 행동양식의 존재, 외부와의 상호작용 등을 제시할 수 있다. 사회적 단위라는 특징은 조직의 목적을 달성하는 주체가 사람임을 의미하는 것이며, 특수한 행동양식이 존재한다는 특징은 조직을 구성하고 있는 사람들의 행위가 조직의 문화, 구조, 규범 등을 통해 규제되고, 이를 통해 조직의 목적에 부합하는 생활양식을 공유하게 되는 것을 의미한다. 마지막으로 외부환경과의 상호작용이라는 특징은 지속가능한 성장을 위해 조직을 둘러싼 법적 환경, 정치적 환경, 경제적 환경, 문화적 환경, 기술적 환경, 생태적 환경에 적응해 나가는 것을 의미한다(Rainey, 2014; Daft, 2010).

2. 조직 연구의 의의

조직 연구는 조직의 성과 향상을 위해 조직이 갖고 있는 다양한 자원과 요소들을 효과적으로 활용하기 위한 방안을 연구하는 학문으로 이해할 수 있다. 특히, 조직 연구의 출발은 조직 연구의 대상인 조직의 상태를 진단하는 것이라 할 수 있는데, 조직은 다양한 색상과 특성을 갖고 있기 때문에 어느 한 가지 특성이나 부분을 보고 조직의 특성과 건강상태를 진단하기는 어렵다. 이러한 조직의 속성으로 인해 연구자들과 실무자들은 다양하고 유연한 관점으로 조직을 바라볼 필요가 있다. 이에 조직을 바라보는 시각과 조직 연구의 분야가 지속적으로 세분화되고 있는 것이 현대 조직학 연구의 흐름이다.

미국 경영학회(Academy of Managemcnt)[1]에서는 조직관리의 세부 영역으로 25개 주제를 설명하고 있다. 주요 내용으로 경영정책 및 전략(Business Policy and Strategy), 갈등 관리(Conflict Management), 기업가정신(Entrepreneurship), 다양성 관리(Gender and Diversity in Organizations), 인적 자원 관리(Human Resources), 국제 경영 관리

1 조직 관리에 대한 이해를 돕기 위해 미국경영학회(Academy of Management)의 홈페이지(www.aom.org)를 참조하여 조직에 관한 주요 연구적 시각과 내용을 살펴볼 것을 추천한다.

그림 3-2 조직 연구의 주제

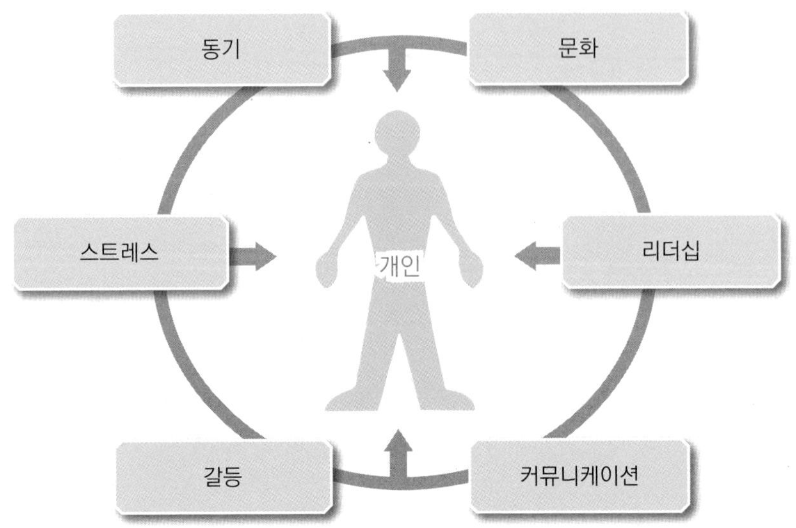

(Internatioanl Management), 관리 컨설팅(Management Consulting), 경영 관리 교육과 개발(Management Education and Development), 운영관리(Operations Management), 조직 및 관리 이론(Organization and Management Theory), 조직 변화 및 개발(Organization Development and Change), 조직 행동(Organizational Behavior), 조직 커뮤니케이션과 정보(Organizational Communications and Information Systems), 공공 및 비영리 조직관리(Public and Nonprofit), 연구방법론(Research Methods), 조직 환경 관리(Social Issues in Management), 기술혁신 관리(Technology and Innovation Management) 등이 있다.

이처럼 수많은 조직 연구 주제들이 존재하는데, 본서에서는 조직행동론적 시각과 인간관계론적 시각을 종합하여 〈그림 3-2〉에서 보는 바와 같이, 조직을 구성하는 인적자원인 개인을 비롯하여 동기, 문화, 스트레스, 리더십, 구조, 갈등, 커뮤니케이션 등에 대해 다루고자 한다.

제2절 조직 유형의 이해[2]

조직의 유형은 다양한 기준에 따라 분류가 가능하지만, 본서에서는 조직의 유형을 존재 이유 즉, 설립 목적에 따라 공공 조직(Public Organization)과 민간 조직(Private Organization)으로 구분해 보도록 하겠다. 일반적으로 공공 조직은 공적 이익을 달성하기 위해 재해와 서비스를 제공하는 조직으로 이해할 수 있으며 민간 조직은 사적 이익을 추구하기 위해 재화와 서비스를 생산하는 조직으로 이해할 수 있다. 공공 조직을 관리하는 학문은 행정학(Public Administration), 민간 조직을 관리하는 학문은 경영학(Business Administration; Private Administration)이라 부르는데, 두 학문 모두 각 조직의 성과 향상을 위해 사람과 제도를 효율적으로 관리하는 방안에 대해 연구한다는 측면에서 공통점을 갖는다. 특히, 1980년대 이후 대부분의 국가가 경쟁, 효율성, 전문성 향상을 핵심으로 하는 신공공관리(NPM: New Public Management) 기조를 바탕으로 정부 개혁을 단행하면서 관리에 있어 공공부문과 민간부문의 유사성이 확대되었다. 이에 공공조직과 민간조직은 추구하는 목적은 다를지라도 그 목적을 달성하기 위해 각자가 보유하고 있는 인적자원과 물적자원을 조직(Organizing), 조정(Coordinating), 통제(Controling)하는 데 있어 매우 유사한 관리 방식을 갖게 되었다.

그림 3-3 목적에 따른 조직의 유형 구분

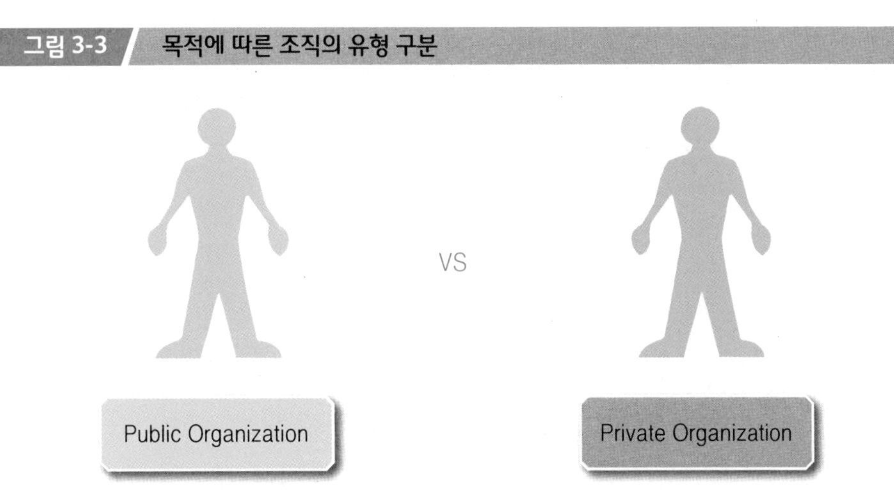

2 이 내용은 본서의 제1저자가 공동 저자로 참여한 성균관대학교 사회과학연구소(2013)의 내용 중 일부를 발췌하여 수정 · 보완하였다.

하지만 Rainey(2014)는 공공재(Public Goods)의 특성으로 인해 발생하는 무임승차 문제, 개인의 무능, 외부효과 발생 등과 같은 문제를 해결하는데 있어 공공조직의 역할이 건재하다고 언급하였고, Moore(1995)와 Bozeman(2007)은 '공익(Public Interest)'과 '공공가치(Public Value)' 실현의 매개체로서 공공조직 존재의 중요성을 설명하였다. 특히 공공조직과 민간조직의 차이는 관리 방식의 차이로 이어지기 때문에, 각 조직의 특수성을 이해하는 것은 조직 관리 및 인사 관리에 있어 매우 중요하다. 이에 주요 학자들의 견해를 중심으로 민간조직과 공공조직의 유사점과 차이점을 살펴보면 다음과 같다.

1. 목적

첫 번째 차이점은 앞서 언급한 바와 같이 목적 측면에서 살펴 볼 수 있다. 공공조직의 목적은 '공익(Public Interest)'의 실현에 있는 반면, 민간 조직 목적은 '사익(Private Interest)'의 극대화에 있다. 다만, 최근에는 기업의 사회적 책임(Social Responsibility)이 강조되면서 기부문화가 확산되고 있고 공익사업에 참여하는 사례 역시 증가하고 있다. 그러나 이러한 행위 역시 본질적으로는 기업에 대한 긍정적 이미지 형성을 통한 경제적 이윤 극대화 전략으로 활용되고 있기 때문에, 민간조직의 제1목적은 여전

그림 3-4 공공조직과 민간조직의 목적

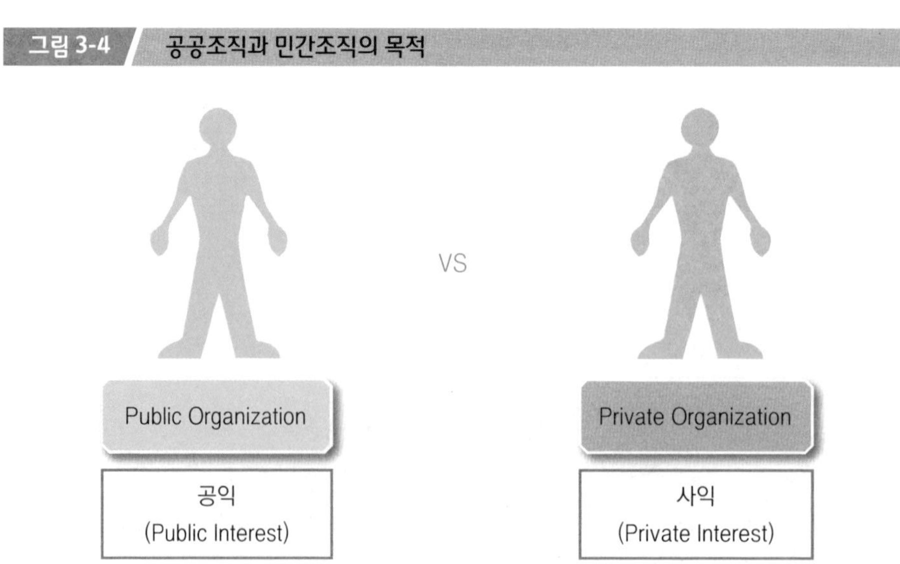

히 사익 추구라고 할 수 있다(유민봉, 2012). 이에 민간조직은 관리과정에 있어 효율성, 능률성, 효과성과 같은 경제적 가치를 최선의 가치로 여기는 반면 공공조직에서는 경제적 가치는 수단적 가치일 뿐, 정의, 형평성과 같은 사회적 가치를 보다 중시한다. 또한 이러한 목적의 차이로 인해 '사익'을 추구하는 민간조직은 이해관계가 형성되어 있는 특정 범위로 한정하여 관리 기능을 수행하게 되지만, 공공조직이 지향하는 '공익'은 특정한 개인이나 집단이 아닌 모든 국민을 포용하는 개념이기 때문에 민간 조직보다 관리 기능의 수행 범위와 영향력의 범위가 현저하게 넓다.

2. 관리 주체

두 번째 차이점은 관리 활동의 주체 측면에서 살펴볼 수 있다. 공공 조직을 의미하는 'Public Organization'에서 'Public'은 목적으로서 공익을 의미하기도 하지만, 주체로서 정부를 의미하기도 한다. 반면 민간 조직의 주체는 일반적으로 기업이라고 할 수 있다. 물론 최근에는 공공 조직을 관리하는 데 있어 일방향적이고 위계적 개념인 "통치(Government)"보다 수평적 · 협력적 네트워크 개념인 "협치(Governance)"의 패러다임이 강조되면서 시장과 시민사회의 역할이 중시되고 있지만, 여전히 정부가 주도적인 역할을 담당하고 있는 것이 사실이다. 민간 조직의 경우도 마찬가지로 관

그림 3-5 공공조직과 민간조직의 주체

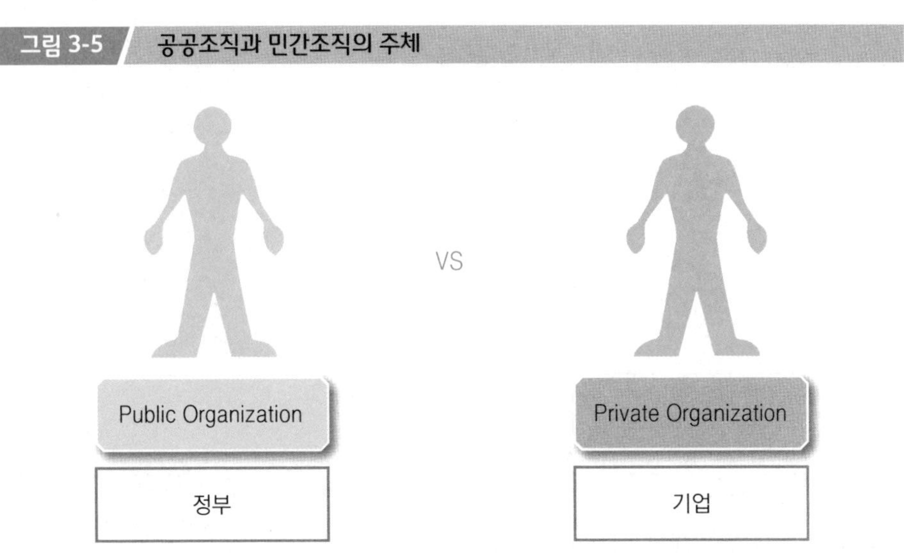

리에 있어 정부, 시민사회의 역할이 강조되고 있긴 하지만, 여전히 기업이 주도적인 역할을 담당하고 있다. 주체 측면에서 공공조직이 갖는 이러한 특수성으로 인해 정부의 활동, 즉 행정은 국민에 대해 강제력을 수반할 수 있다. 왜냐하면 정부가 선거과정을 통해 국민으로부터 이러한 권한을 위임받았다고 간주하기 때문이다.

3. 조직이 제공하는 재화와 서비스

세 번째 차이점은 각 조직이 제공하는 재화와 서비스의 성격 측면에서 살펴 볼 수 있다. 먼저 제공되는 재화와 서비스의 특징 측면에서 공공 조직과 민간 조직의 차이점을 살펴보면, 일반적으로 공공조직이 제공하는 재화와 서비스는 공공재(Public Goods) 혹은 가치재(Merit Goods)성격이 강한 반면, 민간 조직이 제공하는 재화와 서비스는 사적재(Private Goods)의 성격이 강하다는 점이다. 여기서 공공재와 사적재를 구분하는 기준으로는 재화가 갖고 있는 비경합성(Non-Rivalry)과 비배제성(Non-Excludability)이라는 특징을 제시할 수 있다. 비경합성은 한사람의 소비가 다른 사람의 소비를 방해하지 않는 특징을 의미하며, 비배제성은 대가를 지불하지 않는 사람을 소비에서 배제시키기 어렵다는 특징을 의미한다. 공공재의 경우 비경합성과 비배제성의 특징을 갖고 있고, 사적재의 경우 경합성과 배제성의 특징을 갖고 있다. 공공

그림 3-6 공공조직과 민간조직이 제공하는 재화와 서비스

VS

Public Organization

공공재(Public Goods)
가치재(Merit Goods)

Private Organization

사적재(Private Goods)

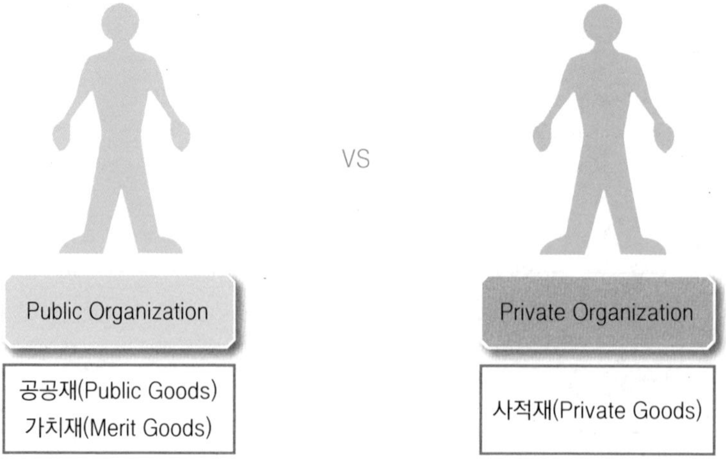

재가 갖고 있는 이러한 특징으로 인해 공공재는 대가를 지불하지 않은 사람도 누구나 제약 없이 자유롭게 소비가 가능하다. 따라서 수익자 부담 원칙을 적용하는 것이 어려우며, 이와 더불어 수요를 제대로 파악하기 힘들기 때문에 시장의 자율에 맡겨 둘 경우 사회적으로 필요한 적정수준까지 공급이 이루어지지 않는다는 문제를 초래한다. 이와 같이 공공 조직과 민간 조직이 제공하는 재화와 서비스의 성격 차이는 거래되는 방식의 차이로 이어지게 된다. 민간 조직의 경우 불완전하긴 하지만 가장 효율적인 메커니즘으로 평가받고 있는 '시장 경쟁' 메커니즘을 바탕으로 재화와 서비스가 거래된다. 수요자와 공급자가 만나서 시장에서의 '가격'이 형성되고 이 가격을 기반으로 재화와 서비스가 거래되는데, 이때 시장에서는 수많은 공급자와 수많은 수요자가 존재하게 되므로 공급자와 수요자 모두 가격 수용자(Price Taker)의 역할을 담당하게 된다. 특히 이때는 수많은 공급자가 경쟁적으로 재화와 서비스를 공급하기 때문에 거래되는 재화와 서비스의 질은 지속적으로 향상되는 것이 일반적이다. 반면, 공공재의 경우 앞서 살펴본 바와 같이 사회적으로는 반드시 필요하지만 민간시장에서는 적정수준으로 공급이 되지 않는 문제점을 갖고 있기 때문에 정부가 단일주체로서 이를 공급하는 역할을 담당하게 된다. 일부 분야의 경우에는 시장 원리를 도입하여 민간 위탁 방식, 민영화 방식을 통해 공급이 이루어지고 있지만 대부분의 경우 정부에 의해 독점적으로 제공된다. 즉, 공공재가 거래되는데 수많은 수요자가 존재하지만 단일주체인 정부만이 이를 공급하는 역할을 담당함으로써 독점 구조가 형성되게 되는 것이다. 따라서 이러한 독점 구조 하에서 공급자인 정부는 가격 결정자(Price Maker)의 역할을 담당하게 되고, 수요자인 일반 국민은 가격 수용자(Price Taker)의 역할을 담당하게 된다. 물론 공공 조직의 경우 '공익'실현의 관점에서 재화와 서비스가 공급되기 때문에 민간 부문에서의 독점 시장과 같이 독점 기업의 이윤극대화를 위해 가격을 높게 설정한다는 식의 문제점은 거의 나타나지 않지만, 경쟁의 원리가 적용되지 않아 공급되는 새화와 서비스의 질적 향상이 쉽게 이루어지지 않는다는 문제를 유발시킨다.

4. 성과

네 번째 차이점은 성과 측정 측면에서 살펴볼 수 있다. 민간 조직에서 강조되는 가

그림 3-7 공공조직과 민간조직의 성과 측정

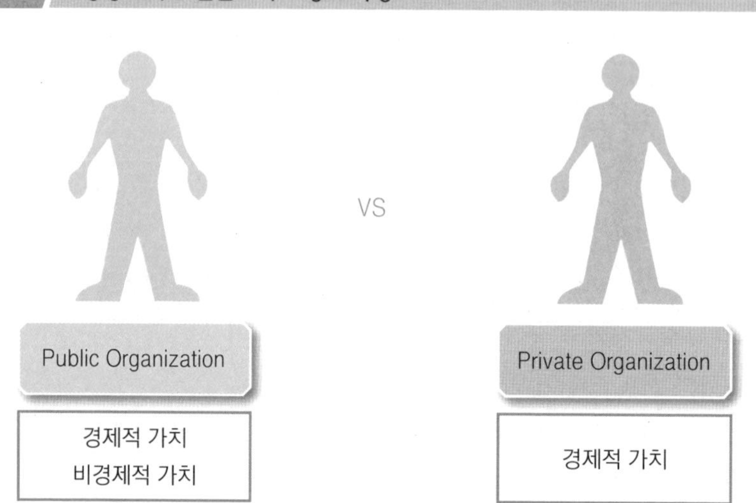

치는 능률성, 효율성, 효과성과 같은 경제적 가치인 반면, 공공 조직에서 강조되는 가치는 정의, 형평성과 같은 사회적 가치이다. 이에 성과를 측정하는 데 있어, 민간 조직의 경우 순이익(Net Profit), 영업 이익(Operating Profit) 등 경제적 지표를 활용할 수 있어 상대적으로 측정이 용이하지만, 공공조직의 경우 경제적 지표와 더불어 비경제적 요소를 중시해야 하기 때문에, 상대적으로 성과의 측정이 어렵다.

5. 조직 구성원의 내적 특성

다섯 번째 차이점은 조직 구성원들의 내적 특성 측면에서 살펴볼 수 있다. 대표적으로 동기 측면에서 내적 특성의 차이점을 발견할 수 있다. 인간의 욕구를 위계적으로 설명한 Maslow(1954)와 Alderfer(1979)의 내용을 토대로 조직 구성원의 동기를 존재 욕구, 관계 욕구, 성장 욕구로 구분할 때, 김선아 외(2013)의 연구는 민간 조직 구성원들의 경우 존재 욕구와 성장 욕구를 중시하는 반면, 공공조직 구성원들의 경우 관계 욕구와 성장 욕구를 보다 중시한다는 사실을 밝혀냈다. 유사한 연구들을 종합해서 살펴볼 때 일반적으로 공공 조직은 민간 조직보다 상대적으로 내재적 동기를 중시하는 반면 민간 조직은 공공 조직보다 상대적으로 외재적 동기를 중시함을 알 수 있다. 특히, Perry & Wise(1990)는 주로 내재적 동기에 초점을 두고, 공공조직 구

그림 3-8 공공조직과 민간조직 구성원들의 동기

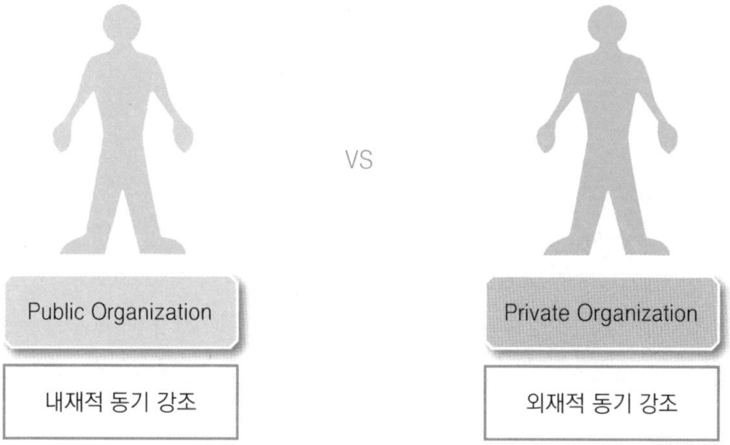

Public Organization	VS	Private Organization
내재적 동기 강조		외재적 동기 강조

성원들의 동기 측면의 특수성을 공직동기(PSM: Public Service Motivation)이론을 토대로 체계화 하였다.

"돈 · 명예보다 중요한 '기업 가치'와 보람" 스타벅스커피코리아

김유림 기자

사회적으로 통용되는 '직업 선택의 기준'은 변화한다. 경제성장기에는 대부분이 돈, 명예, 산업의 성장가능성 등이 중요 기준이지만 점차 '나에게 맞고 보람을 느낄 수 있는 일'을 찾는 사람이 늘고 있다. 이전 세대에서 직장이란, 개성을 포기하는 대신 금전적 보상을 받는 '도구적 존재'였다면 요즘 세대에서 직장이란 본인의 정체성을 표현하고 함께 성장해나가는 '동반자적 존재'다.

한국 상륙 15년째인 스타벅스커피코리아가 이윤 이상으로 강조하는 것이 직원의 보람, 그리고 사회적 책임이다. '사회적 기업'이라는 명패는 없지만 소속원이 회사뿐 아니라 사회, 크게는 '온 지구'를 위해 일한다는 인식을 심어주려 노력한다. 이번 호 '대한민국 인본기업' 시리즈에 스타벅스를 올린 이유다.

10월 1일 서울 종로구 연건동에 국내 최초 '스타벅스 커뮤니티 스토어'가 문을 열었다. 이 매장은 커피, 주스 등 모든 품목이 팔릴 때마다 300원씩 적립한다. 조성된 기금은 NGO인 '초록우산 어린이재단'에 전달돼 저소득층 고교생 대학장학금 등으로 활용된다. 즉 이곳 직원들이 음료를 많이 팔수록 많은 금액이 사회로 환원되는 것. 이날 이석구 스타벅스 대표는 "커뮤니티 스토어를 통해 청년 인재를 양성하겠다. 차별화한 사회공헌 프로그램으로 자리매김할 수 있도록 최선을 다하겠다"고 밝혔다.

스타벅스는 유독 사회적 공헌을 강조하는 회사다. 스타벅스는 올해 150여 지역 단체와 함께 다양한 사회 봉사활동을 실천했다. 전 직원의 봉사 시간을 합하면 1만9615시간(10

월 7일 기준). 이 방대한 사회공헌에는 일맥상통하는 키워드가 있다. 바로 '커피'다.

사회공헌도 기본은 '커피'

"그냥 직원들이 옷 맞춰 입고 양로원, 고아원 등에 가서 일회성 봉사활동 하는 게 아닙니다. 우리 회사의 정체성과 맞는 봉사를 해야 직원들이 더욱 재밌고 진정성 있게 참여할 수 있으니까요."

김용준 사회공헌팀 대리는 올 4월 인도네시아 수마트라에서 봉사활동을 하고왔다. 커피 재배 농가에 집을 지어주고 의료시설, 수로, 학교 등을 건설하는 데 도움을 준 것. 김 대리는 "스타벅스는 수마트라 커피 농가에서 재배한 커피를 다소 비싼 가격으로 구매한다. 커피 농가가 좋은 환경에서 커피를 재배할 수 있게 돕는 것이 봉사단의 임무"라고 말했다. 그는 "이번 봉사를 통해 우리가 판매하는 커피가 어떤 환경에서 자라는지 알 수 있었다. 또한 우리가 좋은 커피를 프리미엄 얹은 가격으로 구매함으로써 그 마을, 크게는 그 사회가 어떻게 변화하는지 지켜보니 애사심이 더욱 커졌다"고 말했다.

스타벅스는 세계 최대 공정무역 커피 수입처다. 스타벅스가 구매하는 원두의 약 95%가 공정무역 및 윤리 구매 커피다(2013년 기준).

또한 스타벅스는 자사 소속 바리스타들의 '재능 기부'를 장려한다. '커피 만드는 능력' 자체를 '재능'으로 인정해, 사회적으로 나눌 수 있게 도와주는 것. 스타벅스의 재능만으로 문을 연 '재능기부카페'도 4곳이나 있다. 고령이거나 장애가 있거나 경력 없는 여성 바리스타에게, 스타벅스 직원들이 커피 만드는 방법을 가르쳐주고 매장 인테리어, 장비 등 모든 시설 · 설비를 무료로 제공한다. 6월 9일 서울 동작구 대방동에 문을 연 재능기부카페 4호 '카페마인'에 재능 기부를 한 스타벅스 커피 앰배서더(홍보대사) 박세정 씨는 "요즘도 퇴근길에 카페마인에 들러 매장을 살펴보고 간다"고 말했다.

"카페 개장부터 관리까지, 스타벅스에서 '커피 1인자'로 꼽히는 바리스타들이 직접 참여하고 있습니다. 처음에는 간단한 커피 추출도 버거워하던 실버 바리스타들이 능숙하게 라테아트를 하는 모습을 보면 정말 뿌듯합니다."

봉사활동에서도 커피를 강조하듯, 스타벅스는 직원들에게 커피 관련 교육도 철저히 시킨다. 커피를 판매하지 않는 직원들도 1주일에 2번씩, 서울 종로구 소공동 본사 강당에 모여 커피 테스트를 한다. 또한 스타벅스는 '커피마스터'라는 내부 프로그램을 통해 커피 전문가를 양성하는데, 관리직에 오르기 위해서는 이 자격증을 꼭 획득해야 한다. 서울에서 집합교육을 받기 힘든 직원은 온라인 교육을 받을 수 있다. 이처럼 스타벅스는 조직원들에게 "나는 우리나라의 커피 전문가"라는 자부심을 심어주기 위해 끊임없이 노력한다.

'파트타임' 아닌 '파트너'

사람들이 이 기업을 '스타벅스'라고 짧게 부르지만 정식 사명은 '스타벅스커피코리아'다. 실제 직원 대부분은 회사에 대해 이야기할 때 '커피'자를 꼬박꼬박 넣어 부른다. 스타벅스에서 판매하는 수많은 음료, 음식 중 유독 '커피'를 강조하는 것은 조직원들 스스로도 이 회사의 정체성을 잊지 않으려고 노력하는 태도로 보인다. 또한 '본사'는 '지원센터'라고 지칭하는데, 이 역시 "우리 회사의 수익은 각 매장에서 나온다. 본사는 매장을 돕는 부차적 시설"이라는 의미를 담고 있다.

그렇기에 스타벅스가 직원들에게 가장 중시하는 것 역시 '매장 경험'이다. 스타벅스는 일부 고위 관리직을 제외하고 '경력직 사원'을 따로 채용하지 않는다. 입사를 원하는 모든 사람이 매장 직원(파트너)으로 먼저 입사해야 한다. 이석구 대표 역시 매장에서 몇 달간 근무한 적이 있다.

지원센터에 근무하는 커피 앰배서더 박씨는 8년간 디자인 회사에 재직하다 7년 전 스타벅스 파트타임 파트너로 입사했다. 박한조 홍보팀 대리 역시 "대학 졸업 후 스타벅스 매장 파트너로 입사했다가 사내 홍보팀 공모를 거쳐 지원센터에 근무하게 됐다"며 "지원센터에서 근무하는 직원 중 80%가 매장 파트너 출신"이라고 말했다.

전 직원은 6800여 명. 대표부터 지원센터 직원, 점장, 이른바 '파트타임' 직원인 파트너까지 직급이 다양하지만 보상은 평등하다. 즉 근무 연수, 시간과 상관없이 모든 직원에게 4대 보험이 보장되고, 성과금 · 명절상여금이 지급된다. 모든 직원은 전국 모든 스타벅스 매장에서 하루 음료 3잔을 마실 수 있고, 직원을 대상으로 한 제품 할인율도 같다.

일각에서는 최저임금(2014년 기준 5510원)을 조금 웃도는 스타벅스 파트너 임금이 낮다는 비판이 있다. 이에 스타벅스 측은 "다른 혜택을 비교했을 때 시급이 나쁜 편은 아니다. 게다가 무형의 장점이 있다"고 반박한다. 커피 앰배서더 박씨의 말이다.

"우리는 모든 직원을 '파트타임'이 아니라 '파트너'라고 부릅니다. 또한 서로 이름이나 직급 대신 '닉네임'으로 부르는데 제 닉네임은 '세라'예요. 매장의 스무 살 된 파트너들도 저를 '세라'라고 부르고, 저 역시 저보다 연배가 높은 팀장을 '캘리'라고 부릅니다. 만약 '세라 점장님' '세라님' 하면 혼이 나요."

'리턴맘' 적극 지원

스물여덟 나이에 스타벅스 매장 파트너로 입사한 박씨는 "사실 그 나이에 스타벅스에 입사하는 게 쉬운 일은 아니었다"고 고백했다. 디자인회사 과장으로 근무하다 스타벅스 파트너로 입사했을 때 월급이 '반토막' 났지만, 그간 거듭되는 야근 때문에 개인 생활 없이 살다가 스타벅스로 와서 자유롭고 평등하게 근무하는 자체가 기뻤다는 것.

사회공헌팀 김 대리 또한 대학 졸업 후 현대캐피탈에서 근무하다 스타벅스 매장 파트너로 입사한 후 지원센터에 근무하게 된 경우다. 그는 "우리 세대는 아무리 월급이 많아도 스트레스 많이 받으면 일을 못 한다. 즐겁게 할 수 있는 일이 최고"라고 말했다.

스타벅스에 근무하는 직원 80%가 여성이다. 그만큼 스타벅스는 여성 복지 제도를 잘 운영한다. 출산휴가, 육아휴직 등 법으로 정해진 보장은 기본. 최근 스타벅스가 도입한 '리턴맘 프로젝트'는 이전에 스타벅스에서 근무하다 출산, 육아 때문에 일을 그만둔 여성

직원들이 '시간제 탄력 근무'를 할 수 있게 지원하는 제도다. 현재까지 49명이 이 제도를 통해 돌아왔다.

홍보팀 박 대리는 "매장에서 3~4년 이상 근무했던 전문가들의 경력이 사장되는 것이 아까워 도입한 제도다. 하루 4시간 정도, 요일도 자유롭게 각자 일하는 시간을 정해 운영한다. 물론 복리후생은 똑같다"고 말했다. 이를 통해 다시 일자리를 찾은 전(前) 부점장은 "출산과 동시에 회사를 떠나면서 막연히 '돌아올 수 있을까', '이곳이 아니면 내가 일할 곳이 있을까' 생각했는데 회사에서 반겨주니 참 고마웠다. 애사심이 더 커졌다"고 말했다.

"사람들이 기업 가치를 공유한다고 생각하게 되면, 그들은 브랜드의 충실한 고객으로 남을 것이다."

스타벅스 창업주 하월드 슐츠의 말이다. 이 정신은 스타벅스커피코리아의 회사 운영 방침과도 일맥상통한다. 스타벅스는 직원 6800여 명과 '기업의 가치'를 공유함으로써, 6800여 명의 충실한 '홍보대사'를 얻었다.

출처: 신동아(2014.11.01)

국립중앙과학관 2년 연속 최우수 책임운영기관 선정

정책브리핑

국립중앙과학관(관장 직무대리 한풍우)은 안전행정부에서 실시한 2014년 책임운영기관 평가결과, '교육훈련 및 문화형'에서 2013년에 이어 2년 연속 최우수기관에 선정되는 영예를 안았다.

이번 평가는 전국 38개 소속책임운영기관을 5개 유형별로 구분하여 평가하고 유형별 1개 기관을 최우수기관으로 선정하여 포상하고 있는데 국립중앙과학관이 2년 연속으로 최우수기관에 선정된 것이다.

주요성과로는 '아태지역과학관협회(ASPAC) 2013년도 총회'를 국내 처음으로 개최하여 우리나라 과학관의 국제적 위상을 크게 높였고, 창조경제 구현을 위한 무한상상실을 개설하여 전국 확대를 위한 모델로 인정받았다.

또한, 국민행복을 위한 정부 3.0의 적극적인 추진으로 과학과 문화예술의 융합, 협업을 통한 시너지를 창출하였으며, 우주과학공원 조성 및 상설전시관 정보통신분야 전시품 교체와 함께 다양한 특별전시회를 연중 개최하여 관람객도 전년보다 37% 늘어난 173만명으로 대폭 증가되었다.

한풍우 국립중앙과학관장 직무대리는 2년 연속 최우수기관 선정을 계기로 국립중앙과학관을 창조경제의 새로운 가치를 선도하는 과학문화공간으로 만들고, 국민들에게 사랑받고 행복을 주는 국민행복의 중심이 되도록 더욱 노력하겠다고 각오를 전했다.

출처: 정책브리핑(2014.10.17)

Step 1 Wrap-Up **Exercise**

민간조직인 스타벅스코리아와 공공조직인 국립중앙과학관의 사례를 바탕으로 공공조직과 민간조직의 목표, 성과 차원의 보편성과 특수성에 대해 논의해 보자.

한국 비영리조직의 성과평가체계 개선방안에 관한 연구
: 성과평가와 메타평가의 타당성 검증을 중심으로

본 연구는 비영리조직을 평가하는 기존의 평가체계가 비영리조직이 가지고 있는 고유한 특성을 반영하지 못하고 있다는 문제의식에서 출발하여 비영리조직의 성과평가체계를 개선할 수 있는 방안에 대하여 모색하고자 하였다. 비영리조직의 성과평가체계를 구체화하기 위해서 비영리조직 성과평가체계를 크게 성과평가(사업평가, 회계평가, 인사 · 조직평가)와 메타평가(평가투입평가, 평가실시과정평가, 평가효과평가)로 구분하였다. 비영리조직은 조직의 특성에 따라 서비스 NPO, 역량배양 NPO, 권한강화 NPO로 유형화하였고 분석방법은 계층적 의사결정분석, 집단 간 차이 검증, 심층 인터뷰 등을 활용하였다.

분석결과, 비영리조직의 유형과 관계없이 성과평가에서는 사업평가가, 메타평가에서는 평가효과평가가 가장 중요한 것으로 나타났으며 높은 가중치가 부여되었다. 성과평가와 메타평가의 세부지표는 각 비영리조직 유형별로 미묘하게 차이가 있었으나 유의미하지는 않았다. 집단 간 차이 검증을 통해서도 비영리조직 유형별 차이는 크지 않다는 결과를 확인할 수 있었다. 이는 비영리조직 유형에 따라 성과를 무엇으로 볼 것인지에 대한 차이나 각 조직유형별 특징을 반영하는 형태, 정성적 평가 시행 시 내용상의 차이 등에 대한 일정정도의 고려가 있다면 비영리조직의 성과평가 수행에 있어 핵심적인 평가지표들은 거의 동일하게 적용할 수 있다는 것을 의미한다. 본 연구를 통해 비영리조직의 미션 중심적이고 가치 중심적인 특성이 비영리조직 유형과 관계없이 일반화 되고 있음을 확인하였고 이를 바탕으로 이론적, 실무적 함의와 향후 연구방향을 제시하였다.

그림 3-9 연구 모형

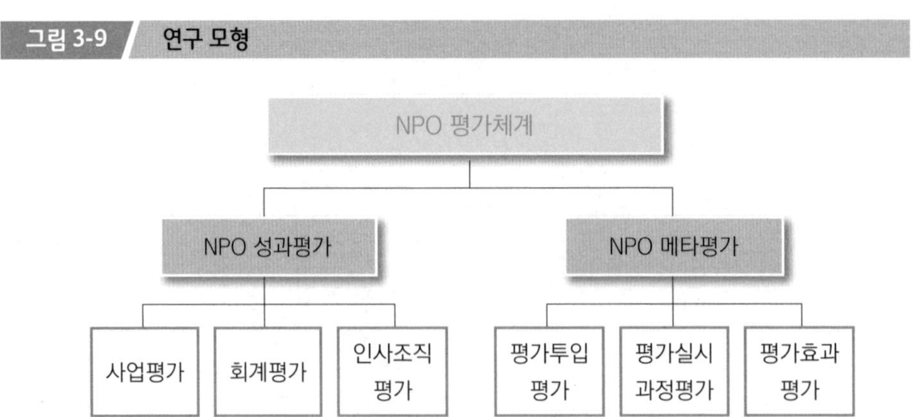

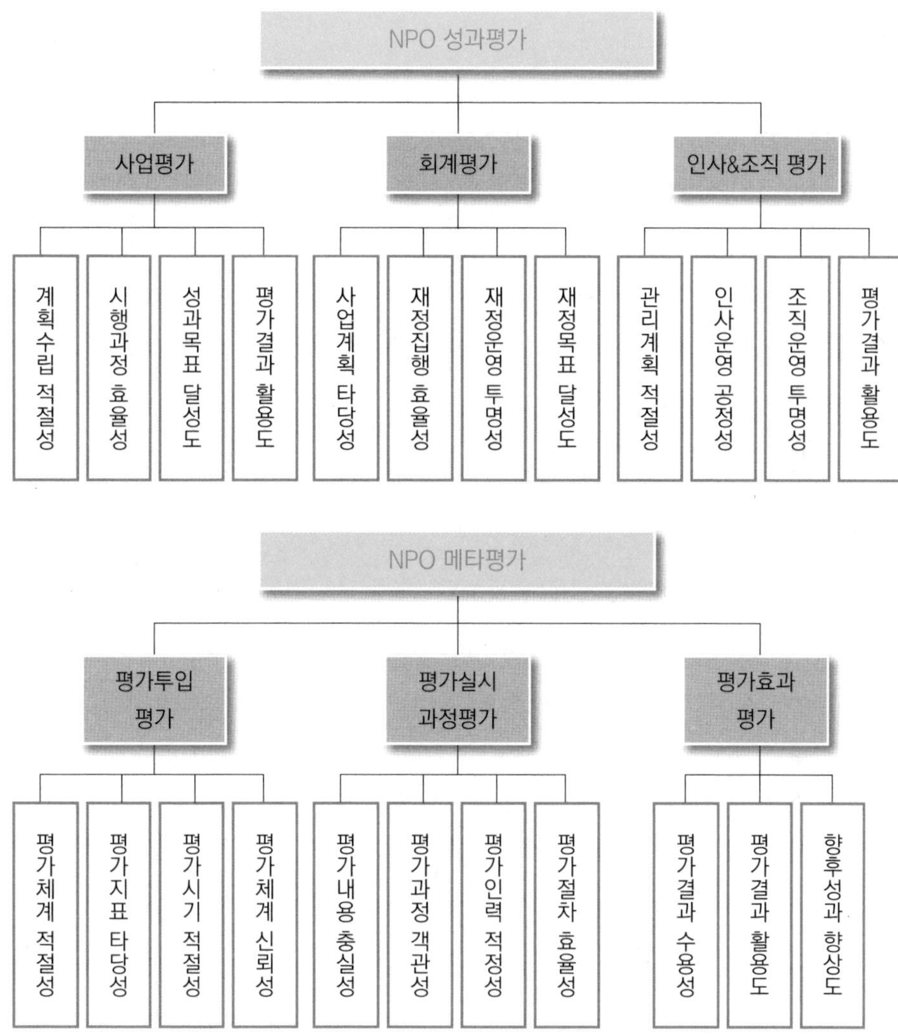

자료: 김민정 · 박성민(2014)

Step 2 Wrap-Up Exercise

김민정 · 박성민(2014)의 연구는 NGO 조직 성과평가 체계의 타당성에 대해 논의하였다. 김민정 · 박성민(2014)의 연구와 더불어, 민간조직과 공공조직의 특성을 동시에 갖고 있는 성과지향적 공공조직인 책임운영기관 평가지표를 참고하여 조직 관리 및 인사 관리의 시각에서 조직의 우수성을 평가할 수 있는 성과 평가 지표를 개발해 보자.

김민정 · 박성민. (2014). 한국 비영리조직의 성과평가체계 개선방안에 관한 연구: 성과평가와 메타평가의 타당성 검증을 중심으로. *한국행정학보*, 48(3), 463-497.

김선아 · 민경률 · 이서경 · 박성민. (2013). 직업선택동기와 직무만족 및 이직의도 간의 관계에 관한 공 · 사 비교 연구: 개인-직무 적합성의 조절효과를 중심으로. *한국행정연구*, 22(3), 271-314.

성균관대학교 사회과학연구소. (2013). *사회과학으로의 초대* (제2판). 성균관대학교 출판부.

유민봉. (2012). *한국행정학* (제4판). 박영사.

Alderfer, C. P. (1972). *Existence, relatedness, and growth: Human needs in organizational settings*. Free Press.

Bozeman, B. (2007). *Public values and public interest*. Georgetown University Press.

Daft, R. (2010). Organization theory and design (10th ed.). South-Western Cengage Learning.

Maslow, A. (1954). *Motivational and personality*. Harper & Row.

Moore, M. H. (1995). *Creating public value: Strategic management in Government*. Harvard University Press.

Perry, J. L., & Wise, L. R. (1990). The motivational bases of public service. *Public Administration Review*, 50, 367-373.

Rainey, H. G. (2014). *Understanding and managing public organizations* (5th ed.). Jossey-Bass.

Robbins, S. P., & Judge, T. A. (2011). *Organizational behavior* (4th ed.). Pearson.

인터넷 교보문고(http://www.kyobobook.co.kr/)

네이버 영화소개(http://movie.naver.com/)

신동아(2014.11.01)

정책브리핑(2014.10.17)

Chapter 4

동기

Framework

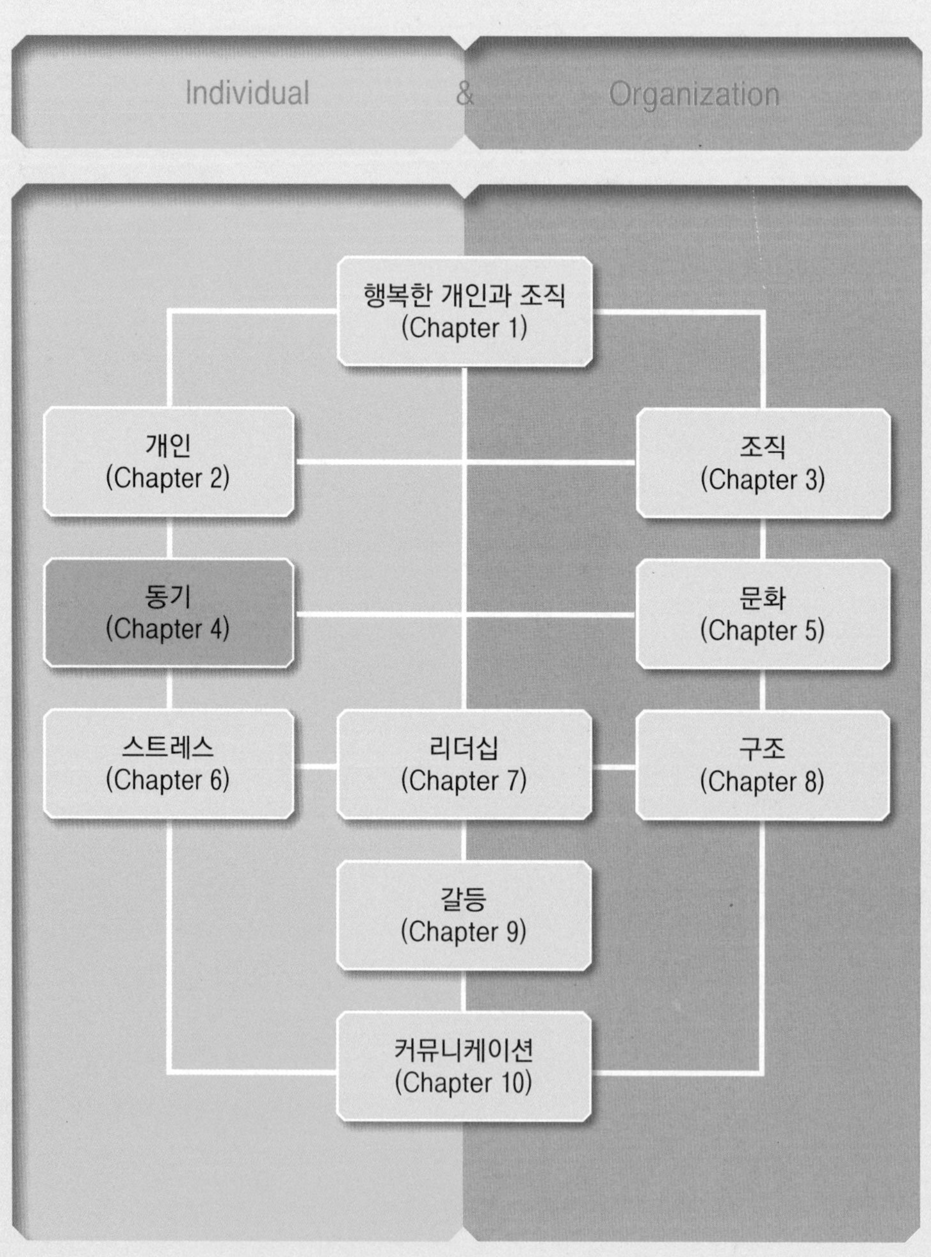
Individual
&
Organization
행복한 개인과 조직
(Chapter 1)
개인
(Chapter 2)
조직
(Chapter 3)
동기
(Chapter 4)
문화
(Chapter 5)
스트레스
(Chapter 6)
리더십
(Chapter 7)
구조
(Chapter 8)
갈등
(Chapter 9)
커뮤니케이션
(Chapter 10)

Keywords

- 동기(Motive)
- 동기부여(Motivation)
- 내재적 동기부여(Intrinsic Motivation)
- 외재적 동기부여(Extrinsic Motivation)
- 자기결정성 이론(SDT: Self-Determination Theory)
- 내용이론
- 과정이론
- 욕구단계이론(Hierarchy of Needs Theory)
- ERG 이론
- 2요인 이론(Two-Factors Theory)
- 직무 특성 이론(Job Characteristics Theory)
- 공정성 이론(Equity Theory)
- 기대 이론(Expectancy Theory / VIE Theory)
- 성과 만족 이론 (EPRS Theory)
- 개인-직무 적합성(Person-Job Fit)

드라이브

창조적인 사람들을 움직이는 자발적 동기부여의 힘

다니엘 핑크

동기부여에 대한 새로운 패러다임을 제시하다!

창조적인 사람들을 움직이는 자발적 동기부여의 힘 〈드라이브〉. 앨빈 토플러와 함께 세계적인 미래학자로 손꼽히며, 경제 변화와 기업전략, 미래 트렌드 등을 주제로 활발한 강의와 저작 활동을 펼치고 있는 다니엘 핑크가 우리가 알지 못했던 동기부여에 관한 놀라운 진실을 밝혀내고, 동기부여에 관한 새로운 아이디어를 제시하였다. 새로운 동기부여의 패러다임을 개인의 의지를 존중하고, 성취욕을 부추기는 시스템인 ‘모티베이션 3.0’으로 규정하고, 이를 위한 세 가지 요인으로 ‘자율성, 숙련, 목적’을 살펴본다. 더불어 새로운 패러다임을 개인, 조직, 기업이 활용할 수 있는 구체적인 방식인 ‘I유형’을 위한 툴키트로 구현하고, ‘모티베이션 3.0’을 강화하기 위해 읽어볼 만한 책들도 소개하였다.

출처: 인터넷 교보문고(http://www.kyobobook.com)

Step 1 Warm-Up Exercise

내적 동기의 중요성을 강조한 책 “드라이브”를 읽고 조직 관리에 있어 외적 동기보다 내적 동기가 중요하다고 설명하는 저자의 의견에 대해 동의하는지 토론해 보세요. 만약, 저자의 의견에 동의한다면 “마음의 작동법”, “어떻게 의욕을 끌어낼 것인가”를 참고하여 조직 관리 및 인사 관리 시각에서 조직 구성원들의 내적 동기를 강화할 수 있는 방안에 대해 논의해 보세요.

월터의 상상은 현실이 된다

해본 것 없음, 가본 곳 없음, 특별한 일 없음! 아직도 상상만 하고 계신가요?

자신의 꿈은 접어둔 채 16년째 '라이프' 잡지사에서 포토 에디터로 일하고 있는 월터 미티. 해본 것도, 가본 곳도, 특별한 일도 없는 월터의 유일한 취미는 바로 상상!

상상 속에서만큼은 '본 시리즈'보다 용감한 히어로, '벤자민 버튼'보다 로맨틱한 사랑의 주인공이 된다. 어느 날, '라이프'지의 폐간을 앞두고 전설의 사진작가가 보내 온 표지 사진이 사라지는 일이 벌어진다. 당장 사진을 찾아오지 못할 경우 직장에서 쫓겨날 위기에 처하게 된 월터는 사라진 사진의 미스터리를 풀기 위해 연락조차 닿지 않는 사진작가를 찾아 떠나는데...

지구 반대편 여행하기, 바다 한 가운데 헬기에서 뛰어내리기, 폭발직전 화산으로 돌진하기 등 한 번도 뉴욕을 벗어나 본 적 없는 월터는 전혀 예상치 못한 곳에서 상상과는 비교도 안 되는 수많은 어드벤처를 겪으면서 생애 최고의 순간을 맞이하게 되는데….

당신이 망설이고 있는 그 순간, 월터의 상상은 현실이 된다!

출처: 네이버 영화(http://movie.naver.com/)

Step 2 Warm-Up Exercise

영화 "월터의 상상은 현실이 된다"를 보고 현실에 순응한 채 살아가고 있던 월터 미티를 적극적으로 움직이게 했던 동인이 무엇이었는지에 대해 토론해 보세요. 또한 이러한 동인을 조직 관리 및 인사 관리 시각에서 해석하여, 구체적인 동기 부여 전략을 제시해 보세요.

Chapter 4 동기	리더를 위한 동기부여	http://www.youtube.com/watch?v=xR_8tiAhwp0
	Self Determination Theory	http://www.youtube.com/watch?v=vYydVMAoiJ4
	Equity Theory	http://www.youtube.com/watch?v=2p_4C0Mzne4
	Expectancy Theory	http://www.youtube.com/watch?v=0zd5m8V9No0
	Job Characteristics Theory	http://www.youtube.com/watch?v=oxxQuCTVgqY
	Two Factor Theory	http://www.youtube.com/watch?v=3Ub8R5c6tkE

Self-Interview Project

● 영상을 시청하고, 스스로 조직의 CEO가 되어 아래 질문에 대한 인터뷰를 진행해 보세요.

Interviewer:

CEO님께서 속한 조직 구성원들의 동기를 유형화 해본다면, 어떻게 구분해 볼 수 있을까요?

Interviewee:

Interviewer:

언급하신 조직 구성원들의 동기 중에서 조직 구성원들이 가장 중요하게 여기는 동기 혹은 욕구 차원은 무엇인가요? 그리고 이를 충족 시켜주기 위해 조직에서는 어떠한 지원 체계를 구축하고 계신가요?

Interviewee:

제1절 동기의 이해

1. 동기의 의의

1) 동기의 개념

동기(Motive)는 '움직이다(to move)'라는 뜻의 라틴어 'movere'에서 유래된 개념으로서 사람을 움직이게 하는 힘을 의미한다. 그렇다면, 개인 및 조직 차원에서 동기가 중요하게 다루어지고 있는 이유는 무엇일까? 조직 내에서, 그리고 사회 속에서 개인에게 기대되는 역할을 충실히 수행해 낼 수 있는가는 개인이 보유한 지식, 기술, 능력 등의 역량뿐만 아니라 다양한 개인적 · 환경적 · 조직적 특성에 의해 결정된다. 따라서 동일한 역량을 보유한 사람들일지라도 결과물은 다르게 나타날 수 밖에 없다. 특히 Hersey & Blanchard(1972)와 박동서(2001)는 직무성과를 결정하는 요인으로 직무능력 이외에 개인의 동기가 중요한 요인으로 작용하고 있음을 지적하였다(Hersey & Blanchard, 1972; 박동서, 2001). 즉, 동일한 역량을 갖고 있는 사람들일지라도 얼마만큼 능동적으로, 그리고 열심히 해당 과제를 수행하고자 하는 개인의 의지를 의미하는 동기에 따라 결과물이 달라질 수 있다는 의미이다. 따라서, 조직 차원에서, 그리고

그림 4-1 동기의 개념

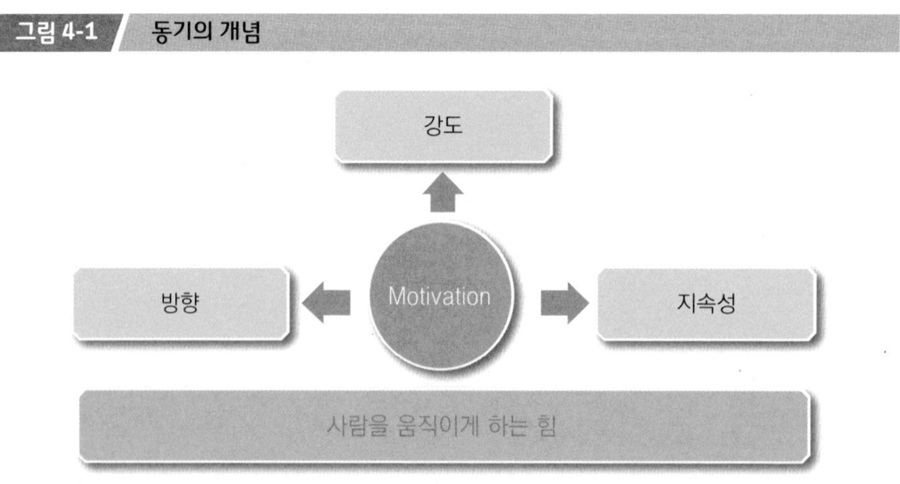

1 Chpater 4 동기의 Theory Synopsis는 본서의 제1저자가 공동 저자로 참여한 유민봉 · 박성민(2014)의 내용 중 일부를 발췌하여 수정 · 보완하였다.

사회차원에서 우수한 인적자원을 유지하기 위한 노력으로서 개인의 동기구조를 파악하고 이를 관리하려는 노력이 매우 중요하다고 할 수 있다. 특히 이러한 동기를 관리하는 활동을 설명함에 있어 우리는 '동기부여(motivation)'라는 용어를 사용하게 된다. 동기부여는 동기(Motive)의 개념에 행동(Action)적 요소를 포함한 개념으로 '동기를 유발시킬 수 있는 외적 자극과 내적 조건들을 조직의 목표에 부합할 수 있도록 유지하고 관리해 나가는 활동'이라고 정의할 수 있다. Robbins & Judge(2011)는 이러한 동기부여를 설명함에 있어 강도(Intensity), 방향(Direction), 지속성(Persistence) 등 3가지 핵심 요소를 강조하고 있다. 동기부여에서의 강도는 개인이 조직목표를 달성하기 위해 얼마만큼 열심히 일하는가를 의미하며, 방향은 개인의 행동이 얼마만큼 조직 목표에 부합하는가, 즉 노력의 품질을 의미한다. 뿐만 아니라 이러한 노력이 얼마만큼 오랫동안 유지될 수 있는가를 의미하는 지속성 등의 세 가지 요건이 충족될 때 동기부여를 통한 조직의 성과향상이 가능해짐을 지적하고 있었다(Robbins & Judge, 2011).

2) 동기의 중요성

인적자원관리에서 동기부여의 중요성은 조직 효과성의 관점에서 설명할 수 있다. 조직효과성은 직무만족, 조직몰입, 업무성과, 이직률, 결근율 등 다양한 차원으로 설명되어질 수 있는데, 많은 선행연구를 통해 동기부여가 높은 수준의 조직효과성을 결정짓는 핵심요인으로 밝혀졌다. 앞서 언급한 바와 같이 개인과 조직의 성과는 개인이 보유한 업무능력뿐만 아니라 얼마만큼 즐겁게 일하는가, 얼마만큼 적극적으로 일하는가, 얼마만큼 능동적으로 일하는가에 따라 다르게 나타날 수밖에 없다. 다시 말해 동기부여 수준이 높아 직무를 자신의 소명으로 여기고 열심히 즐겁게 일하는 사람과 동기부여 수준이 낮아 수동적으로 일하는 사람과는 분명히 업무 성과가 다르게 나타날 것이며, 높은 동기부여는 직무만족 및 조직몰입의 수준과도 깊은 관련이 있기 때문에 이직률 및 결근율을 낮추는 데도 기여할 수 있게 된다. 따라서 조직 효과성 향상에 있어 동기부여가 핵심적인 역할을 하고 있음을 이해할 수 있으며 이것이 우수한 인적자원을 유지하는 데 있어 동기부여가 무엇보다 중요한 이유이다. 뿐만 아니라 본서에서 강조하고 있는 바와 같이 조직 관리와 인사 관리의 궁극적 목표라 할 수 있는 행복의 실현을 위해서는 개인의 욕구체계에 대한 이해가 핵심적이라 할 수 있다.

2. 동기의 유형

사람들이 움직이게 되는 동인은 두 가지 차원으로 구분하여 살펴볼 수 있다. 하나는 개인의 내적 요인에 의해 자발적으로 발생하는 내재적 동기이며 다른 하나는 내부 및 외부 요인에 의해 비자발적으로 발생하는 외재적 동기이다.

다시 말해, 내재적 동기(Intrinsic Motivation)는 개인의 내적 요인에 의해 자발적으로 발생하는 동기로서 직무를 수행함으로써 느끼는 개인의 흥미, 성취감, 만족감, 긍정적인 감정 상태에 의해 결정된다고 볼 수 있다. 즉, 행동 자체가 즐겁고 흥미로울 때 발현되는 동기를 내재적 동기라고 이해할 수 있으며 이러한 내재적 동기는 '활동 과정'에 대한 만족감으로 이해할 수 있다.

반면 외재적 동기(Extrinsic Motivation)는 내적 · 외적 요인에 의해 비자발적으로 발생하는 동기로 자신 및 타인으로부터의 인정, 금전 · 비금전적 보상을 얻기 위한 수단으로서 발생하는 동기를 의미한다. 즉, 행동에 따르는 산출을 얻기 위해 발현되는 동기를 외재적 동기라고 이해할 수 있으며 이러한 외재적 동기는 '활동 결과'에 대한 만족감으로 이해할 수 있다.

과거, 동기와 관련된 연구들을 살펴보면 많은 연구자들이 내재적 동기와 외재적

그림 4-2 동기의 유형

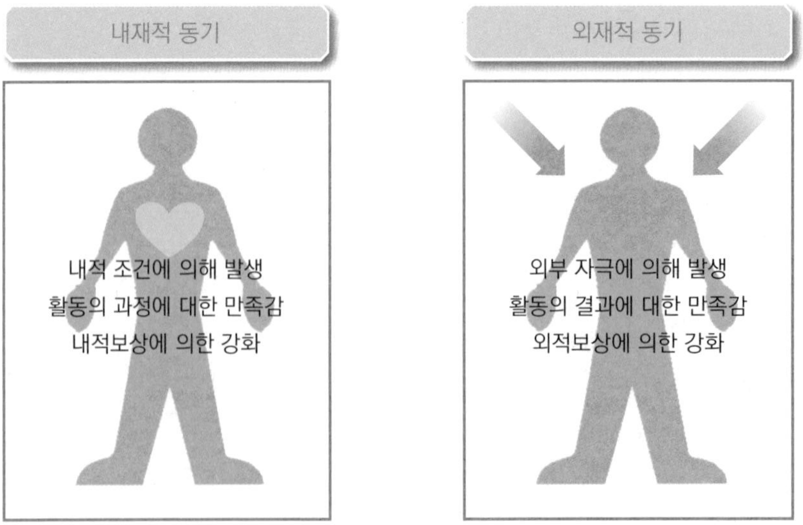

내재적 동기	외재적 동기
내적 조건에 의해 발생 활동의 과정에 대한 만족감 내적보상에 의한 강화	외부 자극에 의해 발생 활동의 결과에 대한 만족감 외적보상에 의한 강화

동기의 관계를 설명함에 이들을 양극단에 존재하는 유형으로 구분하였음을 알 수 있다. 따라서 보상과 같은 외재적 동기 강화 요인이 주어질 때, 내재적 동기가 감소할 수 있으며, 반대로 자아실현과 같은 내재적 동기 강화 요인이 충족될 때, 외재적 동기가 감소할 수 있음을 지적하였다. 즉, 과거의 연구에서는 내재적 동기와 외재적 동기를 상충관계(Trade off)로 이해하고 있었다.

그러나 최근의 연구에서는 내재적 동기와 외재적 동기를 연속선상에 존재하는 개념으로 이해하는 관점이 지배적이다. 즉, 내재적 동기가 높을 때 외재적 동기가 낮아지거나 외재적 동기가 높을 때 내재적 동기가 낮아지는 것이 아니라 외재적 동기가 높을 때 이것이 내재적 동기로 전환되어 연속적으로 이어질 수 있음을 확인할 수 있었다(Deci & Ryan, 1985).

따라서 조직 관리 및 인사 관리에 있어, 조직 구성원들의 내재적 동기와 외재적 동기에 통합적으로 접근하여 조화로운 시각에서 이를 적정수준으로 끌어올려 관리하려는 노력이 중요하다 할 수 있다.

제2절 자기결정성 이론의 이해

1. 자기결정성 이론의 의의

1) 개념

앞서 살펴본 바와 같이 기존에는 인간의 행동을 이해하는 데 있어 외재적 동기와 내재적 동기라는 이분법적 분류가 적용되고 있었다. 그러나 Deci & Ryan(1985)은 자기결정성 이론(SDT: Self-Determination Theory)을 통해 무동기 · 외재적 동기 · 내재적 동기가 자기결정성 수준에 따라 연속선상에 존재하며, 이러한 동기는 사회적 맥락에 따라 변화할 수 있는 유기체적 성격을 갖고 있다고 주장하였다. 자기결정성 이론에 따르면 개인이 자신의 행동을 스스로 결정하고 선택할 수 있는 '자기결정성(Self-Determination)' 수준이 가장 높을 때 내재적 동기가 발현될 수 있으며 개인이 지각하는 자기결정성의 수준에 따라 외재적 동기 역시 다양한 형태로 존재할 수 있다고 설명한다. 특히, 자기결정성 이론에 따르면, 내재적 동기는 특정한 조직적 상황, 보상이나 규율과 같은 사회 환경적 요소, 작업 환경, 조직 문화 등에 따라 강화되거나 약화될 수 있으며(Park & Word, 2012), 외재적 동기 역시 사회화 · 내면화 과정을 통해 내적 동기로 변화할 수 있음을 알 수 있다(Ryan & Deci, 2000).

이러한 자기결정성 이론은 인지 평가 이론(CET: Cognitive Evaluation Theory)과 유기체 통합 이론(OIT: Organismic Integration Theory) 등 두 가지 하위 이론을 기초로 발전하였다. 첫째, 인지 평가 이론(CET)은 인간이 갖고 있는 역량성(Competence)과 자율성(Autonomy)과 같은 근본적인 심리적 욕구에 초점을 맞추고, 내재적 동기에 있어 보상, 환류 등과 같은 외적 요소의 영향력을 실증적으로 규명한 이론이다. 이 이론에 의하면 사회적 맥락에서 환류, 의사소통, 보상과 같은 외재적 이벤트는 특정 행동을 수행하는 데 있어 역량성을 느끼게 하고, 이를 통해 내재적 동기를 강화할 수 있다고 설명한다. 이러한 인지적 평가 이론을 토대로 Ryan & Deci(2000)는 자기결정성 이론을 설명하는 데 있어, 내재적 동기를 유지하고 강화하는 핵심 요인으로 자율성(Autonomy), 역량성(Competence), 관계성(Relatedness) 등을 제시하였다. 자율성은 자신을 스스로 통제하고 자발적으로 행동하고자 하는 욕구를 의미하며, 유능성은 특정 업무를 성공적으로 수행하고자 자신의 능력을 발휘하려는 욕구를 의미한다. 마지막으로 관계성은 다른 사람과 관계를 맺고 상호작용하고자 하는 욕구를 의미한다. Ryan & Deci(2000)는 자율성, 역량성, 관계성 등 세 가지 기본적인 욕구가 충족될 때 내재적 동기가 높아질 수 있다고 설명하였으며 이때, 특히 자율성의 역할이 가장 중요하다고 주장하였다.

둘째, 유기체 통합 이론(OIT)은 외재적 동기의 다양한 유형과, 이러한 외재적 동기의 조절을 내면화 하거나 통합하는 과정에서 강화 · 저해 요인으로 작용할 수 있는 맥락적 요소를 설명한 이론이다(Ryan & Deci, 2000). 즉 유기체 통합 이론은 외적인 요인에 의해 유발된 행동이 개인에 내면화 되고 통합되어 내재적 동기로 변화해 가는 과정을 설명한다. 이러한 유기체 통합 이론을 토대로 Ryan & Deci(2000)는 자기결정성 이론을 설명하는 데 있어, 조절 기제의 유형 및 과정, 인과성 소재의 지각 등 단계별 특징을 이해하기 위한 분석의 틀을 구성하였다. 이를 바탕으로 자기결정성 수준에 따라 구분되는 무동기 · 외재적 동기 · 내재적 동기로의 전환 과정을 이해할 수 있었으며 기존에는 단일체로 여겨졌던 외재적 동기를 다양한 유형으로 세분화 하여 제시할 수 있었다.

2) 중요성

자기결정성 이론의 중요성은 인적자원의 관리적 측면에서 발견할 수 있다. 자기결정성 이론은 외재적 동기와 내재적 동기가 자기결정성 수준에 따라 연속체상에 존재할 수 있음을 설명함으로서 외재적 동기와 내재적 동기라는 기존의 이분법적 분류로는 설명하지 못했던 인간의 행동을 설명할 수 있게 되었다. 특히, 내재적 동기의 우수성을 고려할 때, 자기결정성 이론을 토대로 내재적 동기를 강화하거나 약화시키는 조직적 · 사회적 · 환경적 요인을 이해함으로서 어떻게 하면 외재적 동기를 내재적 동기로 전환할 수 있는지, 보다 가치 있는 상위수준으로의 동기 전환을 위해 필요한 조절 기제는 무엇인가 등의 질문에 대한 해답을 얻을 수 있을 것이라 생각된다. 특히, 이러한 고민과 더불어 Ryan & Deci(2000)가 지적하고 있는 바와 같이 내재적 동기를 유지하고 강화하는 데 있어 핵심적인 요소로 제시되고 있는 자율성, 역량성, 관계성 욕구를 효과적으로 충족시키기 위해 필요한 리더십, 조직 문화, 조직 구조, 조직 프로세스 측면에 관한 논의를 병행한다면 조직 효과성 향상을 위한 유용하고 발전적인 관리적 함의를 도출해 낼 수 있을 것이라 생각된다.

2. 자기결정성 이론의 동기 유형

자기결정성 이론은 유기적 통합 이론(OIT)를 기초로 자율성 혹은 자기결정성의 수준에 따라 동기의 유형을 무동기, 외재적 동기, 내재적 동기 등 크게 세 가지 차원으로 구분하였다(〈그림 4-3〉 참조). 첫째, 무동기는 행동할 의도가 결핍된 상태를 의미하며, 둘째, 외재적 동기는 외적 조절 기제에 의해 유발되는 동기를 의미한다. 셋째, 내재적 동기는 활동 그 자체에 내재된 만족감을 추구하기 위해 유발되는 동기를 의미한다. 조절 기제의 유형 및 과정, 인과성 소재의 지각 등 동기 유형별 특징을 살펴보면 다음과 같다(Ryan & Deci, 2000).

- **무동기(Amotivation)** 행동할 의도가 결핍된 상태로서, 무동기 상태의 조직 구성원들은 어떠한 행동도 하지 않거나, 목표가 결여된 채로 행동하게 된다. 따라서, 무동기 상태에서는 조절 기제가 존재하지 않으며, 의도의 결여, 가치가 부여되지 않은 행동, 과제를 해낼 수 있는 능력의 결핍, 원하는 결과가 산출

된 것이라는 기대의 결핍, 통제의 결핍 등으로 인해 발생한 것으로 이해할 수 있다. 따라서 이러한 행위는 비개인적(Impersonal) 행동으로 이해할 수 있다 (Seligman, 1975; Bandura, 1986; Ryan, 1995; Ryan & Deci, 2000).

- **외재적 동기**(Extrinsic Motivation) 자기결정성 이론에서 외재적 동기는 조절 기제의 내면화 수준과 통합의 정도에 따라 외재적 조절 동기, 순응적 조절 동기, 동일화 조절 동기, 통합적 조절 동기 등 네 가지 유형으로 구분하였다. 외재적 조절(External Regulation) 동기는 외적인 요구를 만족시키거나 외재적 보상을 획득을 목적으로 유발되는 동기를 의미한다. 즉 자기결정성이 결여된 채, 타율적으로 행동하는 상태로 이해할 수 있다. 따라서 이때의 동기는 외재적인 요인에 의해 유발되며, 이러한 상태일 때의 조직 구성원들은 통제와 소외를 경험하게 된다. 조직이 제공하는 성과급을 얻거나 처벌을 피하기 위해 타율적으로 업무를 수행하는 경우가 이에 해당한다(deCharms, 1968; Ryan & Deci, 2000). 순응적 조절(Introjected Regulation) 동기는 죄책감, 불안감 등을 회피하거나 자신감과 같은 자존감의 향상을 추구하기 위한 목적으로 유발되는 동기를 의미한다. 즉 약간의 자기결정성을 보유하고, 조절 기제를 어느 정도 흡수한 상태로 이해할 수 있다. 그러나 자신의 것으로 완전히 받아들인 상태라고는 볼 수 없으며, 이때의 동기는 여전히 다소 외재적인 요인에 의해 유발되기 때문에 내재적 동기가 아닌 외재적 동기로 구분된다. 조직 내에서, 상사나 동료로부터 우수한 직원으로 평가받기 위해 업무를 수행하거나, 자신에게 부여된 업무를 처리하지 않았을 경우 느껴지는 불안감 등을 회피하기 위해 업무를 수행하는 경우가 이에 해당한다(Deci & Ryan, 1995; Ryan & Deci, 2000). 동일화 조절(Identified Regulation) 동기는 행동의 목표 또는 조절 기제의 가치를 인식하여 자신에게 중요한 것으로 받아들인 상태에서 유발되는 동기를 의미한다. 즉 상대적으로 높은 수준의 자기결정성을 보유하고, 목표, 조절 기제와 자신을 동일시 한 상태로 이해할 수 있다. 자기결정성 수준이 상당히 높으며, 이때의 동기는 다소 내재적인 요인에 의해 유발되지만, 여전히 특정한 목표를 달성하기 위한 행동이기 때문에 외재적 동기로 구분된다. 조직이 추구하는 비전과 목표를 스스로 중요하다고 인식하고 이와 자신을 동일시하여, 이러한 목표를 달성하기 위해 업무를 수행하는 경우가 이에 해당한다(Ryan & Deci, 2000). 통합적 조

절(Integrated Regulation) 동기는 인정된 조절 동기가 완전히 개인에게 동화 · 통합된 상태에서 유발되는 동기를 의미한다. 즉 동일화 조절이 개인의 다른 가치와 욕구와 조화를 이룬 상태로 이해할 수 있다. 특히, 이때의 조화는 외적인 요인에 의해 강제된 것이 아니라 자기 스스로의 선택에 의해 내면화 한 결과로 볼 수 있다. 외재적 동기 형태 중 자기결정성 보유 수준이 가장 높으며, 이때의 동기는 내재적 요인에 의해 유발되기 때문에 내재적 동기와 상당 부분 유사한 측면을 공유하고 있다. 그러나 업무 수행 자체에 내재된 즐거움을 위한 것이기보다는 그 외의 다른 결과를 획득하기 위한 행위로 이해되기 때문에 외재적 동기로 구분된다(Ryan & Deci, 2000).

- **내재적 동기(Intrinsic Motivation)** 활동 그 자체에 내재된 만족감으로서 특정 업무를 수행하는 과정에서 발현되는 흥미, 즐거움으로 인해 행동하는 것을 의미한다. 즉 흡수, 숙련, 자발적 흥미, 탐구 등과 같은 자연적 성향으로 이해할

그림 4-3 자기결정성 수준에 따른 동기 유형

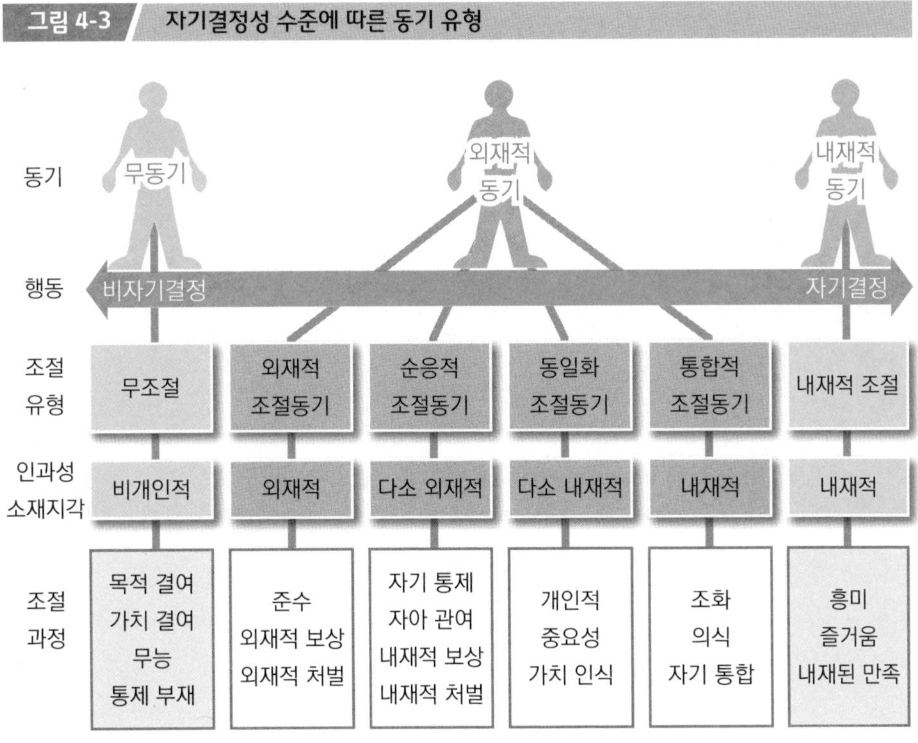

자료: Ryan & Deci (2000).

수 있다. 자기결정성 이론에서는 자기결정성이 최고 수준에 도달할 때, 내재적 동기가 유발된다고 본다. 이러한 내재적 동기는 개인의 인지적 · 사회적 발달 측면에서 매우 중요한 역할을 하며 삶 전반에 걸친 활력과 즐거움을 유지하는 데 있어 핵심적인 역할을 담당한다는 측면에서 그 중요성이 강조되고 있다(Csikszentmihalyi & Rathunde, 1993; Ryan, 1995; Ryan & Deci, 2000).

제3절 동기 이론의 이해

조직 구성원들을 조직이 추구하는 방향에 맞게 의욕을 가지고 일할 수 있도록 유도하기 위해서는 개인의 동기구조를 정확히 파악하고 이에 알맞은 동기부여 전략을 수립하는 것이 중요하다. 이에 본 절에서는 개인의 동기 구조를 설명할 수 있는 이론을 중심으로 살펴보고자 한다.

동기 이론은 크게 내용이론과 과정이론 등 두 가지 차원으로 구분하여 살펴 볼 수 있다. 내용이론은 동기 유발 요인이 무엇인가(What)를 설명하는 이론이며 과정이론은 어떤 과정을 거쳐 동기가 유발되는가(How)를 설명하는 이론이다. 본 절에서는 내용이론으로서 욕구단계이론, ERG 이론, 2요인 이론, 직무특성이론 등을 설명할 것이며, 과정이론으로서 공정성 이론, 기대(VIE) 이론, 성과만족(EPRS) 이론 등을 다루고자 한다. 각 이론의 핵심적인 특징들을 살펴보면 다음과 같다.

1. 내용이론

내용이론에서의 핵심 질문은 '무엇(what)이 조직 구성원의 동기를 유발시키는가?'이다. 즉, 내용이론에서는 동기 구조를 파악하는 데 있어서 기본적으로 인간의 욕구(needs) 혹은 욕망(wants)이 무엇인가를 우선적으로 고려한다. 개인은 자신에게 결핍된 욕구를 충족하기 위해 노력하는데 이때 이러한 결핍을 충족하는 과정에서 동기가 발현될 수 있으며 조직은 이러한 개인의 욕구를 파악하고 이를 채워줌으로써 동기부여를 가능하게 할 수 있다.

내용이론으로는 대표적으로 Maslow(1954)의 욕구 단계 이론, Alderfer(1972)의

ERG 이론, Herzberg(1959)의 2요인 이론, Hackman & Oldham(1980)의 직무 특성 이론 등이 있다. 이를 구체적으로 살펴보면 다음과 같다.

1) 욕구 단계 이론

Maslow(1954)는 개인의 동기를 욕구 단계 이론(Hierarchy of Needs Theory)을 바탕으로 설명하였다. Maslow는 모든 개인에게 그 중요성에 따라 다섯 가지의 위계적인 욕구 단계가 존재한다고 제시하였다(Maslow, 1954; Robbins & Judge, 2011).

첫 번째, 최하위 욕구 단계는 생리적 욕구(Physiological Needs)로서 이는 식욕, 주거, 성 등의 신체적 욕구를 의미한다.

두 번째 단계는 안전 욕구(Safety Needs)로서 이는 감정적 · 육체적 위험으로부터 자신을 보호하고자 하는 욕구를 의미한다.

세 번째 단계는 사회적 욕구(Social Needs)로서 이는 인간관계에서 느끼는 우정, 애정, 특정 집단에 소속함으로서 느끼는 소속감 등을 의미한다.

네 번째 단계는 존경 욕구(Esteem Needs)로서 이는 어떤 일을 행함으로써 느끼게 되는 자신감, 자율성, 성취감 등을 의미한다.

마지막으로 다섯 번째, 최상위 욕구단계는 자아실현 욕구(Self-Actualization Needs)

그림 4-4 Maslow의 욕구단계 이론

고차 욕구	Step 5: 자아실현 욕구 (Actualization Needs)	▶ 자아 발전 및 자아 충족감
	Step 4: 존경 욕구 (Esteem Needs)	▶ 자신감 · 자율 · 성취
	Step 3: 사회적 욕구 (Social Needs)	▶ 우정 · 애정 · 소속감
저차 욕구	Step 2: 안전 욕구 (Safety Needs)	▶ 감정적 · 육체적 해로부터의 보호
	Step 1: 생리적 욕구 (Physiological Needs)	▶ 식욕 · 주거 · 성 등 신체적 욕구

자료: Maslow(1954)의 내용을 바탕으로 저자가 재구성.

로서 이는 가장 창조적인 단계까지 자신이 성장하기를 바라는 자아 발전에 대한 기대 및 자아 충족감 등을 의미한다.

특히 이러한 다섯 가지 욕구 단계는 다시 저차 욕구(Lower-Order Needs)와 고차 욕구(Higher-Order Needs) 등 두 가지 차원으로 구분할 수 있다. 생리적 욕구와 안전 욕구는 저차 욕구로, 사회적 욕구와 존경 욕구, 자아실현 욕구는 고차 욕구로 이해할 수 있는데, 저차 욕구와 고차 욕구 간의 차이점은 저차 욕구는 외적 보상 체계에 의해 충족되는 반면, 고차 욕구를 충족하는 데 있어서는 외적 조건보다는 개인의 내적인 조건이 더욱 중요하다는 것이다.

앞서 말했듯 Maslow는 이러한 다섯 가지 욕구가 위계적으로 존재한다고 가정하였기 때문에, 욕구는 순차적으로 충족되어지며 특정 단계를 건너 뛸 수 없다고 설명하였다. 다만, 여기서의 욕구 충족은 '완전한 충족'을 의미하는 것은 아니다. 개인에 따라 하위 욕구가 일정수준 이상으로 충족되게 되면 차상위 단계의 욕구를 추구하게 되면서 순차적으로 새로운 동기부여가 가능해진다.

2) ERG 이론

Alderfer(1972)는 앞서 살펴본 Maslow의 욕구 단계 이론을 수정하여 개인의 욕구 단계를 세 가지로 축소하여 제시하였다(Alderfer, 1972; Cherrington, 1989, 유민봉 · 임도빈, 2007).

첫 번째 단계는 존재 욕구(Existence Needs)로서 생존을 위해 필요한 물질적 욕구를 의미한다. Maslow의 욕구 단계 중 생리적 욕구와 안전에 대한 욕구 중 물리적 안전 욕구가 이에 해당한다.

두 번째 단계는 관계 욕구(Relatedeness Needs)로서 사람과의 관계에서 개인이 갖게 되는 모든 욕구를 의미한다. Maslow의 욕구 단계 이론의 2단계인 안전 욕구 중, 대인 관계에서의 안전 욕구와 사회적 욕구, 존경 욕구 중 타인으로부터의 존중 욕구가 이에 해당한다.

세 번째 단계는 성장 욕구(Growth Needs)로서 자기 자신의 내면적인 욕구를 의미한다. Maslow의 욕구 단계 이론의 4단계인 존경 욕구 중, 자기로부터의 존중과 자아실현 욕구가 이에 해당한다.

Alderfer 역시 Maslow와 마찬가지로 욕구에 대해 위계적으로 접근함으로써 하

그림 4-5 Alderfer의 ERG 이론

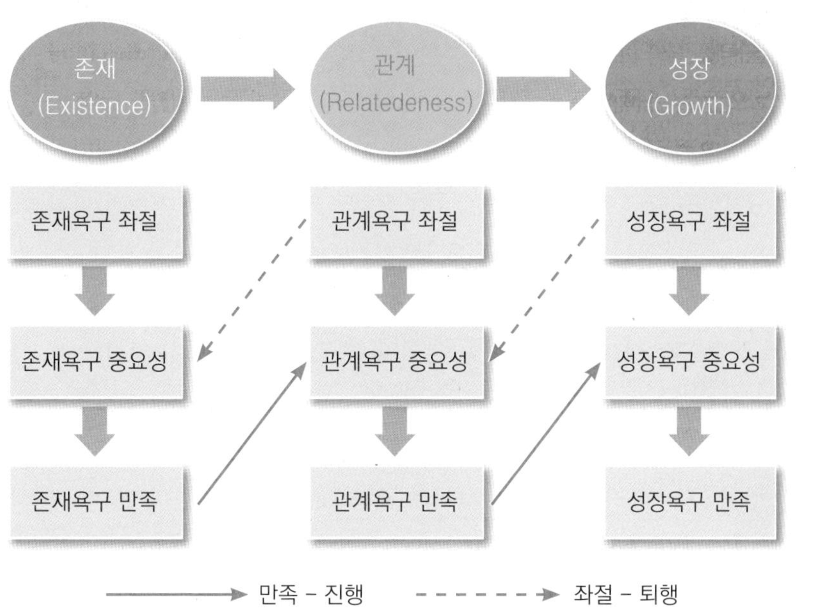

자료: Alderfer(1972)의 내용을 바탕으로 저자가 재구성.

위수준의 욕구가 만족되었을 때 차상위 욕구로 이동할 수 있다고 설명하였다. 그러나 Maslow가 욕구 충족의 방향성에 있어서 저차원 욕구에서 고차원 욕구로의 일방향적 시각을 강조했던 반면, Alderfer는 차상위 계층의 욕구 충족이 좌절되었을 때 하위 단계의 욕구를 더욱 중요시 여기게 되어 회귀할 수 있다고 지적하였다. 예를 들어 동료와의 우정에 대한 욕구(관계 욕구: R)가 충족되지 못할 경우, 하위 욕구인 보수(존재 욕구: E)에 대한 욕구가 중요한 동기 유발 요소가 될 수 있다는 것이 Alderfer의 ERG 이론의 핵심이었다. 따라서 〈그림 4-5〉에서 보는 바와 같이 하위 욕구를 만족하게 되면 상위 욕구로 전진하는 '만족-진행' 과정을 거치게 되며, 상위 욕구에 대한 좌절이 일어날 경우 하위 욕구로 회귀하는 '좌절-퇴행'과정을 거치게 된다.

3) 2요인 이론

Herzberg et al.(1959)는 앞서 살펴본 Maslow와 Alderfer와는 다른 시각에서 동기에 접근하였다. Maslow와 Alderfer는 개인의 욕구 그 자체에 초점을 두고 동기를 설명하였으나 Herzberg는 개인의 욕구를 충족시키는 요인이 무엇인가에 대해 초점을 두고 동기를 설명하였다. Herzberg는 '직무 만족을 느끼게 하는 요인이 무엇인가?'에 대한 연구를 통해 개인이 직무에 대해 만족을 느낄 때와 불만족을 느낄 때, 각각의 결정요인이 서로 다름을 발견하였다.

기존의 접근에서는 만족(Satisfaction)과 불만족(Dissatisfaction) 간의 관계를 설명함에 있어 이들을 양극단에 존재하는 유형으로 구분하였다. 즉, 만족의 반대개념으로서 불만족이라는 개념을 사용한 것이다. 그러나 Herzberg는 만족과 불만족을 서로 다른 차원으로 이해하였다. 즉, 만족(Satisfaction)의 반대는 불만족이 아니라 만족을 느끼지 않는 무만족(No-Satisfaction) 상태일 뿐이며, 불만족(Dissatisfaction)의 반대 역시 만족이 아니라 불만족을 느끼지 않는 무불만족(No-Dissatisfaction) 상태라는 것이었다(〈그림 4-6〉 참조).

Herzberg는 이러한 관점에 따라 만족을 유발하는 요인과 불만족을 유발하는 요인을 분리하여 제시하였다. 이에 Hezberg의 동기이론은 2요인 이론(Two-Factors Theory)이라고 불리며, 여기서 2가지 요인은 만족을 유발하는 요인으로서 동기요인(Motivation Factors)과 불만족을 유발하는 위생요인(Hygiene Factors)으로 구성된다.

먼저, 만족을 유발하는 동기요인은 직무 자체가 주는 즐거움, 직무를 수행함으로써 느끼는 성취감, 타인 및 자신으로부터의 인정, 책임감, 승진 기회, 성장과 같은 요소를 포함한다. 반면 불만족을 유발하는 위생요인은 조직의 정책과 관리 방식, 감독

그림 4-6 만족에 대한 관점

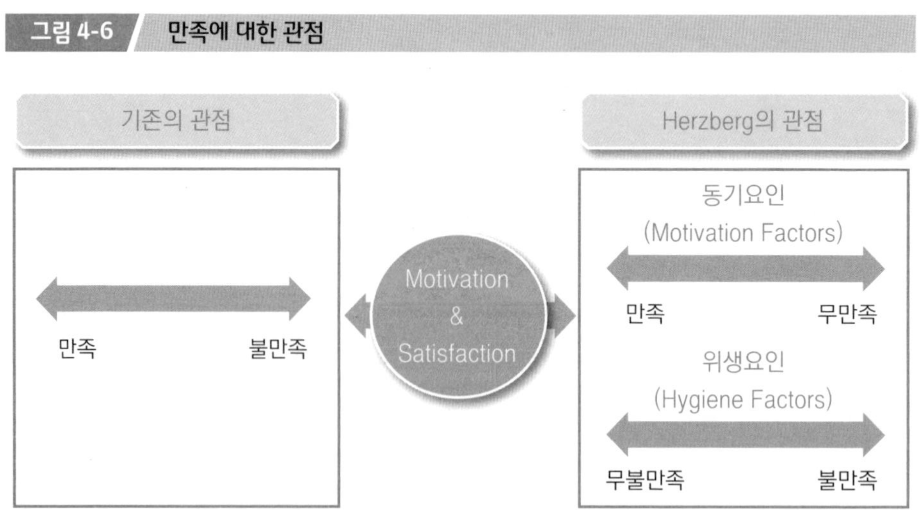

그림 4-7 Herzberg의 2요인 이론

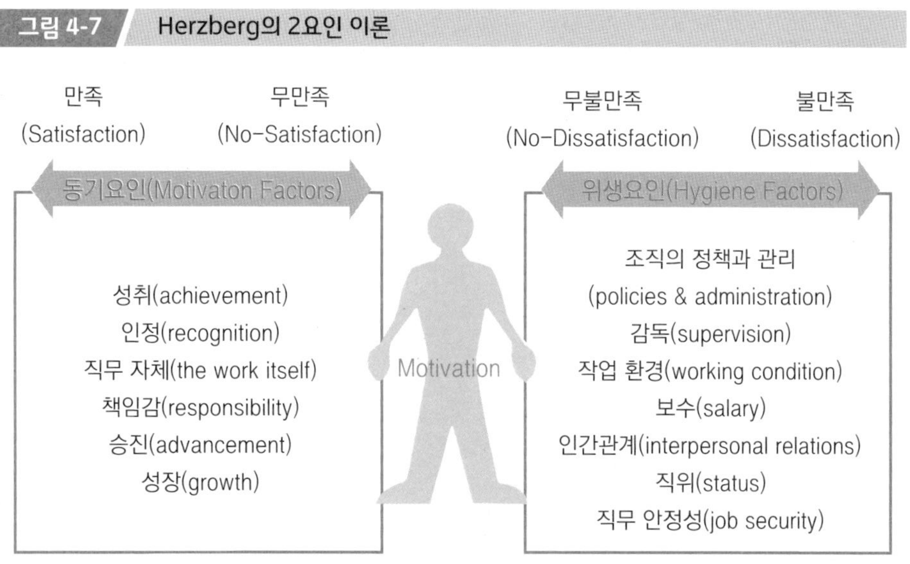

자료: Herzberg et al.(1959)의 내용을 바탕으로 저자가 재구성.

및 관리자의 특징, 작업 환경, 보수, 인간관계, 직위, 직무 안정성 등과 같은 요소를 포함한다. 따라서 동기요인은 내재적 보상과, 위생요인은 외재적 보상과 유사한 맥락에서 이해할 수 있다.

Herzberg의 2요인 이론의 핵심은 조직적 차원에서 조직 구성원들이 불만족을 느끼는 특정 조건을 제거한다고 할지라도 이것이 만족을 유발하는 요인, 즉 동기를 유발하는 요인이 될 수 없다는 것이다. 조직 구성원들이 조직이 추구하는 방향을 향해 능동적으로 일할 수 있는 환경을 조성하기 위해서는 위생요인을 제거하여 불만족을 없애는 노력뿐만 아니라 동기요인인 내재적 보상을 강화하는 노력이 더욱 중요함을 강조하였다.

4) 직무 특성 이론

Hackman & Oldham(1980)은 직무 특성 이론(Job Characteristics Theory)을 통해 개인의 동기를 직무 자체의 특성과 연관 지어 설명하였다. Hackman & Oldham은 모든 직무를 다음의 다섯 가지 핵심 직무 차원을 바탕으로 설명할 수 있다고 제시하였다(Hackman & Oldham, 1980; 유민봉 & 임도빈, 2007; Robbins & Judge, 2011).

첫 번째 직무 차원은 기능 다양성(Skill Variety)으로서 이는 직무가 개인에게 얼마만큼 다양한 활동을 요구하는가를 의미한다. 기능다양성 수준에 따라 조직 구성원은 자신의 지식, 기술, 능력을 사용하는 정도가 달라지는데 일반적으로 기능다양성의 수준이 높을수록 직무 만족도가 높아진다.

두 번째 직무 차원은 과업 정체성(Task Identity)으로서 이는 개인의 과업이 전체적인 직무를 완성하는 데 있어 차지하는 비중을 의미한다. 즉, 특정 개인이 담당하는 과업이 전체 직무의 일부에 해당하는 것이 아니라 전체를 아울러 수행할 수 있는 기회를 부여함으로써 성취감을 느낄 수 있도록 하는 것이다.

세 번째 직무 차원은 과업 중요성(Task Significance)으로서 이는 개인의 과업이 타인에게 혹은 사회적으로 어떠한 중요성을 갖는지, 그 공헌도를 의미한다. 즉, 과업 중요성 수준이 높을수록 개인은 자신의 직무를 보다 가치 있는 것으로 여기게 되어 적극적으로 직무를 수행할 수 있게 된다.

네 번째 직무 차원은 자율성(Autonomy)으로서 이는 조직 구성원이 자신의 작업 일정 및 과정을 결정하는 데 있어서 자유의 정도를 나타내는 것으로서 권한위임, 재

그림 4-8 Hackman & Oldham의 직무 특성 이론

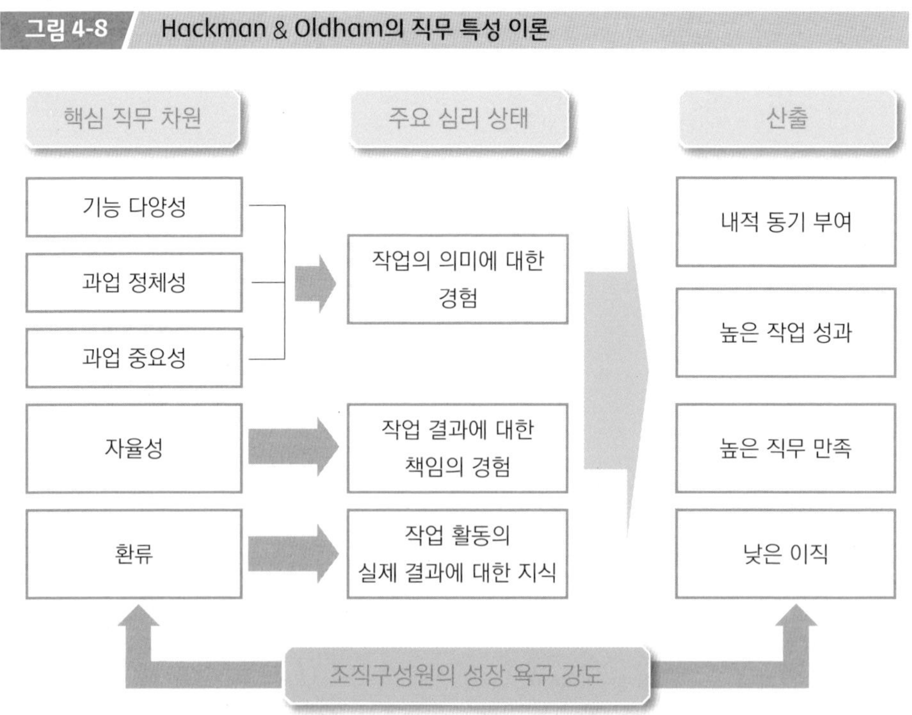

자료: Hackman & Oldham(1980).

량권 등을 의미한다. 개인에 대한 조직의 자율성 부여 수준이 높을수록 개인은 보다 높은 책임의식을 갖고 직무를 수행하게 된다.

다섯 번째 직무 차원은 환류(Feedback)로서 이는 개인의 직무 성과에 대한 평가 결과를 당사자에게 알리는 것을 의미한다. 이러한 환류를 통해 개인은 자신의 직무 성과를 보다 직접적으로 확인함으로써 직무 수행에 따른 성취감 및 자긍심을 느낄 수 있다.

Hackman & Oldham은 〈그림 4-8〉에서 보는 바와 같이 직무가 이러한 다섯 가지 차원을 충족하고, 이것이 조직 구성원의 성장에 대한 욕구 및 강도와 결합할 때, 내재적 동기가 유발될 수 있으며, 이는 높은 작업 성과, 높은 직무 만족, 낮은 이직률 등의 조직 효과성 향상과 연계될 수 있음을 지적하였다.

2. 과정이론

과정이론에서의 핵심 질문은 '어떠한(how) 과정을 거쳐 조직 구성원의 동기가 유발되는가?'이다. 즉, 과정이론에서는 기본적으로 개인의 의욕이 어떠한 과정을 거쳐 실제 행동의 근간을 이루는 동기부여를 가능하게 하는가를 우선적으로 고려한다. 따라서 과정이론에서는 동기가 어떻게 유발되고, 이러한 동기가 어떻게 개인 및 조직의 성과로 연계되는가를 다룬다(유민봉 · 임도빈, 2007).

과정이론으로는 대표적으로 Adams(1963)의 공정성 이론, Vroom(1964)의 기대(VIE) 이론, Porter & Lawler(1968)의 성과 만족(EPRS) 이론 등이 있다.

1) 공정성 이론

Adams(1963)의 공정성 이론(Equity Theory)에서는 조직 내에서 개인이 타인과 비교하여 얼마만큼 공정하게 다루어지고 있는가에 따라 동기부여 수준이 달라질 수 있다는 전제를 기초로 한다(Adams, 1963; 유민봉 · 임도빈, 2007). 즉, 자신의 투입 대비 산출의 비율과 타인의 투입 대비 산출의 비율에 대한 상대적 평가 결과에 따라 공정성 혹은 불공정성을 지각하게 되고 이에 따라 개인의 만족도와 행동이 결정된다고 본다. 여기서 투입은 직무 수행 과정에서 개인이 기여하게 되는 지식, 기술, 능력, 시간, 노력 등을 의미하며, 산출은 직무 수행 결과로서 얻게 되는 보수, 승진, 성취감 등을 의미한다.

먼저, 공정성의 지각은 자신의 투입 대비 산출의 비율이 타인의 투입 대비 산출과 비교해 그 비율이 같거나 유사하다고 지각할 때 느끼게 된다. 타인과의 비교를 통해 개인이 공정성을 느끼게 되며 높은 수준의 만족감을 느끼게 된다.

반면, 불공정성의 지각은 자신의 투입 대비 산출의 비율이 타인의 투입 대비 산출보다 적을 때 발생하는 과소보상에 의한 불공정성과 자신의 투입 대비 산출의 비율이 타인의 투입 대비 산출보다 큰 나머지 개인이 죄책감을 느끼게 되어 발생하는 과대보상에 의한 불공정성으로 구분할 수 있다. 타인과의 비교를 통해 개인이 불공정성을 느끼게 되면 이러한 불공정성을 시정하기 위해 개인은 어떠한 행위를 하게 되는데 Adams는 이러한 불공정성을 시정하는 과정에서 동기부여가 가능해진다고 설명하였다.

특히, 불공정한 상황을 공정한 상황으로 시정하려는 노력은 다음의 6가지 대안 중 하나를 선택함으로서 가능해진다(Walster et al., 1978; Greenberg. G, 1989; Robbins & Judge, 2011).

첫째, 투입을 변경하는 것이다. 과소보상의 상황에서는 직무 수행에 있어 투입하는 노력과 시간의 절대량을 줄이고, 과대보상의 상황에서는 노력과 시간의 절대량을 늘릴 수 있다.

둘째, 산출을 변경하는 것이다. 과소보상의 상황에서는 생산량을 늘려 더 많은 성과급을 받을 수 있도록 하거나 과대보상의 상황에서는 생산량을 줄여 전체적인 보상수준을 낮출 수 있다.

셋째, 자신에 대한 지각을 왜곡하는 것이다. 과소보상의 상황에서는 자신이 생각보다 열심히 일하지 않았다고 왜곡해 평가함으로써 투입 대비 산출의 비율 차이를 줄일 수 있게 되며 과대보상의 상황에서는 자신이 타인보다 훨씬 더 열심히 일했다고 왜곡해 평가함으로써 죄책감을 줄일 수 있다.

넷째, 타인에 대한 지각을 왜곡하는 것이다. 과소보상의 상황에서는 타인이 자신보다 훨씬 더 열심히 일했다고 왜곡해 평가함으로써 투입 대비 산출의 비율 차이를 줄일 수 있게 되며 과대보상의 상황에서는 타인이 자신보다 열심히 일하지 않았다고 왜곡해 평가함으로써 죄책감을 줄일 수 있다.

다섯째, 타인과의 비교에 있어 다른 준거 인물을 선정하는 것이다. 과소보상의

그림 4-9 Adams의 공정성 이론

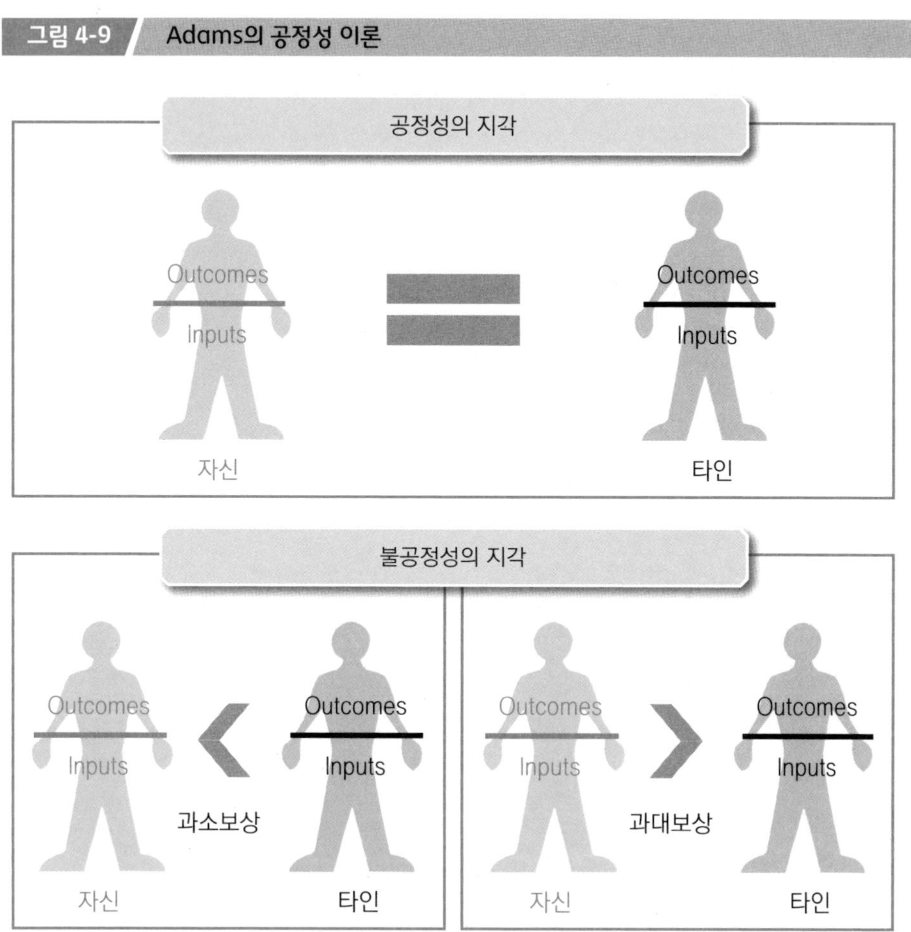

자료: Adams(1963)의 내용을 바탕으로 저자가 재구성

상황에서는 기존의 준거 인물보다 성과가 다소 떨어지는 사람을, 과대보상의 상황에서는 기존의 준거 인물보다 성과가 높은 사람을 선택함으로써 지각된 불공정성을 시정할 수 있다.

여섯째, 조직을 떠나는 것이다. 개인은 일을 그만둠으로써 불공정한 상황으로부터 벗어날 수 있게 된다.

2) 기대(VIE) 이론

Vroom(1964)의 기대이론(Expectancy Theory / VIE Theory)에서는 특정 직무를 수

행할 때 개인의 노력의 정도가 자신의 행동이 가져올 산출에 대한 기대의 강도와 매력에 의해 결정된다고 설명하는 이론이다. 특히 행동을 유발하는 노력은 유의성(Valence), 수단성(Instrumentality), 기대(Expectation)로 구성되어 있으며 이들의 결합에 의해 노력의 정도가 결정된다는 측면에서 VIE 이론이라고 불리기도 한다(Vroom, 1964; 유민봉 · 임도빈, 2007).

첫 번째 구성요소인 유의성(Valence)은 행동이 가져올 산출물에 대한 선호의 강도를 의미한다. 따라서 유의성은 직무 수행의 결과로서 얻게 되는 보상이 자신에게 얼마만큼 바람직한 것인지, 얼마만큼 가치있는 것인지, 얼마만큼 만족스러운 것인지에 대한 주관적 믿음에 의해 결정된다. 그러므로 유의성은 개인이 처한 상황과 개인의 욕구체계에 따라 다르게 나타날 수 있다.

두 번째 구성요소인 수단성(Instrumentality)은 자신의 직무성과와 보상 간의 관계에 대한 인식을 의미한다. 따라서 수단성은 자신이 수행한 직무 성과에 대해 적정수준의 보상이 이루어질 것이라는 믿음으로서 주관적 확률에 기초한다. 특히 내재적 보상에 대한 수단성은 개인 스스로의 요인에 의해 결정되지만 외재적 보상에 대한 수단성은 조직 내에 존재하는 공식화된 규칙에 의해 결정된다.

세 번째 구성요소인 기대(Expectation)는 개인의 행동이 일정 수준의 이상의 성과를 가져올 것이라는 믿음을 의미한다. 즉, 자신의 노력이 개인 및 조직의 목표에 부합하는 성과를 가져올 가능성에 대한 것으로서 이 역시 주관적 확률에 기초한다.

노력의 정도 즉, 동기부여는 〈그림 4-10〉에서 보는 바와 같이 보상의 가치를 의미하는 유의성(V)과 자신의 직무성과가 가져다 줄 적정수준의 보상에 대한 믿음을

그림 4-10 Vroom의 기대이론

자료: Vroom(1964)의 내용을 바탕으로 저자가 재구성.

의미하는 수단성(I), 바람직한 목표달성의 가능성을 의미하는 기대(E)의 결합으로 이루어진다.

3) 성과 만족(EPRS) 이론

Porter & Lawler(1968)는 Vroom의 기대(VIE) 이론을 기초로 조직 구성원의 행동과 성과와의 관계를 설명하였다. 특히 Porter & Lawler는 개인의 행동을 유발하는 동기부여 수준이 노력(Effort), 성과(Performance), 보상(Reward), 만족(Satisfaction)들 간의 결합에 의해 결정될 수 있다고 설명함으로써 EPRS 이론이라고 불리기도 한다(Porter & Lawler, 1968; 오석홍, 1990; 김규정, 1998).

Porter & Lawler는 직무 만족이 선행될 때 높은 직무 성과가 발현 될 수 있다는

그림 4-11 직무만족과 직무성과 간의 관계에 대한 관점

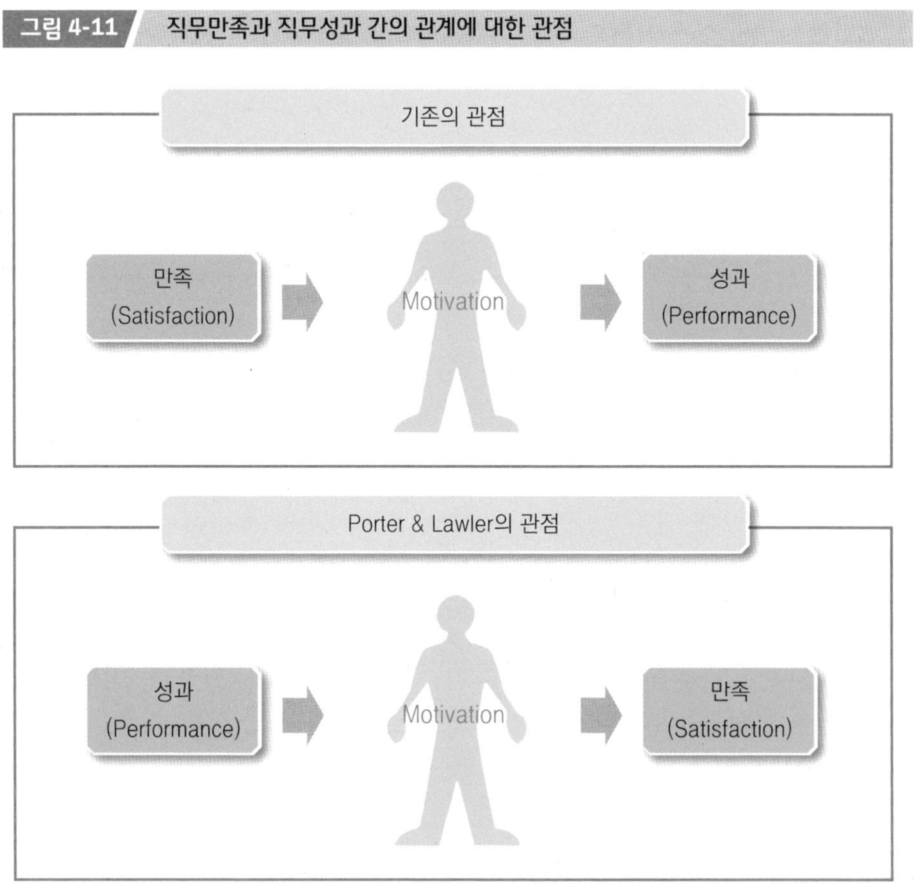

그림 4-12 Porter & Lawler의 성과 만족(EPRS) 이론

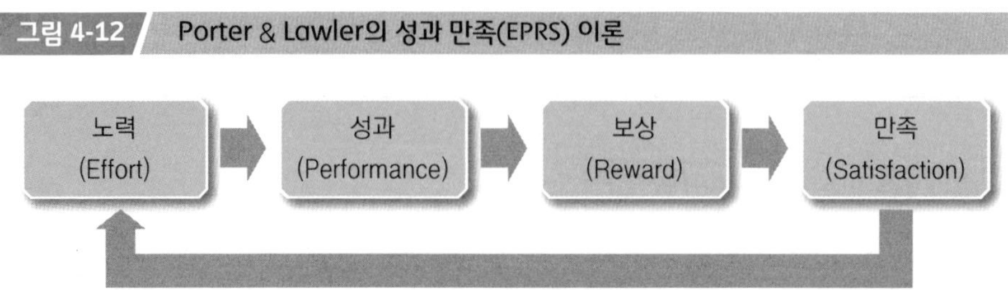

기존의 시각과 달리 직무수행에 대한 결과로서 나타나는 직무성과가 직무만족의 원인으로 작용할 수 있음을 지적하였다(〈그림 4-11〉 참조).

즉, Porter와 Lawler는 자신의 노력이 특정 성과를 가져다 줄 것이라는 기대 수준과, 이러한 노력을 통해 발현된 직무 성과에 적정 수준의 보상이 이루어질 것이라는 기대 수준에 의해 노력의 정도가 결정될 수 있다고 보았다. 즉, 성과 만족(EPRS) 이론은 개인의 노력이 성과를 가져오고, 성과에 따른 적정수준의 보상이 이루어질 때 개인은 직무에 대해 만족을 하게 되고 이것이 다시 노력으로 이어질 수 있음을 설명한 이론이다.

제4절 동기부여 영향요인

앞서 살펴본 내용이론과 과정이론은 각각 인간의 동기가 무엇에 의해서, 그리고 어떻게 형성되는 것인가를 다루는 중요한 이론이다. 비록 가설적인 형태일지라도 이러한 이론들은 직무만족의 결정요인을 동기부여 측면에서 설명함으로써 보다 효과적인 인적자원관리를 위한 유용한 시사점을 제공한다. 이러한 이해를 바탕으로 우리는 동기부여가 개인의 직무만족을 향상시키는 핵심 요인이며, 조직 성과 향상에 있어서도 매우 중요한 위치를 차지함을 알 수 있었다. 본 절에서는 내용이론에서는 다루지 못했던 다양한 동기부여 영향요인을 다루고자 한다. 즉, 개인의 욕구 체계 이외에 동기부여에 어떤 요인들이 영향을 미칠 수 있는가를 개인, 직무, 조직, 인사정책 등 4가지 측면으로 구분하여 살펴보고자 한다.

1. 개인 특성

관리적 차원에서 개인의 동기부여를 도모하고자 할 때, 우선적으로 고려해야 할 것이 개인의 특성이라 할 수 있다. 각 개인은 서로 다른 성격, 성장 배경, 가치관 등을 갖고 있기 때문에 동일한 동기요인을 적용한다 하더라도 다른 효과를 가져오게 된다. 최대의 동기부여를 이끌어 내기 위해서 조직은 개인의 특성을 충분히 관찰하고 그 특성에 적합한 동기요인을 적용할 수 있어야 한다. 이에 개인 특성의 구체적인 내용을 살펴보면 다음과 같다.

1) 개인-직무 적합성(Person-Job Fit)

동기부여에 있어서 개인-직무 적합성(Person-Job Fit)은 상당히 중요한 의미를 갖는다. 적합성은 개인과 직무, 개인과 조직, 개인과 환경 등 다양한 측면에서 논의되어지는 개념인데, 이러한 적합성 패러다임은 크게 2가지로 구분해서 살펴볼 수 있다. 하나는 상호 보완적 부합성(Complementary Fit)이며, 다른 하나는 상호 일치적 부합성(Supplementary Fit)이다(Kristof, 1996; Muchinsky & Monahan, 1997; Cable & Edwards, 2004).

상호 보완적 부합성(Complementary Fit)은 개인과 조직의 특성이 서로가 원하는 것을 제공할 때 부합이 발생한다는 것이다. 즉, 개인과 조직이 서로의 약점을 상대가 보유하고 있는 강점으로 보완하거나 서로가 필요한 바를 충족하기 위해서 존재할 때 부합이 발생한다고 보는 보완적 관점이다. 따라서 상호 보완적 관점에서의 부합은 개인이 조직이 필요로 하는 기술을 갖고 있거나, 또는 조직이 개인이 원하는 보상을 제공하는 것을 의미한다. 그러므로 상호 보완적 부합성은 개인의 요구나 선호를 개인이 속한 환경이 충족시켜 줄 때 발생하는 요구-공급 적합성(Needs-Supplies Fit)과 지식, 기술과 같이 개인이 보유한 능력이 환경의 수요를 충족시켜 줄 때 발생하는 수요-능력 적합성(Demands-Abilities Fit)으로 구분해 볼 수 있다(Kristof, 1996; Muchinsky & Monahan, 1997). 이러한 논의에서 알 수 있듯 상호 보완적 부합은 심리적 요구 이행(Psychological Need Fulfillment)의 차원에서 논의된다.

반면, 상호 일치적 부합성(Supplementary Fit)은 사람과 조직이 유사하거나 일치하는 특성을 갖고 있을 때 발생하는 부합을 의미한다. 만약 조직이 이미 작업장에서 널리 보유하고 있는 기술을 갖고 있는 사람을 고용할 경우 상호 일치적 부합이 발생하게 된다. 그러나 일반적으로 상호 일치적 부합 관점에서는 조직이 요구하는 것과 개인의 능력 간의 일치 여부보다는, 가치 일치(Value Congruence) 차원에서 논의된다. 개인적 차원에서 가치란 특정상황을 초월한 믿음이며, 바람직한 최종 상태 및 행동과 관련된 것이다. 이러한 맥락에서 조직적 차원의 가치 시스템은 어떻게 조직의 자원이 분배되고 어떻게 조직 구성원이 행동해야 하는지에 대한 규범을 제공한다. 따라서 이러한 가치 일치는 개인의 가치와 조직의 문화적 가치시스템의 일치를 의미한다.

일반적으로 개인-직무 적합성(Person-Job Fit)은 상호 보완적 부합 측면에서 다루어지는 개념으로서 개인의 욕구 수준, 교육 및 기술수준과 같은 업무 능력과 직무 특성의 일치 정도를 의미한다(최보인 · 장철희 · 권석균, 2011). 즉, 직무가 요구하는 KSA(Knowledge Skill Ability)와 개인이 보유한 KSA 간의 일치 여부를 의미하는 것이다. 직무의 요구수준에 비해 개인의 능력이 월등히 앞서는 경우 동기부여 혹은 직무만족을 일으키기보다는 불만의 원인이 되기 때문에 이러한 상황에서는 보다 도전적이고 창의적인 업무를 맡기는 것이 동기부여의 효과를 가져 올 수 있게 된다.

2) 가정 환경

개인에게 있어 직장생활에서의 삶은 가정과 분리되어 생각할 수 없다. 가정환경은 다음의 두 가지 측면에서 중요한 의미를 갖는다. 우선, 어떠한 가정환경에서 자라왔느냐는 개인의 성격과 가치관을 형성하는 데 매우 중요한 역할을 한다 할 수 있다. 뿐만 아니라 가정을 가진 직원과 혼자 사는 직원은 가정에서의 역할과 책임이 서로 다르고 이에 따라 개인의 동기 요인이 다르게 나타날 수 있다. 특히 이러한 가정환경은 최근에 주목하고 있는 '일과 삶 균형(WLB)' 정책의 측면에서 그 중요성을 찾아 볼 수 있다.

3) 성격

개인의 성격유형 또한 동기부여와 밀접한 관계가 있다. 특히 개인의 성격과 성향에 따라 적합한 직무는 다르게 나타날 수 있다. 예를 들어 외향적이고 사교적인 사람에게는 사무직보다는 현장에서의 민원업무나 감독업무가 훨씬 적합할 것이며, 조심성 있고 분석적인 성격의 소유자에게는 정확성을 요구하는 직무에서 더 큰 동기가 부여될 것이다. 따라서 개인의 성격 유형 혹은 성향을 파악하는 것 역시 동기부여에 있어 매우 중요한 개인특성 요인이라 할 수 있다(Fowler, 1988).

4) 욕구

앞서 내용이론에서 살펴본 바와 같이 개인의 욕구 체계를 파악하는 것은 동기부여를 논의하는 데 있어 핵심이라 할 수 있다. 특히 Maslow가 주장한 욕구단계이론과 Alderfer의 ERG 이론을 통해 개인 욕구의 중요성을 이해해 볼 수 있었다. 그러나 Maslow와 Alderfer가 주장한 욕구의 다양한 계층은 다른 개인의 특성과 마찬가지로 동기부여에서 고려되어야 할 하나의 요소에 불과할 뿐이다. 따라서 동기부여는 단순히 욕구 하나만의 충족으로 이루어지는 것이 아니라 앞서 제시된 개인-직무 적합성, 가정환경, 성격 등과 같은 다른 개인적 특성과 다음에 살펴볼 직무특성, 조직특성, 인사정책 등의 다른 영향요인들이 복합적으로 작용하여 결정된다.

2. 직무 특성

동기부여에 있어서 직무 특성은 직무 자체의 동기 부여 효과를 의미한다. 이는 위에서 살펴본 Hackman & Oldham의 직무 특성 이론을 바탕으로 이해해 볼 수 있다. 동기부여에 있어 직무 특성은 개인이 직무를 수행하는 과정 속에서 어떤 성취감을 느낄 수 있어야 함을 의미한다. 즉, 직무의 내용이나 관리가 일하는 사람에게 흥미와 의미를 부여할 수 있어야 한다는 것이다. 보다 구체적인 내용을 살펴보면 다음과 같다(Hackman & Oldham, 1980).

1) 과업기술의 다양성

과업기술의 다양성은 직무를 구성하고 있는 많은 과업들이 개인이 다양한 기술을 발휘하고 행동할 수 있는 기회를 제공하도록 구성되어야 한다는 것을 의미한다. 예를 들어 반복된 문서복사는 다양성이 결여된 과업의 대표적인 예이다. 따라서 전화를 받는다든지 또는 문서를 정리한다든지 하는 과업을 복합적으로 부여함으로써 일에 대한 흥미와 만족을 높일 수 있다고 본다.

2) 과업의 완결성

과업의 완결성은 과업이 전체 업무 처리과정의 일부분(part)에 해당하는 것이 아니라, 전체(whole)를 수행할 기회를 부여하도록 해야 한다는 것을 의미한다. 이를 통해 개인은 일을 완성하고 성취감을 느낄 수 있게 된다. 예를 들어 창구에서 단순 고객 응대 업무만을 수행하는 근로자에게 접수에서 처리까지 책임지고 해결하도록 함으로써 더 높은 동기부여가 가능해질 수 있다.

3) 과업의 중요성

과업의 중요성은 과업의 의미, 공헌, 중요성을 개인이 인식할 수 있도록 해야 한다는 것을 의미한다. 중요하지 않은 과업이나 중요성을 모르는 상태에서 과업을 수행하는 경우 적극적이고 능동적인 자세를 유도해 내기 힘들기 때문이다.

4) 과업의 자율성

과업의 자율성은 과업을 수행함에 있어 개인에게 법규정이나 명령에 따르는 의무만 부여하는 것이 아니라 책임감이 따르는 재량권이 부여되어야 함을 의미한다. 과업수행자에게 권한이 위임되어 스스로 어느 정도 자율적으로 일을 처리할 때 개인은 더욱 책임감을 갖고 과업을 수행하게 된다.

5) 환류

환류는 과업수행의 결과가 어느 정도 목표를 달성했는지, 혹은 잘했는지 못했는지 등에 대한 정보를 개인에게 제공해야 함을 의미한다. 특히 자기실현욕구나 존중욕구가 강한 사람에게는 이러한 환류를 통해 성취감을 느끼고 타인의 인정을 확인하는 기회가 될 수 있다.

3. 조직 특성

동기부여에 있어서 조직 특성은 직무를 수행하는 환경요인과 동기부여의 관계를 설명한다. 직무 수행은 진공 속에서 이루어지는 것이 아니라 어떠한 환경과 맥락 속에서 이루어지기 때문에 조직의 물리적 환경, 사회적 환경, 문화적 환경 등과 같은 조직의 특성이 동기부여와 직무만족에 중요한 영향요인으로 작용하게 된다(Fowler, 1988).

1) 물리적 환경

조직 특성 중, 물리적 환경에 관한 내용은 작업 환경을 의미하는 것으로서 Herzberg가 주장한 2요인 이론의 위생요인에 해당하는 내용이다. 덜거덕거리는 책상과 의자, 희미한 조명, 냉난방시설의 미비, 탁한 공기, 비좁은 공간 등은 동기를 떨어뜨리는 작용을 하게 된다. 관리자는 이러한 열악한 물리적 환경이 일에 대한 동기와 성과에 심각한 장애요인이 될 수 있음을 인식해야 한다.

2) 사회적 환경

조직 특성 중, 사회적 환경에 관한 내용은 조직 내에서 동료, 상사 등과의 대인관계를 의미한다. 개인 혼자서 특정 제품을 만드는 일 등을 제외하고는 대부분의 직무 수행은 인간관계를 동반하는 하나의 사회적 과정이기도 하다. 즉, 각 개인은 공식적 · 비공식적 집단 속에서 각자의 직무를 수행하게 되는 것이다. 이 과정에서 집단의 규범이나 가치, 행동양식은 개인의 동기에 많은 영향을 미치게 된다. 구체적으로 상사 혹은 동료와 어떠한 인간관계를 형성하고 있는지, 상사의 리더십 스타일은 어떠한지, 구성원들 간의 신뢰수준은 어떠한지가 동기부여 수준을 결정하는 데 있어 중요한 작용을 한다.

3) 문화적 환경

조직 특징 중, 문화적 환경은 조직 전체의 문화 혹은 조직의 풍토를 의미한다. 개인은 특정 집단의 문화뿐만 아니라 전체 조직의 문화에 영향을 받게 된다. 조직 문화 중에서 동기부여와 관련하여 가장 대표적인 예로서 잘못에 대한 지적방식을 생각해 볼 수 있다. 잘못을 묵과해서는 절대로 안 되겠지만 그렇다고 전체 목표달성의 관점에서 바라보지 않고 미시적인 잘못의 시정에만 초점을 두어 지적과 통제가 이루어진다면 이는 구성원으로 하여금 선례답습과 규정만능주의를 불러일으키게 한다. 지적과 통제는 본질적으로 '무엇을 하지 말라'는 것을 제시할 뿐, '무엇을 하라'에 관한 메시지는 전하지 못하기 때문이다. 새로운 일을 찾아서 하다 보면 오히려 지적될 가능성이 높아지기 때문에 선례와 규정만을 고집하게 되는 것이다. 이 밖에도 형식주의나 권위주의 등 우리나라는 동기부여에 부정적인 영향을 미치는 부정적 문화적 특징을 많이 보유하고 있다. 조직문화는 제도와 달리 쉽게 바꿀 수 없는 부분이지만 유능한 관리자라면, 잘못된 문화를 답습하기보다는 이를 타파할 수 있는 용기가 필요하다.

4. 인사정책

조직이 개인에게 제공하는 다양한 인사정책 중 특히 신분보장과 평가체계, 보수체계 등이 동기부여와 깊은 관계를 형성하고 있다.

1) 신분 보장

일반적으로 안전욕구가 강한 사람에게는 신분보장이 동기부여 내지는 최소한의 불만예방 효과를 가져 올 수 있다. 그러나 지나친 신분보장은 태만하거나 무능한 직무수행자에 대한 적절한 제재를 불가능하게 만들기 때문에 조직의 생산성을 약화시키는 역기능을 발생시킬 수 있다.

2) 평가 체계

인사정책 중 성과 평가체계의 객관성과 신뢰성의 확보는 동기부여에 있어 중요한 의미를 갖는다. 성과주의 인사관리 시스템의 강화로 인해 평가체계는 보수체계와 직결되는 사안으로 자리 잡게 되었다. 만약, 조직의 평가체계가 객관적이지 못하다면 이는 곧 자신의 성과에 대한 적정수준의 보상이 이루어질 수 없음을 의미하게 된다. 따라서 조직 구성원 모두가 동의할 수 있는 객관적이고 신뢰성 있는 평가체계를 구축하는 것은 높은 수준의 동기부여를 위한 중요 과제라 할 수 있다.

3) 보수 체계

인사정책 중, 보수체계는 신분보장이나 과업환경과 마찬가지로 Herzberg의 위생요인에 해당하는 것이다. 공정성 이론을 바탕으로 동료, 혹은 타부문과의 비교를 통해 개인이 지각하는 보수 체계의 공정성이 동기부여에 영향을 미칠 수 있음을 확인할 수 있었다. 특히 보수가 생계를 유지하기 힘들 정도이거나 타 조직과 비교하여 현

그림 4-13 동기부여 영향요인

저히 낮은 경우에 불만의 가장 큰 요인으로 작용하기 쉽다. 따라서 생계비와 형평성의 관점에서 조직 구성원들의 보수를 적정 수준으로 유지시켜 주는 것은 특히 불만 감소에 매우 중요한 역할을 한다.

KT 펀 경영으로 '일家양득'… "칼퇴에서 글램핑까지"

박정수 기자

KT 직원들의 수요일 밤 회식은 없다. 야근 또한 없어 칼퇴근(정시퇴근)하는 날이다. KT 직원은 생일이나 기념일일 경우에는 수요일 오전에 퇴근해도 된다.

이는 KT가 매주 수요일을 가정의 날로 정하고 정시에 퇴근해서 가족들과 시간을 보낼 수 있도록 적극적으로 지원하는 것이다.

KT는 상호 일체감 조성 및 회사 발전에 기여하고자 '일가(家)양득' 캠페인을 시행하고 있다. '일가양득'은 '일거양득(一擧兩得)'에서 따온 것으로 일과 가정이 균형을 이루는 선진국을 지향하자는 취지다.

이에 KT는 수요일 업무 시간 후 회식과 추가 업무 지시를 금지하고 있다. 각 부서에서는 이를 지키기 위해 사무실 불을 끈다든가 직책자가 솔선수범해 먼저 퇴근을 하고 있다.

게다가 가족기념일을 맞이한 직원들은 오전 근무 후 조퇴해 가족과 시간을 보낼 수 있도록 했다. 직원 본인의 생일이나 배우자 생일 또는 결혼기념일이 대상일이다.

이와 함께 KT는 직원들의 일과 여가 생활의 조화로운 균형을 통한 사기 진작을 위해 지난달 휴가기간 외 처음으로 캠핑행사를 진행했다.

사내 공지를 통해 글램핑(1박2일) 신청자를 모집했고 직원들의 신청이 쇄도해 경쟁률은 55대 1까지 치솟았다. KT는 총 28가구의 체험 가족이 선발해 글램핑 행사를 마련했다.

오토 캠핑장은 KT가 지난 2011년 7월 일하기 좋은 행복한 직장(Great Work Place)을 만들기 위해 화성 송신소의 유휴 녹지공간(안테나 부지)을 캠핑장으로 조성했다. 이는 KT가 보유한 시설을 효율적으로 활용해 별도의 예산 지원 없이 직원들의 자발적인 아이디어와 노력으로 만들어졌다.

캠핑장 규모는 캠핑데크 7개동, 캐노피 천막 9동, 개인텐트 구축공간 8동 등 총 15동으로 캠핑 데크, 데이블, 배드민턴 장 등을 직접 제작해서 예산을 절감했다.

또 지난해 족구장, 배드민턴장 등 체육 시설을 확충했고 바닷가 부지를 활용해 서해 낙조를 감상할 수 있는 전망대, 순찰로를 활용한 둘레길도 조성했다.

캠핑장은 먹거리만 준비하면 KT 직원이라면 누구나 이용할 수 있다. 개장 후 4년간 임직원 가족 5000여 명이 방문하는 등 현재는 신청자가 많아 예약해야 한다.

KT는 사내직원 복지에만 국한하지 않고 이 캠핑장에 지역아동센터 등 소외계층을 위한 초청행사도 열어 사회공헌 활동을 전개하고 있다.

올해는 화성 오토 캠핑장만의 특화된 서비스 제공을 위해 기존 비품창고로 사용했던 컨테이너에 다양한 벽화를 그려 추억을 담을 수 있는 포토존을 마련했으며 뒷면은 대형 스크린을 활용해 영화상영 및 야외 워크숍에 활용할 수 있도록 꾸몄다.

KT는 전사적으로 1200개에 달하는 동호회도 운영 중이다. 농구, 축구, 자전거 등 스포츠 동호회를 비롯해 독서클럽, 역사문화탐방, 자격증모임 등 학습 동호회, 맛집탐방, 커피와 와인, 영화 동호회, 댄스 동호회 등 종류도 다양하다.

이에 KT는 동호회 활성화를 위해 동호회비를 지원해주고 매달 'Oh My Friend'라는 잡지를 통해 동호회를 임직원에게 소개하고 있다.

출처: 아주경제(2014.11.16)

소박하지만 따뜻한 복지 애사심, 창의성 끌어올려 한국공항공사

김유림 기자

한국공항공사는 2014년 11월 경영컨설팅사 GWP코리아가 선정한 '대한민국 일하기 좋은 100대 기업'에 2년 연속 이름을 올렸다.

'일하기 좋은 기업'은 기업의 성장과 존속의 주요 원천은 신뢰 경영이라는 관점에서 기업을 평가하는 국제 표준모델로 △조직원의 신뢰와 자부심 △동료애를 바탕으로 한 구성원의 자발적 몰입 △실제 기업 성과 등으로 기업을 평가한다.

한국공항공사는 인천국제공항을 제외한 국내 14개 공항을 운영한다. 김포, 제주, 김해, 청주 등 국제공항 7개와 울산, 광주, 원주, 여수 등 국내 공항 7개가 그것이다. 1700여 명의 직원이 이들 14개 공항에 흩어져 근무한다. 사원 개개인에게 희망 근무지를 조사해 인사 발령을 내지만, 어쩔 수 없이 가족을 떠나 낯선 곳에서 근무하는 직원이 생길 수밖에 없다. 그렇다보니 함께 일하는 직원들과의 '감정적 교류'가 중시된다.

"회사원 대부분이 가족보다 옆자리 동료와 더 오랜 시간을 보내잖아요. 근데 동료와 사이가 좋지 않거나 무덤덤하면 직장인으로서, 인간으로서 좀 씁쓸하지 않겠어요? 저희는 회사 차원에서 직원들이 서로에게 관심을 갖도록 유도하고, 유연하고 즐거운 분위기를 형성하려 노력하니 구성원 처지에선 참 고마운 일이죠."(홍보실 하창호 과장)

대표적인 프로그램이 '칭찬 릴레이'다. 지난달 공개 칭찬을 받은 직원이 또 다른 칭찬 인물 한 명을 선정, 사내 온라인 게시판에 그를 소개한다. 글에는 칭찬과 축하의 댓글이 수도 없이 달린다. 당사자는 다음 달 새로운

칭찬인물을 결정한다. 하 과장은 "이를 통해 서로에 대해 속속들이 알게 되고 즐거운 분위기가 형성된다. 멀리 지방 공항에 근무해 얼굴 한 번 본 적 없는 직원들이 친숙해지는 효과도 있다"고 귀띔했다.

생일을 맞은 직원이 치르는 '생일자 미션' 역시 흥미롭다. 팀원들이 생일을 맞은 이에게 생일 축하 메시지를 담은 '롤링페이퍼'와 선물을 주면, 받은 이는 그걸 들고 '인증샷'을 찍어 게시판에 올려야 한다. 그러고는 생일에 휴가를 쓴 후 그날 무엇을 했는지 사진과 후기를 게시판에 올리는데, 이 글에도 축하 댓글이 많이 달린다. 또한 생일을 맞은 직원이 가족에게 보내는 '사랑의 손편지'를 작성하면, 이를 김석기 사장이 직접 쓴 감사 서신 및 축하 상품과 함께 가족에게 전달하는 프로그램도 있다. 직원과 가족 모두를 배려하는 따뜻한 이벤트다.

인적자원팀 박준우 대리는 "직원들은 게시판에 '오늘 머리를 잘랐다', '요즘 운동을 한다'며 본인의 이전 모습과 현재 모습을 찍은 사진을 나란히 올리는 경우가 많다. 사내 게시판이라는 공간을 통해 직원들이 즐겁게 소통한다"고 덧붙였다.

'CEO 우체통'

김석기 사장은 서울지방경찰청장 출신으로 한국자유총연맹 부총재, 주오사카 총영사 등을 거쳐 2013년 10월 부임했다. 김 사장에 대한 한국공항공사 직원의 공통적인 평가는 "격식보다 소통을 중시해 직원들과 스스럼없이 대화하는 것을 좋아한다"는 것. 그가 취임 이후 추진한 복지정책을 살펴보면 짐작할 수 있다.

대표적인 것이 'CEO 우체통'과 '호프데이'다. 직원들은 속상하거나 사장에게 건의할 내용이 있으면 사장만이 볼 수 있는 e메일인 'CEO 우체통'에 메일을 보낸다. 이에 사장은 제도를 개선하거나 직원에게 직접 답장을 보내 위로의 말을 건넨다. 인적자원팀 박 대리는 "직원이 사장에게 직접 e메일을 보내는 것이 처음엔 다소 파격으로 여겨졌으나, 이제 하나의 문화로 자리 잡았다"고 평가했다.

2014년 4월 한국공항공사가 화장실에 붙어 있던 '정보판'을 교체한 것도 CEO 우체통 건의사항에서 비롯됐다. 당시 정보판에는 해당 화장실 청소 담당자의 이름, 사진, 전화번호까지 기록됐다. 김 사장은 "이름과 얼굴을 걸고 깔끔한 서비스를 하겠다는 의도에서 시작된 것이겠지만, 근무자들의 신상정보가 지나치게 많이 공개돼 오히려 인권침해 소지가 있다"는 의견을 받아들였다. 박 대리는 "고객 편의도 중요하지만 근로자 역시 '내부 고객'이라고 판단한 것"이라고 해석했다. 이 밖에도 유명 디자이너 장광효 씨에게 근무복 디자인을 맡겨 멋과 일관성을 갖추게 한 것 역시 김 사장의 아이디어다.

2014년 8월, 김 사장은 직원 7명과 함께 서울 강서구 김포공항 인근 호프집에서 만났다. '사장님과 호프데이'가 처음 열린 것. '호프(hof)를 마시며 사장에게 직접 희망(hope) 사항을 전달한다'는 의미의 '호프데이'는 직원들이 직접 팀을 꾸려 신청하면 성사된다. 그날 김 사장은 자유로운 분위기에서 직원들과 소탈한 대화를 나눴다는 후문이다. 또한 중요 업무 현안에 대해 수직적 결재 절차를 거치는 대신 담당 직원이 직접 임원진에게 설명하도록 한 '오픈 미팅'도 소통을 중시하는 김 사장의 업적으로 평가받는다.

복지제도가 워낙 잘돼 있어 '신의 직장'이라 불리는 공사. 하지만 정작 구성원들의 이야기를 들어보면 사정은 제각각이다. 아무리 '잘 차려진' 복지정책이라도 '그림의 떡'인 경우가 많다. 반면 한국공항공사는 근무시간을 조정하는 '유연근무제'를 폭넓게 인정한다. 2013년 유연근무제 참여 인원은 119명에 달한다.

유연근무제 효과 톡톡

2011년부터 3년째 유연근무제를 이용하는 허윤경 지속가능경영팀 대리는 월요일부터 목요일까지는 오전 10시에 출근해 오후 4시에 퇴근하고, 금요일에는 쉰다. 그는 이렇게 주 20시간 근무하면서 본래 임금의 절반만 받는다. 직장 생활에 대한 만족도는 매우 높다.

"다섯 살짜리 아이를 두고 있어요. 아침에 어린이집 데려다주고 오후 5시에 퇴근하면서 데려와요. 쉬는 금요일에는 밀린 집안일을 하고요. 양가 부모님께 육아 도움을 받을 수 없는 상황이라 만약 유연근무제가 없었다면 직장을 관뒀어야 해요. 지금은 대기업 다니는 친구들이 모두 부러워하죠."

허 대리는 "유연근무를 한다고 해서 승진이나 업무상 불이익을 받지 않는다"고 덧붙였다. 팀 프로젝트보다 주로 단독 업무를 맡는 경우가 많아 업무생산성에도 문제가 없다는 것. 한국공항공사는 유연근무제 외에도 시차출퇴근형, 집약근무형, 시간제근무 등 다양한 근무제도를 운영한다. 자체 실시한 '유연근무제 내부 설문조사'에 따르면 근무 만족도가 전년대비 3.5% 상승했다. 홍보팀 최찬섭 차장은 "유연근무제를 실시한 후 직원들의 애사심이 커지고 자율적이고 창의적인 업무를 수행하는 등 긍정적 변화가 있었다"고 평가했다.

한국공항공사가 GWP 평가에서 좋은 점수를 받은 항목 중 하나가 투명성이다. 특히 "내가 부당한 대우를 받았을 때 이의를 제기하면 공정하게 처리될 것으로 믿는다"는 항목에서 조직원들의 점수가 상당히 높았다.

여기엔 10여 년간의 노력이 숨어 있다. 한국공항공사는 2003년 공사 최초로 부정부패 신고센터를 만들었다. 2012년부터는 홈페이지 내 내부 고발 창고인 'KAC 신문고'를 만들어 사내 부정 비리 행위 적발을 강화하고 신상필벌의 청렴 문화를 조성했다. 신문고는 2014년 12월부터는 모바일에서도 이용할 수 있다.

비리, 방만 경영 등 부정부패는 사후 해결보다 사전 교육이 중요하다. 한국공항공사는 직원이 업무를 수행하는 과정에서 처리 기준이 모호하거나, 다양한 상황에 따른 기준 적용에 의문이 있는 경우 '행동강령 상담실'을 찾게 했다. 2014년에만 140건의 상담이 이뤄졌다. 홍보팀 최 차장은 "공항이 가장 주력해야 할 것이 안전과 서비스다. 직원이 고객에게 안전하고 훌륭한 서비스를 제공하는 데 필요한 '배경'을 제공하는 것이 회사의 역할"이라고 말했다.

출처: 신동아(2015.01.01)

Step 1 Wrap-Up Exercise

민간조직인 KT와 공공조직인 한국공항공사의 사례를 참고하여 조직 관리 및 인사 관리에 있어 조직 구성원들의 직무 만족 및 조직 몰입을 최고 수준으로 이끌어내기 위한 동기 부여 전략을 도출해 보세요.

직업선택동기와 직무만족 및 이직의도 간의 관계에 관한 공 · 사 비교 연구 : 개인-직무 적합성의 조절효과를 중심으로

본 연구에서는 근로자들이 직업을 선택함에 있어 영향을 미치는 동기 구조를 규명하고, 다양한 차원의 직업선택동기의 선행 및 결과요인들을 여러 가지 동기이론적 시각에서 분석하였다. 뿐만 아니라 이러한 직업선택 단계에서의 입직동기가 조직사회화 과정을 통해 직무만족에 미치는 영향력이 어떻게 달라지는가를 규명하기 위해 조절변수인 개인-직무 적합성의 관점에서 3개년도(2009년, 2010년, 2011년)의 시간적 차이를 두고 분석하였다. 특히, 직업선택동기와 직무만족 간의 영향력 규명에 있어 공공조직과 민간조직을 구분하여 검증함으로써 직무만족 향상에 있어 세 가지 차원의 직업선택동기의 상대적 중요성을 조직 유형별로 비교 분석하였다.

이에 직업선택동기의 선행변수로서 개인환경요인을, 직업선택동기의 조절변수로서 개인-직무 적합성, 결과변수로서 직무만족으로 구성된 연구 모형을 토대로 연구 가설을 도출하였으며 공공조직과 민간조직 간의 차이 검증을 위한 t-test, 연도별 사회화 효과 검증을 위한 f-test 및 가설검증을 위한 다중회귀분석과 위계적 회귀분석을 실시하였다. 또한, 양적연구의 한계를 보완하기 위해 공공조직 및 민간조직에 근무하는 근로자들과의 인터뷰를 통한 질적연구를 수행하였다. 통계적 검증을 통해 존재욕구, 관계욕구, 성장욕구 등의 3가지 차원의 직업선택동기와 직무만족 간의 관계에 있어 유의한 효과들을 확인할 수 있었다. 또한, 공공조직 및 민간조직 근로자들의 직무만족 향상에 있어 3가지 차원으로 구성된 직업선택동기의 상대적 중요성 검증을 통해 두 조직 간 차이점을 발견할 수 있었다. 뿐만 아니라 시계열적 분석을 통해 개인-직무 적합성이 조직사회화 요인으로서 중요한 조절 변수의 역할을 담당하고 있음을 확인할 수 있었다. 양적연구와 질적연구 결과를 바탕으로 인사 · 조직 관리 및 성과 관리적 시각에서 이론적 · 정책적 함의를 제시하였다.

본 연구는 인간 욕구체계의 시각을 통해 직업선택동기를 구성함으로써 연구의 외적타당성을 확보하고, 공공조직과 민간조직을 구분하여 직업선택동기의 선행요인과 결과요인 규명하는 것 뿐만 아니라 시간의 흐름에 따른 사회화 효과 및 개인-직무 적합성의 조절효과를 고려함으로써 내적타당성을 확보했다는 측면에서 학문적 중요성을 발견할 수 있다. 뿐만 아니라 보다 효과적인 인적자원 관리를 위한 전략적 인적자원관리 및 다양성 관리 측면에서 관리적 중요성을 발견할 수 있다.

그림 4-14 연구 모형

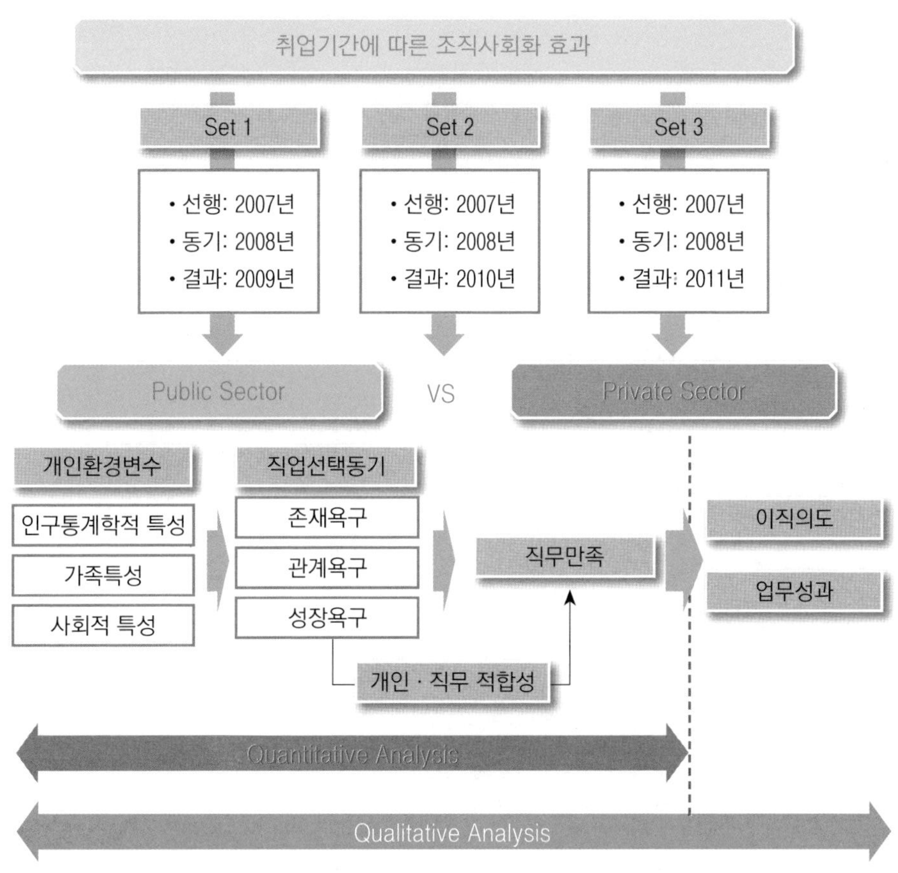

자료: 김선아 · 민경률 · 이서경 · 박성민(2013)

Step 2 Wrap-Up Exercise

김선아 · 민경률 · 이서경 · 박성민(2013)의 공공조직과 민간조직 구성원들의 직업선택동기 구조를 규명하고, 이러한 동기의 선행 요인 및 결과 요인 등을 규명하였다. 김선아 · 민경률 · 이서경 · 박성민(2013)의 연구 결과를 토대로 공공조직과 민간조직 구성원들의 동기 구조의 보편성과 특수성에 대해 논의해 보자. 더불어 각 조직 구성원들의 동기 구조의 특수성 측면에서 이러한 차이가 유발되는 이유를 조직 관리 및 인사 관리의 시각에서 논의해 보자.

김규정. (1998). *행정학원론*. 법문사.

김선아 · 민경률 · 이서경 · 박성민. (2013). 직업선택동기와 직무만족 및 이직의도 간의 관계에 관한 공 · 사 비교 연구: 개인–직무 적합성의 조절효과를 중심으로. *한국행정연구*, 22(3), 271–314.

박동서. (2001). *인사행정론*. 법문사.

오석홍. (1990). *조직이론*. 박영사.

유민봉 · 박성민. (2014). *한국인사행정론* (제5판). 박영사.

유민봉 · 임도빈. (2007). *인사행정론*. 박영사.

최보인 · 장철희 · 권석균. (2011). 개인–조직 적합성과 개인–직무 적합성의 효과성 연구. *조직과 인사관리 연구*, 35(1). 199–232.

Adams, J. S. (1963), Toward an understanding inequity. *Journal of Abnormal and Social Psychology*, 67, 422–436.

Alderfer, C. P. (1972). *Existence, relatedness, and growth: Human needs in organizational settings*. Free Press.

Bandura, A. (1986). *Social foundations of thought and action: A social cognitive theory*. Prentice–Hall.

Cable, D. M., & Edwards, J. R. (2004). Complementary and supplementary fit: A theoretical and empirical integration. *Journal of Applied Psychology*, 89(5), 822–834.

Csikszen tmihalyi, M., & Rathunde, K. (1993). The measurement of flow in everyday life: Toward a theory of emergent motivation. In J. E. Jacobs (Ed.), *Developmental perspectives on motivation* (pp. 57–97). University of Nebraska Press.

deCharms, R. (1968). *Personal causation*. Academic Press.

Deci, E. L., & Ryan, R. M. (1985). *Intrinsic motivation and self–determination theory in human behavior*. Plenum Press.

Fowler, A. (1988). *Human resource management in local government*. Longman.

Greenberg, G. (1989), Cognitive reevaluation of outcomes in response to underpayment inequity. *The Academy of Management Review*, 32(1), 174–184.

Hackman, J. R., & Oldham, G. R. (1980). *Work redesign*. Addison–Wesley.

Hersey, P., & Blanchard, K. H. (1972). *Management of organizational behavior*. Prentice–Hall.

Herzberg, F., Mausner, B., & Snyderman, B. (1959), *The motivation to work*, John Wiley & Sons.

Kristof, A. L. (1996). Person-organization fit: An integrative review of its conceptualizations, measurement, and implications. *Personnel Psychology*, 49(1), 1–49.

Maslow, A. (1954). *Motivational and personality*. Harper & Row.

Muchinsky, P. M., & Monahan, C. J. (1987). What is person-environment congruence? Supplementary versus complementary models of fit. *Journal of Vocational Behavior*, 31, 268–277.

Park, S. M., & Word, J. (2012). Driven to service: Intrinsic and extrinsic motivation for public and nonprofit managers. *Public Personnel Management*, 41(4), 705–734.

Porter, L. W., & Lawler, E. E. (1968). *Managerial attitudes and performance*. Homewood.

Robbins, S. P., & Judge, T. A. (2011). *Organizational behavior* (4th ed.). Pearson.

Ryan, R. M. (1995). Psychological needs and the facilitation of integrative processes. *Journal of Personality*, 63, 397–427.

Ryan, R. M., & Deci, E. L. (2000). Self-determination theory and the facilitation of intrinsic motivation, social development, and well-being. *American Psychologist*, 55(1), 68–78.

Seligman, M. E. P. (1975). *Helplessness*. Freeman.

Vroom, V. (1964). *Work and motivation*. John Wiley & Sons.

Walster, E ., Walster, G. W., & Scott, W. G. (1978). *Equity: Theory and research*. Allyn & Bacon.

인터넷 교보문고(http://www.kyobobook.co.kr/)

네이버 영화소개(http://movie.naver.com/)

아주경제(2014.11.16)

신동아(2015.01.01)

Chapter 5

문화

Framework

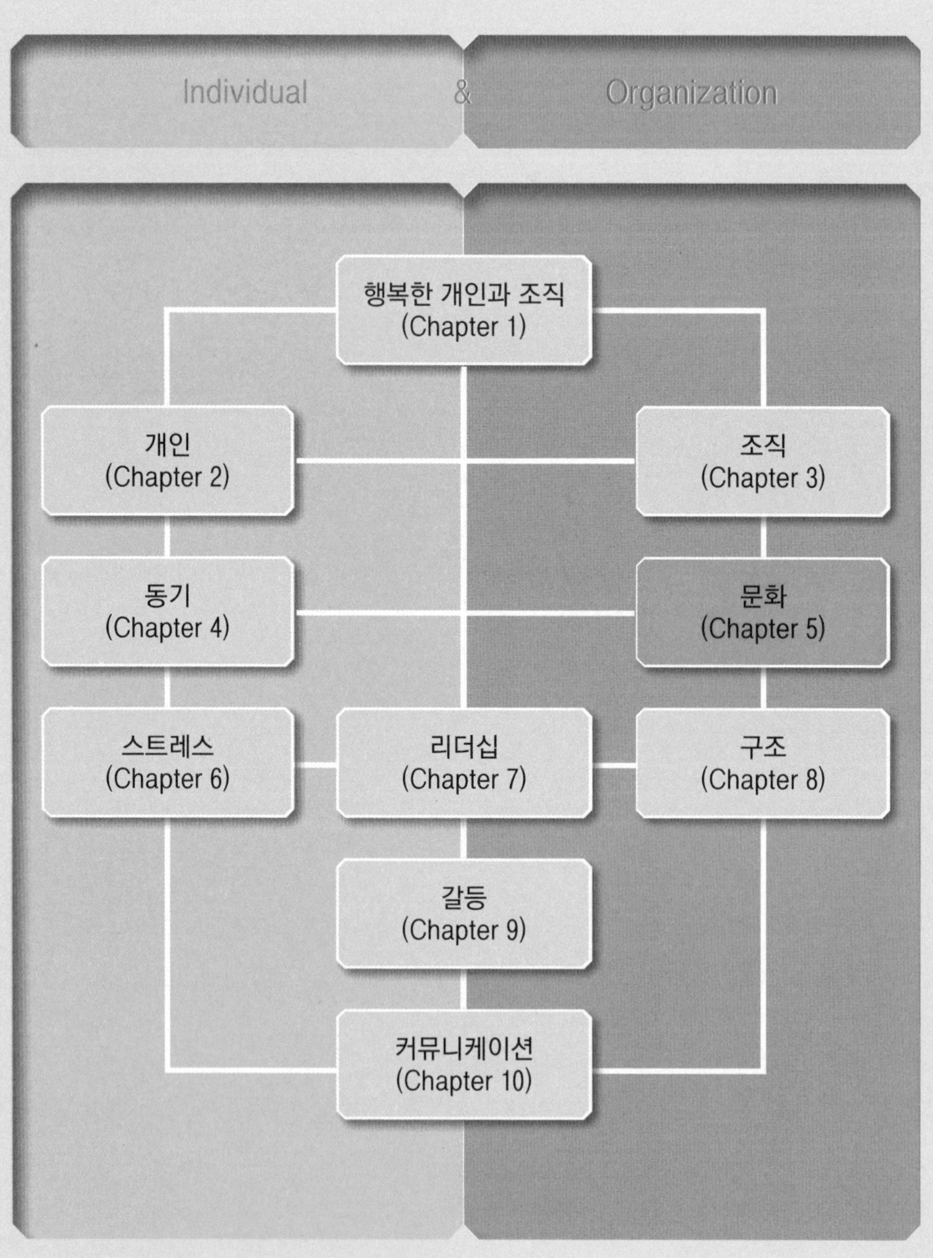
Individual
&
Organization
행복한 개인과 조직
(Chapter 1)
개인
(Chapter 2)
조직
(Chapter 3)
동기
(Chapter 4)
문화
(Chapter 5)
스트레스
(Chapter 6)
리더십
(Chapter 7)
구조
(Chapter 8)
갈등
(Chapter 9)
커뮤니케이션
(Chapter 10)

Keywords

- 문화(Culture)
- Hofstede 연구
- GLOBE 연구
- 권력거리(Power Distance)
- 불확실성 회피(Uncertainty Avoidance)
- 개인주의 대 집단주의(Individualism vs. Collectivism)
- 성 역할 지향(Gender Orientation)
- 장기지향 대 단기지향(Long-Term Orientation vs. Short-Term Orientation)
- 적극성 지향(Assertiveness Orientation)
- 미래 지향(Future Orientation)
- 성 평등(Gender Egalitarianism)
- 인간 지향(Human Orientation)
- 집단 내 제도주의(In-Group Collectivism)
- 제도적 집단주의(Institutional Collectivism)
- 성과 지향(Performance Orientation)
- 통제(Control) 문화
- 협력(Collaborate) 문화
- 경쟁(Compete) 문화
- 창조(Create) 문화

뉴욕 뒷골목 수프가게

존 고든

위대함을 만드는 사람은 바로 자신이다!

식어버린 열정을 깨우는 힘 『뉴욕 뒷골목 수프가게』. 개인과 리더, 비즈니스 현장을 긍정의 에너지로 채우는 '에너지 전문가' 존 고든이 '수프'라는 소재를 통해서 성공과 리더십을 쉽게 풀어냈다. 세계 최고의 스프를 만들던 스프 사가 초기의 열정을 잃고 파산 직전에 놓인 상황에서 이런 분위기를 주인공인 낸시가 과연 어떻게 반전시킬 수 있을지에 대해 이야기를 들려주면서 재료마다의 고유한 특성을 살리면서도 새로운 맛을 만들어 내는 '수프'라는 음식처럼 개인과 조직, 팀장과 팀원, 회사와 가정 등 모든 곳에서 통하는 성공 키워드를 제시하였다. 이를 통해 누구나 각자의 위치에서 성공할 수 있는 비밀들을 알려준다.

자료: 인터넷 교보문고(http://www.kyobobook.com)

Step 1 Warm-Up Exercise

수프 가게에 빗대어 조직 관리에 있어 중요한 요소들이 무엇인가를 일깨워준 책 "뉴욕 뒷골목 수프 가게"를 읽고 조직 문화란 무엇을 의미하는 것인지에 대해 생각해 보세요. 더불어 조직 관리 및 인사 관리의 시각에서 따뜻하고 인간적인 조직 문화, 나아가 조직 구성원들의 자발적 몰입을 이끌어 내고, 성과를 제고시키는 문화를 형성하기 위한 필요한 제반 여건에 대해 논의해 보세요.

Monster Inc.

어두운 밤이 오면, 아이들의 벽장 너머 그들이 나타난다!

호탕한 설리와 재치만점 마이크는 몬스터 주식회사 겁주기 팀의 최우수 콤비다. 매일 밤 투철한 직업정신으로 인간 세계로 통하는 벽장 문을 열던 설리와 마이크 콤비는 어느 날 일생일대의 실수를 저지른다. 덜 닫힌 벽장 문 사이로 인간아이 '부'가 몬스터 세계에 침입한 것! 설리와 마이크는 '부'를 인간세계로 돌려보내고 사건을 조용히 수습하려 하지만 '부'는 '설리'를 무서워하기는커녕 애완 야옹이쯤으로 생각하고 쫄래쫄래 따라다닌다. '부'의 침입이 발각되자, 몬스터 주식회사는 발칵 뒤집히고 마는데…

1등 사원에서 하루 아침에 회사에서 쫓겨날 위기에 처한 설리와 마이크 콤비는 과연 '부'를 무사히 인간세계로 돌려보낼 수 있을까?

* 몬스터 주식회사란?

몬스터 주식회사의 주요 업무는 에너지를 모으는 일이다. 몬스터 세계의 가장 중요한 에너지원은 인간 아이들의 비명소리! 몬스터 주식회사 사원들은 모두가 잠든 밤 벽장을 통해 인간 세계에 잠입, 아이들에게 겁주기를 통해 몬스터 세계에 에너지를 공급한다. 그들이 가장 주의할 점은 몬스터들에게 치명적 감염을 일으킬 수 있는 인간 아이들과의 접촉을 피하는 것!

출처: 네이버 영화(http://movie.naver.com/)

Step 2 Warm-Up Exercise

영화 "몬스터 주식회사(Monster Inc.)"를 보고, 조직 목표, 중요시 여기는 가치, 행동 규범, 상징 등으로 구분하여 몬스터 주식회사의 조직 문화에 대해 설명해 보세요. 그리고 조직 관리 및 인사 관리의 시각에서 조직 문화가 조직 내에서 어떠한 역할을 하는지에 대해 논의해 보세요.

Chapter 5 문화	조직 문화와 실천의 어려움	http://www.youtube.com/watch?v=3-NY4vg11Es
	Hofstede's Cultural Dimensions	http://www.youtube.com/watch?v=mNntW_DA0x0
	Successful Organizational Cultures	http://www.youtube.com/watch?v=wSZ3lPDmqCg

Self-Interview Project

● 영상을 시청하고, 스스로 조직의 CEO가 되어 아래 질문에 대한 인터뷰를 진행해 보세요.

Interviewer:

CEO님의 풍부한 조직 · 인사 관리 경험을 바탕으로 미래 조직의 CEO를 꿈꾸는 대학생들에게 조직 관리에 있어 조직 문화의 중요성을 설명해 주시길 부탁드립니다.

Interviewee:

Interviewer:

문화적 특성에는 어떠한 것들이 있는지 학생들이 보다 쉽게 이해할 수 있도록 각 국가의 문화적 특수성을 설명한 홉스테드의 모형을 조직에 적용하여, CEO님께서 속한 조직의 조직 문화를 설명해 주시길 부탁드립니다.

Interviewee:

제1절 문화의 이해

1. 문화의 의의

문화(Culture)는 다소 추상적인 개념으로 명확히 정의를 내리는 것이 쉽지 않다. 문화에는 모든 집단이 공유하는 즉, 누구에게나 옳다고 여겨지는 가치를 중심으로 하는 보편적 측면도 존재하고, 각 국가, 각 조직을 다른 집단과 구분될 수 있게 하는 특수성도 갖고 있다. 이에 특정 집단과 조직을 이해하고 묘사하는데 문화라는 개념이 자주 사용된다. Deal & Kennedy(1982)는 문화란 "여기서 우리의 행동양식이 결정되어지는 방식(the way things get done around here)"이라고 정의하였고, Schein(1992)과 Slocum & Hellriegel(2011)은 문화란 "개인으로 하여금 인식의 방식을 결정하고 행동과 패턴을 결정하는데 영향을 주는 것으로, 집단 구성원들이 공유하는 가치, 규범, 신념체계 등 집단 생활의 양식"이라고 정의하였다. 또한 Robbins & Judge(2011)는 문화란 "특정 조직을 다른 조직과 구분할 수 있도록 하는 구성원들에 의해 공유된 의미 체계이다"라고 정의하였다. 이러한 내용을 종합하여 본서에서는 문화를 조직 구성원들의 신념 및 행동에 영향을 미치는 공유된 생활양식으로 이해하고자 한다.

그림 5-1 문화의 개념

조직문화

조직 구성원들의 신념 및 행동에 영향을 미치는 공유된 생활 양식

조직 관리 및 인사 관리에 있어 문화를 이해하는 것이 중요한 이유는 문화의 개념 정의에서 살펴본 바와 같이 문화가 그 집단을 구성하고 있는 구성원들이 현상을 인식하는 방식에 영향을 미치고 그들의 행동을 규정하기 때문이다. 즉, 어떠한 문화적 속성을 갖고 있는 조직이냐에 따라 어떻게 그 구성원들에게 동기를 부여할 것인지, 효과적인 리더는 어떠한 자질을 갖추고 있어야 하는지, 의사소통 방식, 문제해결 방식 등이 달라질 수 있기 때문이다. 구체적으로 문화는 〈그림 5-2〉에서 보는 바와 같이 근본적 인지틀(Fundamental Framework), 가치(Value), 행동규범(Behavioral Norms), 지속적 행동유형(Pattern of Behavior), 유산과 상징(Artifacts and Symbols) 등의 형태로 존재하게 된다.

Hofstede et al.(1990)과 Rainey(2014)는 문화의 기능을 구성원 정체성(Member Identity), 집단 강조(Group Emphasis), 사람 중심(People Focus), 단위 통합(Unit Integration), 통제(Contol), 위험 회피(Risk Tolerance), 보상 기준(Reward Criteria), 갈등 회피(Conflict Tolerance), 수단-목적 지향(Means-Ends Orientation), 개방 체계 중심

그림 5-2 조직 문화의 구조

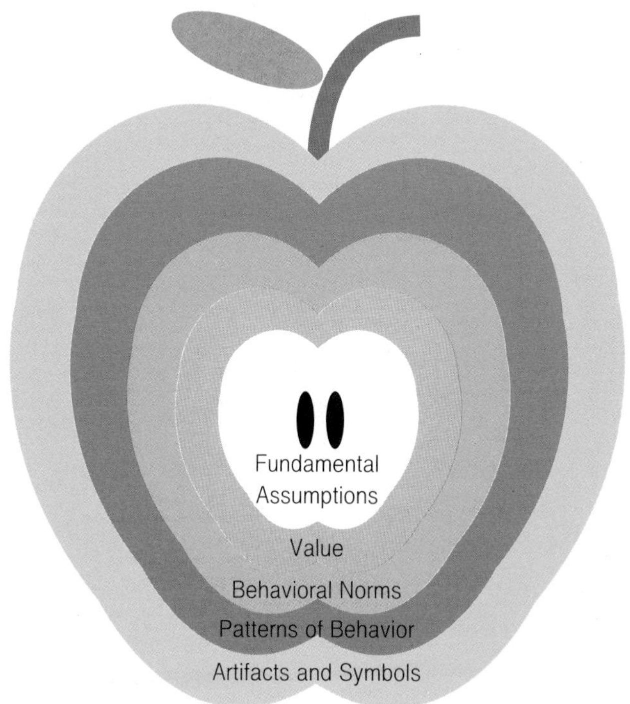

(Open-System Focus) 차원에서 논의하였다(Hofstede et al., 1990; Rainey, 2014). 구성원 정체성 차원은 문화가 조직 구성원들의 정체성을 확립하는데 영향을 미친다는 것이며, 집단 강조 차원은 문화에 따라 작업 단위가 집단을 중심으로 구성되는지, 개인을 중심으로 구성되는지를 결정된다는 것을 의미한다. 사람중심 차원은 문화가 조직 내 각종 결정이 조직 구성원들에게 어느 정도 영향을 미치는가를 고려하는 정도에 영향을 미친다는 것을 의미하며, 단위 통합 차원은 문화가 작업 단위 간에 조정, 상호 의존적 활동 수준을 장려하는 정도에 영향을 미친다는 것을 의미한다. 통제 차원은 문화에 따라 조직 구성원들을 규제하기 위해 규칙과 감독관에 의존하는 정도가 결정된다는 것을 의미하며, 위험회피 차원은 문화가 위험과 혁신을 장려하는 정도에 영향을 미친다는 것을 의미한다. 보상 기준 차원은 문화가 보상에 있어 연공서열이나 정실(Favoritism)보다 성과를 중시하는 정도에 영향을 미친다는 것을 의미하며 갈등 회피 차원은, 문화에 따라 갈등의 공개적 토론이 장려되는 정도가 결정된다는 것을 의미한다. 또한 수단-목적 지향 차원은 문화에 따라 관리에 있어 과정보다 산출 및 성과를 중시하는 정도가 결정된다는 의미이며, 마지막으로 개방성이란 문화에 따라 개방적인 외부 모니터링 체계 구축 정도가 달라진다는 것을 의미한다.

이처럼 조직 내에서 문화는 다양한 부분에 영향을 미치면서 조직 구성원들이 생각하는 방식, 행동하는 방식, 의사결정을 하는 방식 등에 영향을 미치게 된다. 이러한 이유로 문화는 때로 조직 내에서 긍정적 역할을 수행하기도 하고, 부정적 역할을 수

그림 5-3 문화의 기능

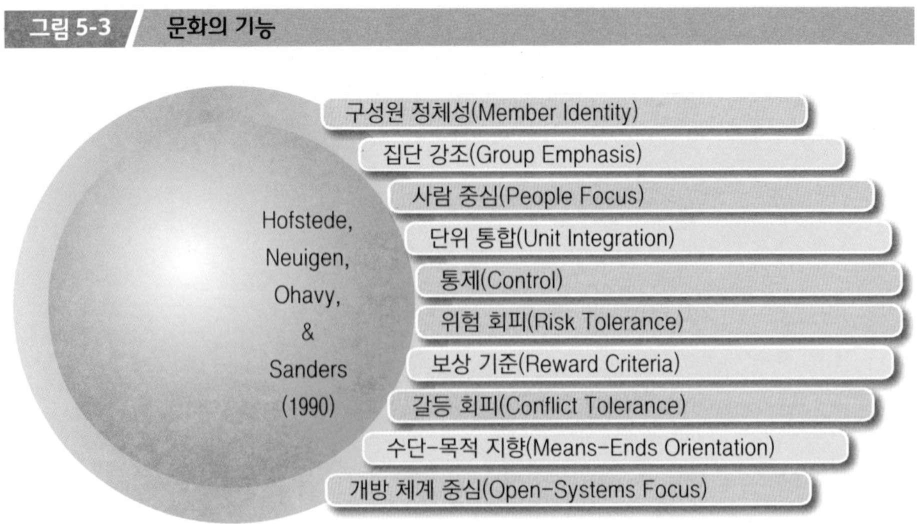

그림 5-4 문화의 역할

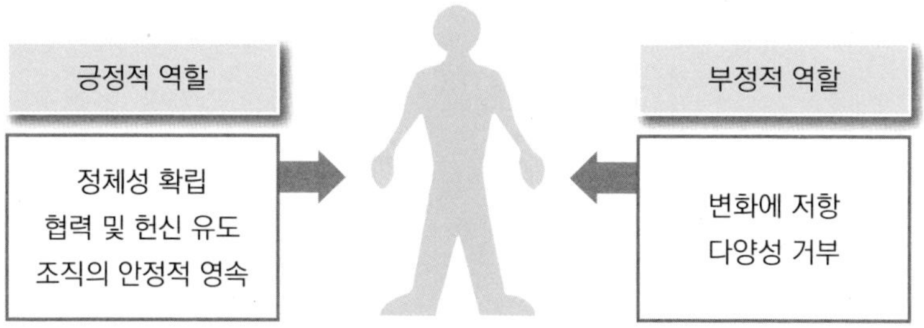

긍정적 역할	부정적 역할
정체성 확립 협력 및 헌신 유도 조직의 안정적 영속	변화에 저항 다양성 거부

행하기도 한다.

- **문화의 긍정적 역할** 문화는 조직 구성원들이 다른 조직과 구분되는 차별화된 정체성을 확립하게 함으로써 이러한 정체성을 기반으로 조직 구성원들 간의 협력을 유지할 수 있게 한다. 뿐만 아니라 문화는 구성원들이 조직의 목표에 맞는 행동을 하고 조직의 가치에 헌신할 수 있도록 유도하며, 이러한 문화적 속성을 기반으로 조직은 안정적으로 영속해 나갈 수 있게 된다.
- **문화의 부정적 역할** 문화는 경우에 따라 부정적 역할을 하기도 하는데, 주요 내용은 변화에 대응하는 것을 어렵게 만들고, 자신들과 다른 특성을 갖고 있는 사람에 대한 거부감, 즉 다양성 수용에 있어 부정적인 태도를 유발하게 한다는 것이다. 또한 현대사회와 같이 빠르게 변화하는 조직 환경을 생각할 때, 문화는 이러한 변화에 빠른 대응을 어렵게 만든다.

2. 문화의 유지 및 개발

조직이 갖고 있는 문화적 속성을 유지하는 방법으로는 선발(Selection), 리더(Leader) 역할, 사회화(Socialization) 측면에서 논의해 볼 수 있다(Robbins & Judge, 2011; Raieny, 2014). 문화를 유지하는 데 있어 선발의 역할은 인사권자가 조직과 잘 맞는, 조직과 유사한 가치관을 갖고 있는 사람을 선발함으로서 문화적 속성을 유지해 나간다는 것이다. 리더의 역할은 최고관리자들의 말, 행동에 의해 문화가 유지되며, 고위관리자들이 규범형성에 영향을 미침으로서 문화를 유지해 나가는 것을 의미한다. 마

그림 5-5 문화의 유지

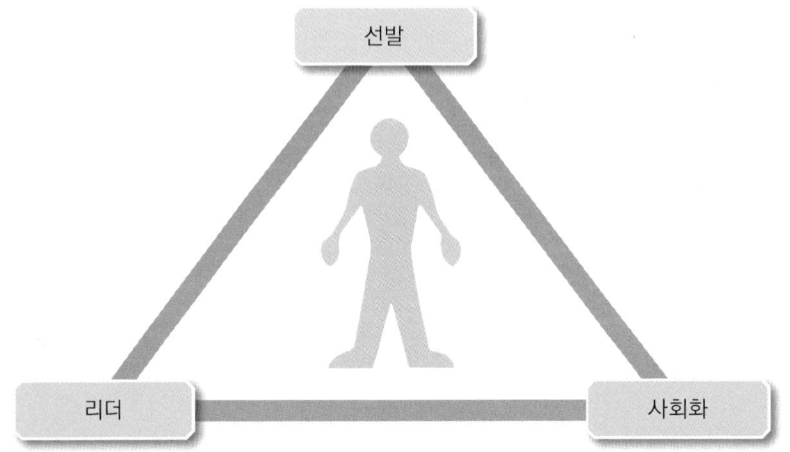

지막으로 사회화의 역할은 선발과정을 통해 조직과 유사한 특성을 갖고 있는 사람이 조직에 유입된다 할지라도 새로운 조직 구성원들이 초기에는 조직과 완전히 잘 들어맞지는 않는 경우가 많은데, 이에 다른 조직 구성원들과의 상호작용, 사회화 과정을 통해 조직에 동화됨으로써 조직의 문화가 지속적으로 유지될 수 있음을 의미한다.

Rainey(2014)는 문화를 어떻게 유지할 수 있는가도 중요하지만, 더 나은 조직 문화를 구축하기 위해 어떠한 노력을 전개해야 할지에 대한 관심을 기울이는 것 역시 중요하다고 강조하였다. 이에 Rainey(2014)는 문화적 발전을 이끌기 위한 9가지 전략을 제시하였다. 우선 리더는 모니터링 및 통제를 명확히 해야 하고, 중요한 사건과 조직적 위기에 적절한 문화적 메시지를 보내는 방식으로 대응해야 할 필요가 있고, 역할 모델링, 코칭을 의도적으로 활용해야 하고, 보상과 처벌을 위한 효과적인 기준을 설정해야 하며, 조직 설계에서 구조와 문화적 메시지를 고려해야 하며, 문화를 전달할 수 있는 물리적 공간을 설계해야 하며, 사건과 사람에 관한 이야기를 활용해야 하며, 조직적 철학에 대한 공식적인 문서를 개발하고, 마지막으로 포괄적인 조직 변화로서 문화적 리더십 접근 방식을 취해야 한다고 제안하였다.

제2절 문화 유형의 이해

1. Hofstede(1980)의 관점

문화 유형을 설명하는 데 있어 자주 활용되는 연구 중 하나가 Hofstede(1980)의 연구이다. Hofstede(1980)는 다국적 기업인 IBM 종업원을 대상으로 연구를 진행한 결과 권력거리(Power Distance), 불확실성 회피(Uncertainty Avoidance), 개인주의 대 집단주의(Individualism vs. Collectivism), 성 역할 지향(Gender Orientation), 장기지향 대 단기지향(Long-Term Orientation vs. Shot-Term Orientation) 등 다섯 가지 기준에 의해 국가별 문화적 차이를 설명할 수 있음을 제시하였다.

- **권력거리(Power Distance)** 국가의 구성원들이 권력의 불평등을 수용하는 정도를 의미한다. 이에 권력거리가 높은 국가에서는 구성원들이 지위와 권력의 불평등을 받아들이고, 높은 권력을 갖고 있는 사람과의 대립을 피한다. 반면 권력거리가 낮은 국가에서는 구성원들이 지위와 권력의 불평등을 받아들이지 않기 때문에, 필요한 경우 리더와의 논쟁을 피하지 않는다.
- **불확실성 회피(Uncertainty Avoidance)** 예측불가능성, 위험, 모호성에 두려움을 느껴 조직 내 규칙과 절차에 의존하는 정도를 의미한다. 이에 불확실성 회피정도가 높은 국가의 구성원들은 변화를 두려워하고 규칙과 규정, 공식화된 절차에 따라 움직여 모호성을 최소화 하고자 한다. 반면 불확실성 회피정도가 낮은 국가의 구성원들은 변화에 적극적으로 대응하며, 규칙과 규정, 공식화된 절차 등 제도에 대한 의존정도가 낮으므로 창의적으로 문제를 해결하려는 자세를 보인다.
- **개인주의 대 집단주의(Individualism vs. Collectivism)** 개인의 이익과 목표를 보다 중요하게 여기는지, 집단의 이익과 목표를 보다 중요하게 여기는지에 관한 것이다. 즉, 개인주의란 개인의 권리, 개인의 이익, 개인이 목표를 우선시 여기는 것을 의미한다. 따라서 개인주의 성향이 강한 조직에서는 개인의 의사결정을 존중하고 개인의 성취를 가치 있는 것으로 여긴다. 반면 집단주의란 개인보

그림 5-6 Hofstede(1980)의 연구

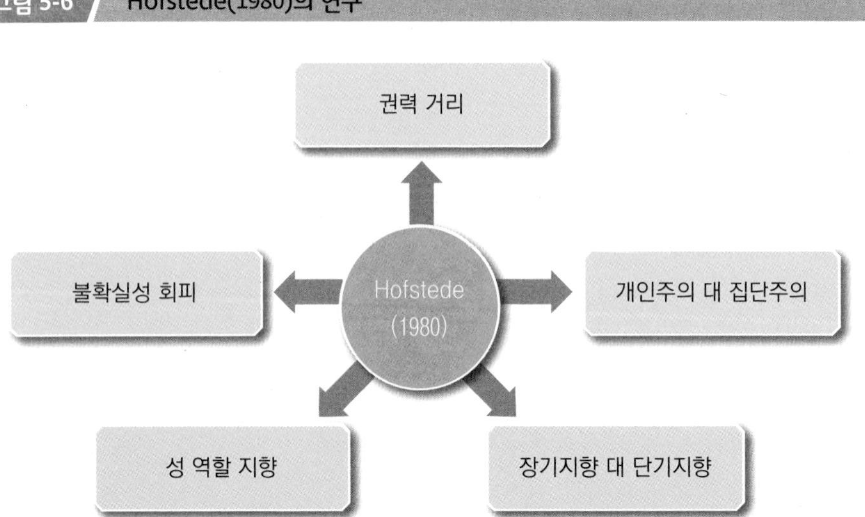

다 구성원 공동의 이익, 즉 집단 이익과 집단의 목표를 우선시 여기는 것을 의미한다. 따라서 집단주의 성향이 강한 조직에서는 개인과 조직의 목표가 상충되는 상황이 발생할 때, 집단의 목표를 위해 개인을 희생하는 것을 가치 있는 것으로 여긴다.

- **성 역할 지향**(Gender Orientation) 남성성(Masculinity)을 강조하는지, 여성성(Famininity)을 강조하는지에 관한 것이다. 남성성을 강조하는 사회에서는 남성과 여성의 역할이 명확하게 구분되어 있으며 성취와 권력 등을 강조한다. 반면 여성성을 강조하는 사회에서는 남성과 여성의 역할이 구분되어 있지 않고, 타인과의 관계, 타인에 대한 배려, 삶의 질과 같은 정서적 가치를 강조한다.
- **장기지향 대 단기지향**(Long–Term Orientation vs. Shot–Term Orientation) 전통적 가치를 중요시 여기는 정도와 미래에 대해 인내하는 정도를 의미한다. 즉, 장기지향 사회에서는 전통적 가치를 중요하게 여기고, 장기적 성과, 미래를 위한 투자를 중요하게 여긴다. 반면 단기지향 사회에서는 전통적 가치를 중요하게 여기지 않고, 빠른 성과와 보상 등을 중요하게 여긴다.

2. GLOBE 연구

글로벌 리더십 및 조직행동 효과성(GLOBE: Global Leadership and Organizational Behavior Effectiveness) 연구는 권력 격차, 불확실성의 회피, 개인주의와 집단주의, 남성주의와 여성주의, 장기 지향과 단기 지향 등 5개 속성을 기준으로 국가의 문화적 차이를 설명했던 Hofstede(1980)의 연구를 확장한 연구이다. Hofstede(1980)가 제시한 문화적 속성에 기초하여 GLOBE 연구는 적극성 지향(Assertiveness Orientation), 미래 지향(Future Orientation), 성 평등(Gender Egalitarianism), 인간 지향(Human Orientation), 집단 내 제도주의(In-Group Collectivism), 제도적 집단주의(Institutional Collectivism), 성과 지향(Performance Orientation), 권력 거리(Power Distance), 불확실성 회피(Uncertainty Avoidance) 등 9개 문화적 속성을 제시하였다.

- **적극성 지향(Assertiveness Orientation)** 구성원들이 얼마만큼 적극적이고 지배적이며 공격적으로 행동하는가에 관한 것이다.
- **미래 지향(Future Orientation)** 장기적 관점에서 계획, 투자가 이루어지고 미래 지향적 행동에 대해 지원을 하는 행위를 의미한다.
- **성 평등(Gender Egalitarianism)** 성별 역할 차이를 최소화 하고 성평등을 촉진

그림 5-7 GLOBE 문화연구의 문화적 속성

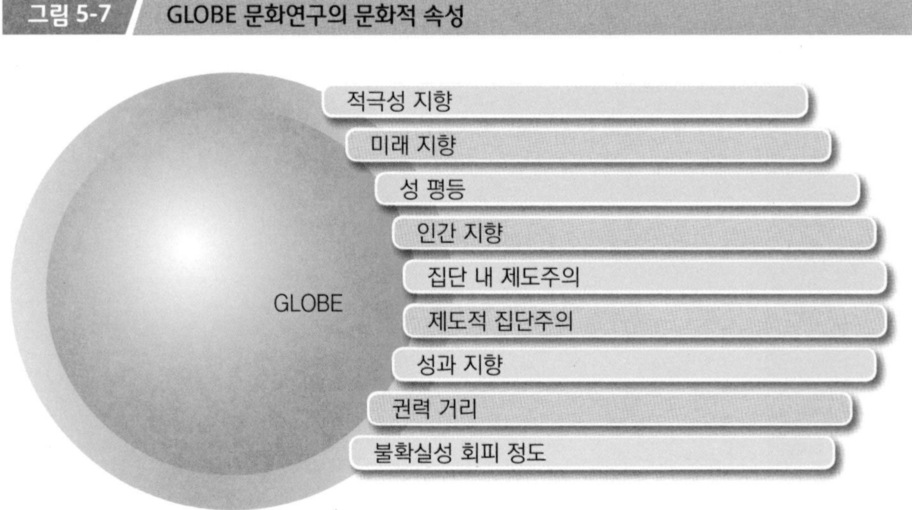

하는 정도를 의미한다.

- **인간 지향**(Human Orientation) 공정성, 이타주의, 자비, 친절 등과 같은 인본주의적 요소를 격려하는 정도를 의미한다.
- **집단 내 제도주의**(In-Group Collectivism) 조직 및 가정 내에서 사람들이 자부심, 충성심, 응집력을 표현하는 정도를 의미한다.
- **제도적 집단주의**(Institutional Collectivism) 조직이나 사회가 제도적 혹은 사회적 집단 행동을 장려하는 정도를 의미한다.
- **성과 지향**(Performance Orientation) 조직과 사회가 성과 향상 및 우수성을 위해 구성원들을 장려하고 보상하는 정도를 의미한다.
- **권력 거리**(Power Distance) 조직의 구성원들이 권력의 불평등을 수용하는 정도를 의미한다.
- **불확실성 회피 정도**(Uncertainty Avoidance) 예측불가능성, 위험, 모호성에 두려움을 느껴 조직 내 규칙과 절차에 의존하는 정도를 의미한다.

표 5-1 GLOBE 측정 지표

적극성 지향	우리 기관의 구성원들은 대체로 자기주장이 확고하다.
	우리 기관의 구성원들은 대체로 냉정하다.
미래지향	우리 기관은 현재보다 미래의 계획에 가치를 둔다.
	우리 기관은 현재의 문제보다 미래의 계획에 더 집중한다.
성평등	우리 기관에서는 높은 수준의 교육 기회를 제공받는 데 있어 남녀의 차이가 있다.
	우리 기관은 고위직 임명에 있어 남녀의 차이가 있다.
인간 지향	우리 기관의 구성원들은 대체로 타인을 염려해준다.
	우리 기관의 구성원들은 대체로 타인을 세심하게 대한다.
집단 내 제도주의	우리 기관의 구성원들은 리더의 성공을 자랑스러워 한다.
	우리 기관의 리더들은 구성원들의 성공을 자랑스러워 한다.
제도적 집단주의	우리 기관의 리더들은 구성원들의 개인적 목표가 희생되더라도 대의를 따르도록 권한다.
	우리 기관은 개인의 이익보다 기관의 이익이 우선시된다.

성과 지향	우리 기관은 구성원들이 지속적으로 성과를 향상시킬 수 있도록 장려한다.
	우리 기관의 구성원들은 훌륭한 성과에 대해서 보상을 받는다.
권력 거리	우리 기관에서는 구성원들이 리더를 묵묵히 따르는 편이다.
	우리 기관의 권력은 상위계층에 집중되어 있다.
불확실성 회피	우리 기관은 변화보다는 안정성이 강조되고 있다.
	우리 기관은 기대되는 행동양식을 자세하게 규정하고 있기 때문에 구성원들은 무엇을 해야 하는지 잘 알고 있다.

자료: 성균관대학교 GRN (2015).

GLOBE 연구는 이러한 문화적 속성을 바탕으로 62개 국가를 언어, 지리, 종교, 역사적 측면의 유사성을 기준으로 유교적 아시아, 남아시아, 라틴 아메리카, 북유럽, 앵글로, 게르만 유럽, 라틴 유럽, 사하라 아프리카, 중동 지역 등으로 클러스터화 하였으며 각 기준별로 이들의 문화적 속성을 규명하였다(House et al., 2004).

표 5-2 GLOBE 문화연구의 국가별 문화적 속성

CULTURAL DIMENSION	HIGH-SCORE CLUSTERS	LOW-SCORE CLUSTERS
Assertiveness Orientation	Eastern Europe Germanic Europe	Nordic Europe
Future Orientation	Germanic Europe Nordic Europe	Eastern Europe Latin America Middle East
Gender Egalitarianism	Eastern Europe Nordic Europe	Middle East
Humane Orientation	Southern Asia Sub-Saharan Africa	Germanic Europe Latin Europe
In-Group Collectivism	Confucian Asia Eastern Europe Latin America Middle East Southern Asia	Anglo Germanic Europe Nordic Europe
Institutional Collectivism	Nordic Europe Confucian Asia	Germanic Europe Latin America Latin Europe

Performance Orientation	Anglo Confucian Asia Germanic Europe	Eastern Europe Latin America
Power Distance	No clusters	Nordic Europe
Uncertainty Avoidance	Germanic Europe Nordic Europe	Eastern Europe Latin America Middle East

자료: Adapted from House, R. J., Hanges, P. J., Javidan, M., Dorfman, P. W., & Gupta, V. (Eds.), *Culture, Leadership, and Organizations: The GLOBE Study of 62 Societies*, copyright © 2004, Sage Publications, Inc. Reprinted with permission.

3. Deal & Kennedy(1982)의 문화 연구

Deal & Kennedy(1982)은 조직이 인지하고 있는 위험수준과 조직 내 행동에 대한 피드백 속도 등 2가지 차원을 기준으로 조직 문화를 4개 유형으로 구분할 수 있다고 설명하였다. 이러한 2가지 차원에 따라 조직 문화는 열심히 일하고, 열심히 노는(Work-Hard and Play-Hard) 문화, 과정(Process) 문화, 거친 남성(Tough-Guy) 문화, 사운을 거는(Bet-Your Company) 문화로 구분하였다. 각 문화별 특성을 설명하면 다음과 같다.

- **열심히 일하고, 열심히 노는(Work-Hard and Play-Hard) 문화** 위험 인지 수준은 낮고, 구성원들의 행동에 대한 피드백 속도가 빠른 조직의 문화이다. 이러한 조직에서는 조직 구성원들이 자신의 행동에 대한 결과를 빨리 알 수 있기 때문에 조직 구성원들은 불확실성보다는 업무의 양에서 스트레스를 느끼는 경우가 많다. 이에 빠른 행동과 높은 수준의 에너지를 요하며, 특히 이 경우 팀워크를 중시하기 때문에 조직 내에 의식과 의례가 활성화 되어 있다.
- **과정(Process) 문화** 인지된 위험 수준이 낮고, 구성원들의 행동에 대한 피드백 속도가 느린 조직의 문화이다. 이러한 조직에서는 결과보다는 과정 측면의 우수성에 더 높은 가치를 부여한다. 일반적으로 조직 구성원들의 스트레스 수준은 매우 낮지만, 내부적인 정치적 문제 및 어리석은 시스템상의 문제에 의해 스트레스를 느끼는 경우가 있다.

그림 5-8 Deal & Kennedy(1982)의 문화 연구

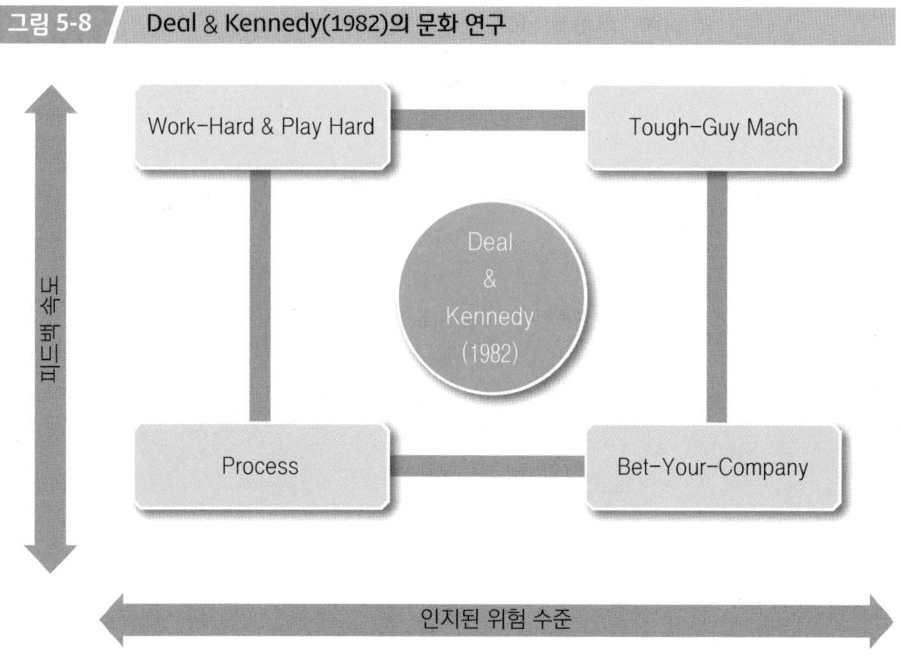

- **거친 남성(Tough-Guy) 문화** 인지된 위험 수준이 높고, 구성원들의 행동에 대한 피드백 속도가 빠른 조직의 문화이다. 이러한 조직에서는 팀워크보다는 개별적인 경쟁을 강조하고, 구성원들은 높은 위험 부담, 보상수준의 변동에 대해 스트레스를 느끼게 된다.
- **사운을 거는(Bet-Your Company) 문화** 인지된 위험 수준이 높고, 행동에 대한 피드백 속도가 느린 조직의 문화이다. 이러한 조직에서는 구성원들이 높은 위험 수준 및 낮은 예측 가능성에 큰 스트레스를 느끼며, 보다 올바른 의사결정을 하기 위해 장기적인 시각에서 준비하고, 계획을 세우는 것을 중시한다.

4. Cameron & Quinn(2007)의 문화 연구

Cameron & Quinn(2007)은 각 조직에서 중시하는 가치 차원을 기준으로 조직 문화를 구분하였다. 조직의 문화 유형을 구분하는데 기준이 된 가치는 가로축은 내부(통합), 외부(경쟁) 중 무엇을 더 중요시 여기는지에 의해 구분되었고, 세로축은 변화 및 유연성과 질서 및 안전성 중 무엇을 더 중요시 여기는지에 의해 구분되었다. 이

그림 5-9 Cameron & Quin(2007)의 문화 연구

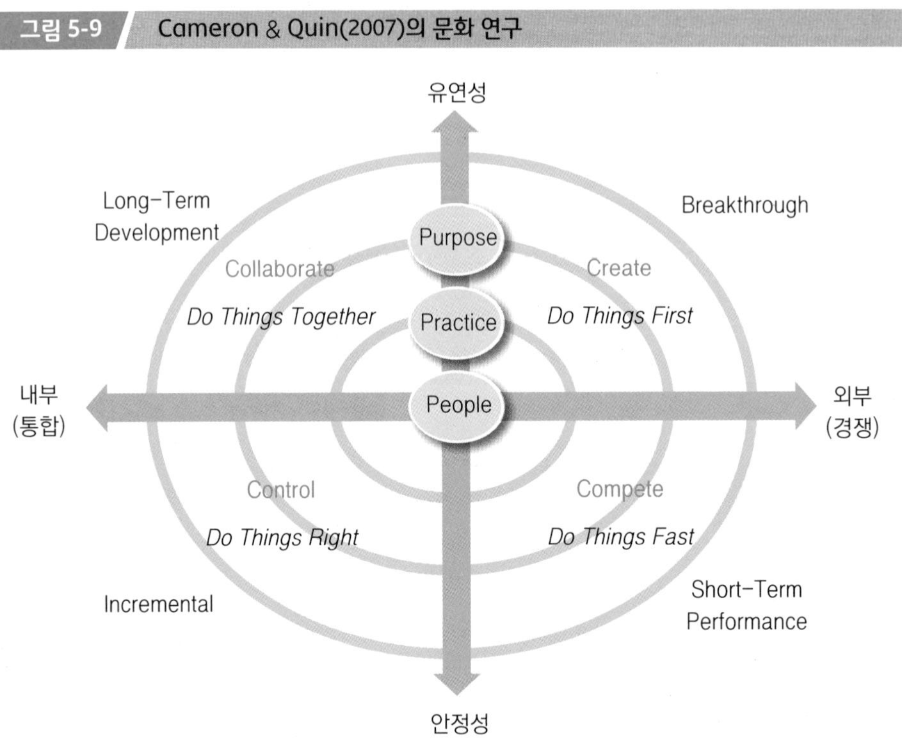

처럼 가치 차원을 설정하는 데 있어서, 상충되는 가치, 즉 양립 불가능한 경쟁 관계에 놓은 가치를 연속선상에 배열하였기 때문에 이를 '경쟁가치모형(Competing Value Mode)'이라고 부른다. 이러한 가치 차원에 따라 조직 문화를 통제(Control) 문화, 협력(Collaborate) 문화, 경쟁(Compete) 문화, 창조(Create) 문화로 구분하였다.

- **통제(Control) 문화** 외부(경쟁)보다는 내부(통합)를 중시하고 변화 및 유연성보다는 질서 및 안정성을 중요시 여기는 조직 문화이다. 이러한 조직은 조직 구성원들이 옳은 일을 하는 것에 높은 가치를 부여한다. 이에 규칙과 규정의 준수를 중요시 여기는 등 관리상의 일관성을 유지하여 점진적인 개선이 이루어질 수 있도록 많은 노력을 기울인다. 따라서 지시적이고 통제적인 리더십 스타일이 통제 문화에 가장 적합한 리더십 유형이라 할 수 있다.
- **협력(Collaborate) 문화** 외부(경쟁)보다는 내부(통합)를 중시하고 질서 및 안전성보다는 변화 및 유연성을 중요시 여기는 조직 문화이다. 이러한 조직은 조직

구성원들이 함께 일하는 것에 높은 가치를 부여한다. 이에 조직 구성원 간 신뢰를 구축하고 응집력을 높여 장기적인 발전을 이루어 낼 수 있도록 많은 노력을 기울인다. 따라서 정서적 가치를 중시하는 관계중시형 리더십이 협력 문화에 가장 적합한 리더십 유형이라 할 수 있다.

- **경쟁(Compete) 문화** 내부(통합)보다는 외부(경쟁)를 중시하고 변화 및 유연성보다는 질서 및 안정성을 중요시 여기는 조직 문화이다. 이러한 조직은 조직 구성원들이 빠르게 움직이는 것에 높은 가치를 부여한다. 이에 경쟁과 공격적인 방식으로 단기적인 성과를 향상시킬 수 있도록 많은 노력을 기울인다. 따라서 과업지향형 리더십 스타일이 경쟁 문화에 가장 적합한 리더십 유형이라 할 수 있다.
- **창조(Create) 문화** 내부(통합)보다는 외부(경쟁)를 중시하고 질서 및 안정성보다 변화 및 유연성을 중요시 여기는 조직 문화이다. 이러한 조직은 조직 구성원들이 개척자로서의 역할을 하는 것에 높은 가치를 부여한다. 이에 혁신적이고 창의적인 방식으로 과업을 수행하여 새로운 돌파구를 찾을 수 있도록 많은 노력을 기울인다. 따라서 조직 구성원들에게 영감을 부여하고 창조적 혁신을 강조하는 리더십 스타일이 창조 문화에 가장 적합한 리더십 유형이라 할 수 있다.

고객 · 현장 중심으로 경영혁신, 조직문화 유연화…변화 선도

강현우 기자

사회적 역할도 완수
존경받는 기업으로 도약

허창수 GS 회장은 올해 GS신년모임에서 "10년간의 성과를 이어 고객이 원하는 가치를 창조하기 위한 새로운 도약을 준비해야 한다"고 당부했다. 이를 위해 △고객 · 현장 중심의 경쟁력 강화 △유연한 조직 문화 △기업의 사회적 역할 완수 등을 제시했다.

허 회장은 "올해는 GS가 새로운 기업이미지(CI)와 경영 이념을 발표한 지 10주년을 맞는 해"라며 "그동안 자산과 매출은 세 배 이상 커졌고 특히 해외 매출은 다섯 배 늘어 비중이 60%에 이르게 됐다"고 말했다.

허 회장이 가장 먼저 강조한 것은 고객 중심의 경영이다. 그는 "세계 경제의 저성장 추세가 장기화되고 있지만 어려울 때 성장하는 기업이야말로 진정한 경쟁력을 갖춘 것"이라며 "경쟁력의 원천은 고객과 현장에 있다"고 강조했다. 또 "고객과 현장을 떠나선 현실적인 사업 계획이 나올 수 없고 구체적인 실행 전략도 발휘할 수 없다"며 "고객과 현장을 중심으로 '제로 베이스'에서 경영 과정을 재검토해야 한다"고 당부했다.

유연한 조직 문화와 관련해선 "변화를 주도하기 위해선 낡은 사고와 행동 패턴을 창조적으로 파괴해야 하며 다양한 의견을 경청하고 여러 관계자와 소통해야 한다"고 진단했다. 허 회장은 "지금까지의 전략이나 관행에 대한 건설적인 비판을 장려하고 새로운 아이디어나 혁신적인 경영방식을 수용하는 분위기를 만들어야 한다"며 "실패를 용인해야 과감한 도전이 가능하며 작더라도 의미 있는 성공을 이루어 낼 수 있다"고 분석했다.

허 회장은 기업의 사회적 역할도 중요한 목표로 제시했다. 그는 "GS는 언제나 책임감을 갖고 정도를 걸어가 존경받는 기업을 만들기 위해 노력해 왔다"며 "임직원 각자의 손으로 자랑스러운 기업이 되자는 자긍심을 갖자"고 부탁했다.

GS칼텍스는 저유가 국면이 지속되는 어려운 상황을 극복하기 위해 고도화시설 등을 충분히 활용해 수익성을 높이고 재무 건전성을 회복할 계획이다. 석유화학 분야는 사업 포트폴리오 다양화를, 윤활유 사업은 수익성을 고려한 설비 투자를 적극 추진할 예정이다.

GS홈쇼핑은 올해에도 모바일 중심의 혁신과 해외 사업 역량 강화를 이어간다는 방침이다. 모바일과 기존 채널과의 시너지 강화, 모바일 전용 물류센터 개설, 독자 상품 개발 등을 통해 모바일 쇼핑 강자로 확고하게 자리매김한다는 전략이다. 연초 개국 예정인 말레이시아 합작 홈쇼핑 '고샵(GO SHOP)'을 빠른 시일 내에 연착륙시키고 이미 진출해 있는 중국 · 인도 · 태국 · 베트남 · 인도네시아 · 터키 등 합작 홈쇼핑에는 더욱 다양한 중소기업 상품을 수출한다는 계획이다.

GS건설은 '강한 실행 기반의 경쟁력 구축'을 위해 건축 · 주택 사업을 각 기능별로 통합해 운영하며 시너지 효과를 높인다는 전략이다. 국내 공공부문 수주시장 축소에 따라 국내 공공영업 인력을 사업 수행 인력으로 전환해 활용하기로 했다.

출처: 한국경제(2015.01.20)

한국원자력환경공단, 방폐물 사업 효율 위해 조직문화 쇄신

장경국 기자

한국원자력환경공단(이사장 이종인)은 안전한 방폐장 운영과 방폐물 사업에 대한 신뢰회복을 위해 조직, 인사, 보수 등 경영전반에 대한 강도 높은 혁신을 추진한다고 20일 밝혔다.

공단에 따르면 이는 1986년 방폐장 부지 선정이 시작된 이후 이 과정에서 쌓인 국민의 안전에 대한 우려를 불식시키고, 방폐물 사업의 효율적인 추진을 위해 추진한다고 설명했다.

앞서 공단은 경주 방폐장이 본격 운영되는 2015년이 기관 운영의 혁신적 변화를 추진할 적기로 보고 2014년 9월부터 산업연구원(KIET)에 의뢰해 경영현황 전반에 대한 진단을 추진했으며 치열한 내부 토론, 노사협의 등을 거쳐 12월말 각 부문별 개선과제가 담긴 경영혁신안을 최종 도출했다.

이에 따라 공단은 2일 경주시 양북면 방폐장 현장에서 전 직원이 참석한 가운데 '방폐장 안전운영 결의대회 및 2015년도 시무식'을 열고 올 한해 공단의 핵심가치인 안전, 신뢰, 기술역량 확보를 달성하기 위해 경영시스템 개선, 방폐물관리 전문역량 강화, 조직문화 혁신을 추진해 나가기로 했다.

먼저 공단은 일사불란한 업무 추진과 통솔이 가능하도록 조직을 슬림화하면서 사업별 기획기능과 부서 간 조정기능을 강화했다.

그동안의 건설 중심에서 벗어나 '방폐물 관리와 방사선 안전관리'에 적합한 조직 구조를 만들기 위해 안전운영본부와 미래사업 본부를 안전사업본부로 통합하고 처분시설 운영과 방사선 안전관리로 무게중심을 옮기도록 했다.

특히 2개 본부에는 사업 전략을 총괄하는 정책 조정부서를 신설, 그동안 공단의 취약점으로 지적돼 온 부서간 업무 조정 및 정책 기능을 강화했으며 실장 직위를 대폭 줄이고 팀(Team)제를 정식 직제로 도입하는 등 조직 개편에 따라 본부는 3개에서 2개로, 실장 직위는 29개에서 14개로 슬림화 했다.

아울러 성과중심의 인사관리를 통한 무사안일의 분위기 쇄신을 위해 리더십 역량이 부족한 간부 직원의 무보직 전환을 실시하고 부서장 상시 인사제도를 시행해 활기차고 열린 조직문화를 구현하는 등 일부 부서장에는 개방형 직위제를 도입, 외부 전문가를 채용키로 했다.

또한 일하는 조직문화 정착을 위해 평가와 보수가 실질적으로 연계되도록 성과연봉제 비중을 점진적으로 확대하고 예산심의위원회를 신설해 사업예산에 대한 종합적이고 체계적인 관리를 해 나갈 계획이다.

이종인 이사장은 "공단 경영혁신의 핵심은 안전과 신뢰이며 국민들께서 방폐물 관리

사업에 대해 안심하고 믿을 수 있도록 사람과 조직문화, 제도 모두를 바꿔 나갈 것"이며 "유능한 인재를 적재적소에 배치해 인적자본과 경험이 축적되는 시스템을 정착시켜 올해를 안전한 방폐장 운영의 초석(礎石)을 다지는 한 해로 만들어 가겠다"고 밝혔다.

출처: 아시아투데이(2015.01.02)

Step 1 Wrap-Up Exercise

민간조직인 GS그룹과 공공조직인 한국원자력환경공단의 사례를 참고하여 조직 문화 측면에서 민간조직과 공공조직에서 강조되는 가치가 무엇인지에 대해 생각해보자. 더불어 Deal & Kennedy(1982)의 문화 연구에 기초하여 우리나라 공공조직과 민간조직의 조직 문화 유형을 평가해 보자. 또한 조직 관리 및 인사 관리의 시각에서 이러한 문화 유형의 장 · 단점에 대해 논의해 보자.

성과평가제도 수용성의 선행 및 결과요인에 관한 연구 : 한국 NGO를 중심으로

이타주의적 동기와 자발적 결사를 특징으로 하는 NGO가 국가정책결정과정에 참여하면서 '과연 NGO가 주요 국가정책 결정자로서의 사회적, 제도적 효율성, 신뢰성, 책임성 등을 실현할 수 있는가'에 대한 질문에 다양한 측면에서 정당성 문제가 제기되고 있다. 조직 내부의 공공관리론적 측면에서 보면, NGO는 조직에 직면한 책임성과 신뢰를 제고하기 위해서 조직 내부에 효과적인 성과평가제도 도입 및 운영이 절실히 필요하다. 선진국 및 국제시민사회의 NGO는 자신들의 사회적 책임성을 제고하기 위해 일반적으로 자기규제(Self-regulation) 메커니즘 등의 방안을 활용한다. 이에 본 연구는 NGO 조직 내부의 자기규제 메커니즘으로 작용할 수 있는 기제를 성과평가제도로 인식하고 이에 대한 연구를 진행하고자 한다. 따라서 본 연구에서는 우선, 어떠한 조직 변수들이 조직구성원들의 3가지 차원의 수용성(관리, 결과, 지표)에 유의미한 영향을 주고 있는지 규명하고자 한다. 다음으로 3가지 차원의 수용성과 조직특성이 어떠한 양식으로 사회가 요구하는 책임성 및 신뢰에 영향을 주고 있는가에 대한 문제를 규명하는 것이 본 연구의 목적이다.

그림 5-10 연구 모형

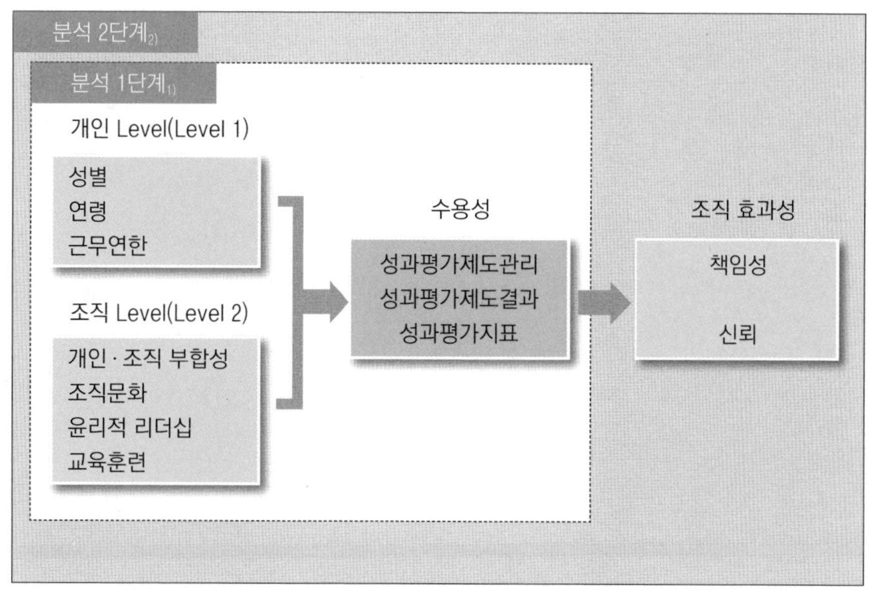

본 연구의 분석결과를 요약하면 다음과 같다. 첫째, 개인이 조직에 몰입하거나 개인과 조직의 가치 및 미션을 일치시킴으로서 성과평가제도 수용성이 높아짐을 확인할 수 있었다. 둘째, 본 연구에서 제시되고 있는 개인 및 조직특성과 책임성 간의 관계에 있어서, 연령, 성과평가지표 수용성, 위계문화, 윤리적 리더십, 교육훈련 타당성이 책임성과 정(+)의 영향관계를 가지는 것으로 나타났다. 셋째, 본 연구에서 제시되고 있는 개인 및 조직특성과 신뢰 간의 관계에 있어서, 연령, 성과평가제도결과 및 지표 수용성, 개인-조직 부합성, 경쟁적 합리문화, 윤리적 리더십, 교육훈련 타당성 및 전이성이 신뢰와 정(+)의 영향관계를 가지는 것으로 나타났다. 마지막으로, NGO에서는 집단문화가 형성될 시 강조되는 수직적 문화보다 수평적 조직문화 형성이 신뢰도를 높일 수 있는 방안임을 확인할 수 있었다.

자료: 김민영 · 박성민(2013)

Step 2 Wrap-Up Exercise

김민영 · 박성민(2013)의 연구는 한국 NGO 조직의 위계적이고 합리적인 문화적 속성이 조직 효과성에 미치는 영향력에 대해 분석하였다. 김민영 · 박성민(2013)의 연구를 참고하여 우리나라 공공조직과 민간조직이 보다 효율적인 조직으로 성장하기 위해 지향해야 할 조직 문화 유형은 무엇인지에 대해 고민해 보고, 이러한 문화로 변화하기 위해 필요한 조직 관리 및 인사 관리 전략에 대해 논의해 보자.

김민영 · 박성민. (2013). 성과평가제도 수용성의 선행 및 결과요인에 관한 연구: 한국 NGO를 중심으로. *정책분석평가학회보*, 23(4), 87-125.

성균관대학교 GRN. (2014). 공공부문에서의 Organizational Entrepreneurship의 한 · 중 비교연구 〈설문지〉.

Cameron, K. S., Quinn. R. E., J. Degraff., & Thakor, A. V. (2007). *Competing values leadership: Creating value in organizations*. Edward Elgar Publishing.

Deal, T. E., & Kennedy, A. A. (1982). *Corporate cultures: The rites and rituals of organizational life*. Addison-Wesley.

Hofstede, G. (1980). *Culture's consequences*. Sage.

Hofstede, G., Neuijen, B., Ohayv, D. D., & Sander, G. (1990). Measuring organizational cultures: A qualitative and quantitative study across twenty cases. *Administrative Science Quarterly*, 35, 286-316.

House, R. J., Hanges, P. J., Javidan, M., Dorfman, P. W., & Gupta, V. (Eds.). (2004). Culture, leadership and organizations: The Globe study of 62 societies. Sage.

Rainey, H. G. (2014). *Understanding and managing public organizations* (5th ed.). Jossey-Bass.

Robbins, S. P., & Judge, T. A. (2011). *Organizational behavior* (4th ed.). Pearson.

Schein, E. H. (1992). *Organizational culture and leadership* (2nd ed.). Jossey-Bass.

Slocum, J. W., & Hellriegel, D. (2011). *Principles of organizational behavior* (13th ed.). South-Western Cengage Learning.

인터넷 교보문고(http://www.kyobobook.co.kr/)

네이버 영화소개(http://movie.naver.com/)

한국경제(2015.01.20)

아시아투데이(2015.01.02)

Chapter 6

스트레스

Framework

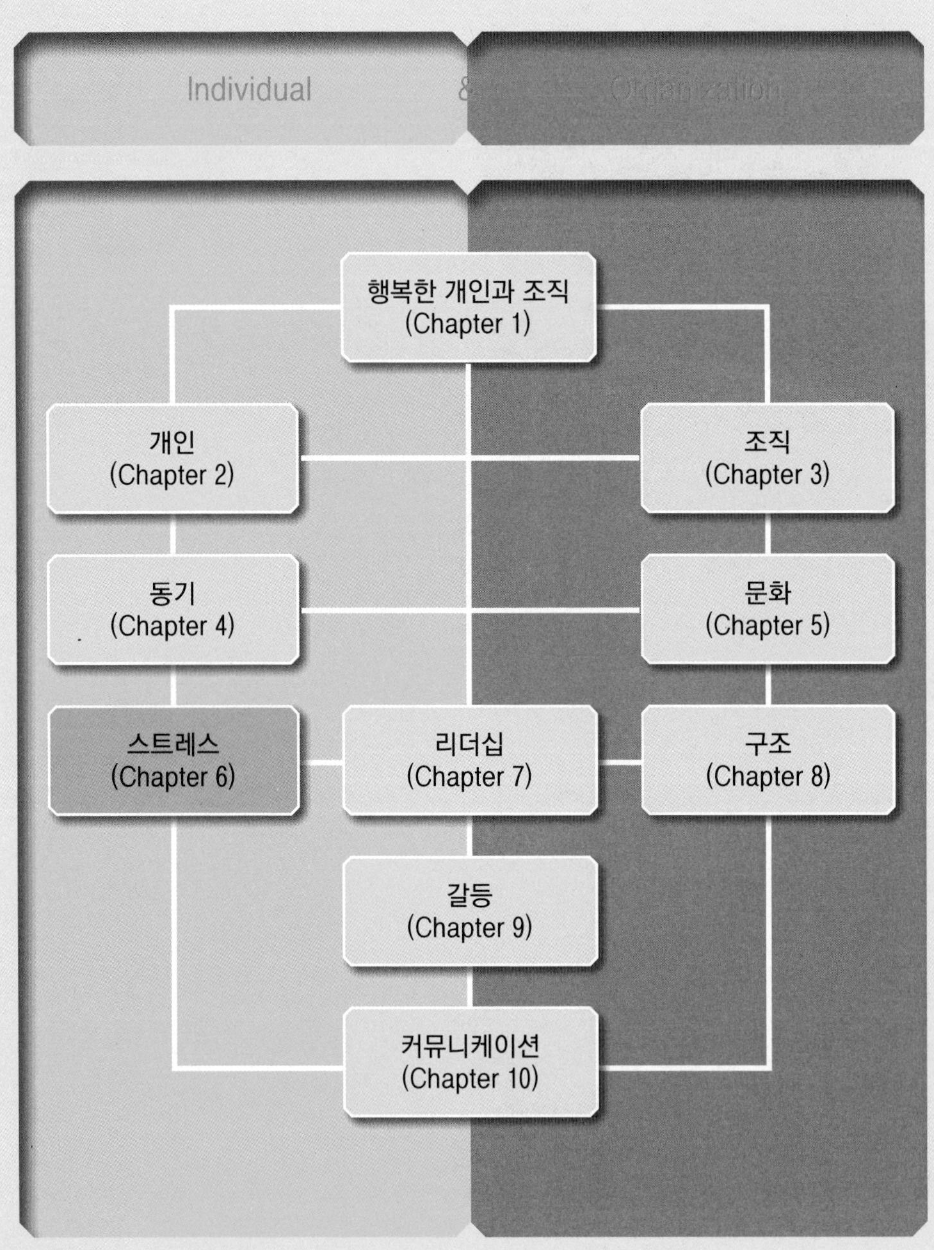
Individual
&
Organization
행복한 개인과 조직
(Chapter 1)
개인
(Chapter 2)
조직
(Chapter 3)
동기
(Chapter 4)
문화
(Chapter 5)
스트레스
(Chapter 6)
리더십
(Chapter 7)
구조
(Chapter 8)
갈등
(Chapter 9)
커뮤니케이션
(Chapter 10)

Keywords

- 스트레스(Stress)
- 유스트레스(Eustress)
- 디스트레스(Distress)
- 스트레스원(Stressors)
- 행복 역량(Happiness Capacity)
- 사회 자본(Social Capital)
- 심리 자본(Psychological Capital)
- 자기효능감
- 희망
- 낙관주의
- 회복탄력성

당신의 직장은 행복한가?

안병기

일과 삶과 꿈이 어우러지는 행복한 직장을 그려내다!

일, 삶, 꿈이 어우러지는 행복한 일터의 밑그림 『당신의 직장은 행복한가』. 현재 현대자동차그룹 기술연구소에서 수소연료전지 자동차 개발팀을 이끌고 있으며, 행복한 직장 연구가로서 활동 중인 저자 안병기가 미국과 한국에서의 오랜 직장생활 경험을 바탕으로 행복한 일터의 모습을 생생하게 그려냈다.

저자는 양국의 직장문화를 엔지니어의 날카로운 시각으로 파헤쳐 한국기업과 미국기업의 직장 생활 비교, 미국에서 직장을 구하는 방법, 성공의 필수 조건 등을 제시한다. 미국과 한국의 직장문화를 객관적이면서도 상세하게 분석함으로써 미국에서 직장을 찾는 사람들 뿐 아니라 국내에 진출한 외국기업에서 일하기 원하는 많은 이들에게도 좋은 정보를 제공한다.

출처: 인터넷 교보문고(http://www.kyobobook.com)

Step 1 Warm-Up Exercise

스트레스 없는 행복한 직장을 구현하기 위한 방안에 대해 논의한 "당신의 직장은 행복한가?"를 읽고 조직 관리 및 인사 관리의 시각에서 조직 구성원의 스트레스 최소화를 위한 스트레스 관리 10계명을 작성해보자.

악마는 프라다를 입는다

달콤한 지옥에서 살아남는 법

명문대학을 졸업한 소도시 출신의 앤드리아 삭스는 저널리스트 꿈을 안고 뉴욕에 상경한다. 나름 대학에서 편집장도 하고 상도 받았던 그녀는 자신감에 차 뉴욕의 여러 언론사에 이력서를 넣지만 결과는 처참했다. 결국 그의 이력서에 답한 곳은 오직 한 곳 런웨이 뿐이다. 런웨이는 세계 최고의 패션지로 누구나 입사하기를 열망하는 곳이지만 앤드리아에게는 탐탁치 않는 자리. 그도 그럴 것이 저널리스트를 꿈꾸는 그녀가 면접을 볼 자리는 편집장의 비서직이었던 것이다. 앤드리아는 패션의 '패'자도 모르고 런웨이가 어떤 잡지인지, 그곳의 편집장이 얼마나 패션계에서 유명한 사람인지 전혀 모르지만 뉴욕에서 꼭 성공하겠다는 열정 하나로 당당하게 면접을 보러 간다. 그런데…!!!

면접 날부터 앤드리아는 온갖 무시를 당한다. 그녀의 옷차림새는 런웨이의 패셔너블한 패셔니스타들 사이에서 독보적으로 눈에 띌 만큼 촌스러웠다. 그리고 그녀가 모셔야(!) 할 편집장 미란다 프리슬리는 그야말로 지옥에서 온 악마 같은 상사! 자신과 너무나 틀린 이곳에 입사하는 것을 포기한 앤드리아. 그런데 그때 그녀는 합격했다는 말을 듣는다. 앤드리아는 온통 첫 직장생활의 꿈에 부풀어 남자친구 네이트와 친구들에게 일장 자랑을 늘어놓는다. 하지만 지옥 같은 현실이 곧 그녀 앞에 놓여있었으니… 출근 첫날부터 긴급비상사태로 새벽부터 불려가더니 매일이 새벽을 넘기는 야근의 연속! 여기에 24시간 울려대는 핸드폰과 매일 강도가 더해져 가는 미란다의 불가능한 지시는 앤드리아를 조여오기 시작한다. 그뿐인가? 다른 런웨이 직원들처럼 패션업계 사람답게 패션과 다이어트에도 온통 신경을 써야 한다. 66사이즈가 44사이즈가 되기란 하늘의 별따기만큼 어려운 일. 하지만 앤드리아는 본래의 꿈인 뉴요커지의 저널리스트가 되기 위해 런웨이에서 1년을 버티기로 결심한다.

상상할 수도 없는 상사의 요구와 여자들의 끊임없는 암투에도 불구하고 패션계에서 살아남는 법을 터득하기 시작한 앤드리아는 점차 미란다의 마음을 사는데 성공하고 촌스럽고 뚱뚱한 모습에서 세련된 패션스타일로 무장한 매력적인 커리어우먼으로 변신한다. 하지만 워커홀릭과 화려한 패션계에 빠져 예전의 모습을 찾을 수 없는 앤드리아가 어색해진 남자친구 네이트는 급기야 이별을 통고하고 그녀가 평소 존경해오던 작가인 크리스찬은 은근슬쩍 그녀를 유혹하기 시작하는데… 과연 앤드리아는 자신의 꿈을 이루고 일과 사랑 모두를 잡아낼 수 있을까?

출처: 네이버 영화(http://movie.naver.com/)

Step 2 Warm-Up Exercise

영화 '악마는 프라다를 입는다(The Devil Wears Prada)'를 보고 영화 속 주인공 앤드리아가 겪는 스트레스 유형에 대해 생각해 보자, 그리고 앤드리아의 따뜻한 멘토가 되어 이러한 스트레스를 최소화 하기 위해 어떠한 도움을 줄 수 있을지에 대해 고민해 보자.

Chapter 6 스트레스	스트레스와 업무능력	http://www.youtube.com/watch?v=2wL5mwOocXQ
	Work-related Stress	http://www.youtube.com/watch?v=ElE3_4M2vs0
	Stress At Work	http://www.youtube.com/watch?v=JyUYK0cRHVs

Self-Interview Project

● 영상을 시청하고, 스스로 조직의 CEO가 되어 아래 질문에 대한 인터뷰를 진행해 보세요.

Interviewer:

CEO님께서 느끼시기에 현재 CEO님께서 속한 조직의 구성원들이 직장생활을 하면서 가장 힘들어하는 부분이 무엇이라고 생각하시나요?

Interviewee:

Interviewer:

조직 구성원들의 스트레스가 제대로 해소되지 못할 때, 조직에서 발생할 수 있는 문제점으로는 무엇이 있나요? 혹시 스트레스가 조직 내에서 긍정적인 기능을 하는 경우도 있나요?

Interviewee:

제1절 스트레스의 이해

1. 스트레스의 개념

우리가 살고 있는 사회의 병리현상이나 면역력 저하 및 우울증 증가 등 개인의 신체적 · 정서적 병리현상을 설명하는 데 있어 늘 언급되는 단어가 있다. 바로 스트레스(Stress)라는 개념인데, 이처럼 우리나라에서 스트레스는 모두에게 너무나 친숙한 일상어가 되어버렸다. 스트레스(Stress)는 라틴어 “Stricture”와 “Stringere”에서 유래하였는데, 이는 각각 “팽팽하다”, “좁다”라는 의미를 내포하고 있다. 초기에 스트레스의 개념은 물리학에서 주로 다루어졌는데, 이러한 스트레스의 개념을 인간에게 적용하고, 개념의 체계화를 시도했던 의학자 Selye(1956)가 스트레스를 “외부의 자극으로부터 자신의 신체를 보호하기 위한 비특이적 반응이다”라고 정의하면서 스트레스 개념이 보다 널리 활용되었다. Seward(1999)는 논의의 범위를 축소하여 스트레스를 “자신의 역량 이상으로 자신에게 무언가가 요구될 때 느끼게 되는 흥분, 불안, 긴장과 같은 심리적 불안 상태를 의미한다.”라고 정의하면서 심리적 특성에 초점을 두었다. 이러한 논의를 종합하여 본서에서는 스트레스를 개인이 외부 자극에 대응할 수 있을 만큼 충분한 신체적, 심리적 역량을 갖고 있지 못할 때 느끼는 신체적 · 심리적 불균

그림 6-1 스트레스의 개념

형 상태라고 정의하고자 한다.

Selye(1956)는 자신의 연구에서 외부자극에 대한 비특이적 반응을 일반 적응 증후군(GAS: General Adaptation Syndrome)이라 명명하고 스트레스에 대한 신체의 반응 단계가 신경계가 활성화 되는 경고반응(Alarm Reaction) 단계와 스트레스원에 대항하고 적응하는 저항(Resistance) 단계, 스트레스에 저항할 수 있는 신체적 능력을 모두 소비하여 질병이 생기는 소진(Exhaustion) 단계 등 3단계로 발전하면서 결국 스트레스가 질병을 유발한다고 설명하였다. 이후 다양한 학자들의 연구에서 스트레스가 정신적, 육체적 질병의 원인으로 작용한다는 점이 밝혀지면서 스트레스는 현대사회에서 심각한 사회 문제로 여겨지고 있다.

다만 Selye(1974)는 모든 스트레스가 질병을 유발하는 것은 아니며 긍정적인 역할을 담당하는 스트레스도 존재함을 언급하였다. 즉, 경우에 따라 개인의 삶에 긍정적인 역할을 하는 스트레스가 존재하며 이는 동기부여, 즐거움, 활력을 가져다 줄 수 있다고 설명하면서 이를 유스트레스(Eustress)라고 명명하였다. 그리고 개인에게 부정적인 영향을 미치는 일반적인 의미의 스트레스를 디스트레스(Distress)라고 명명하였다. 그렇다면 유스트레스와 디스트레스를 결정하게 되는 요인은 무엇일까? Posner & Leitner(1981)은 유스트레스와 디스트레스를 결정하는 것은 상황에 대한 예측가능성(Predictability)과 통제가능성(Controllability)이라고 설명하였다. 즉, 자신에게 주어질 외부 자극을 예측할 수 있고, 이를 자신이 조절하거나 통제할 수 있다고 느낀다면 외

그림 6-2 스트레스의 영향

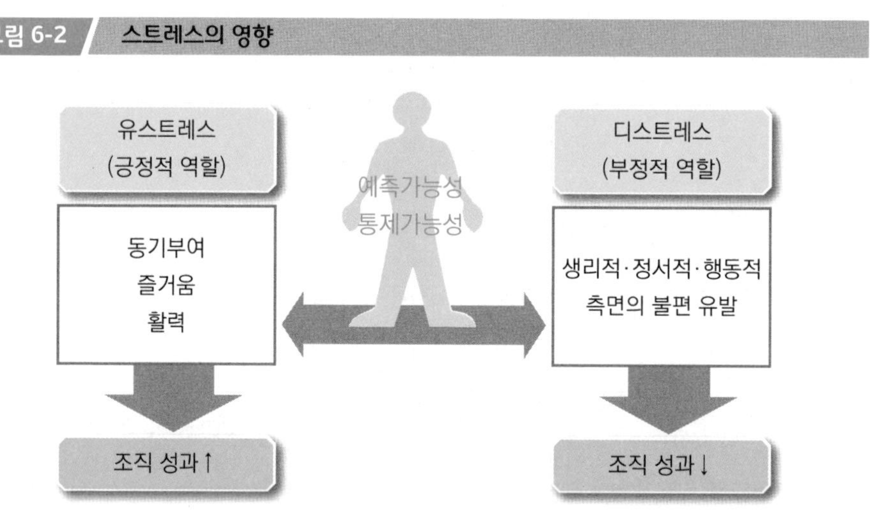

부자극은 개인에게 부정적인 영향을 미치는 디스트레스가 아닌, 긍정적인 영향을 미치는 유스트레스가 될 수 있다고 설명하였다.

조직 관리 및 인사 관리에서 우리가 보다 중요하게 다루는 스트레스는 개인과 조직 모두에게 부정적인 영향을 미치게 되는 디스트레스라 할 수 있다. Ashforth

표 6-1 스트레스 자가진단

구분	항목
생리적 징조	• 숨이 막힌다. • 목이나 입이 마른다. • 불면증이 있다. • 편두통이 있다. • 눈이 쉽게 피로해진다. • 목이나 어깨가 자주 결린다. • 가슴이 답답해 토할 기분이다. • 식욕이 떨어진다. • 변비나 설사가 있다. • 신체가 나른하고 쉽게 피로를 느낀다.
감정적 징조	• 언제나 초초해지는 편이다. • 쉽게 흥분하거나 화를 잘 낸다. • 집중력이 저하되고 인내력이 없어진다. • 건망증이 심하다. • 우울하고 쉽게 침울해진다. • 뭔가를 하는 것이 귀찮다. • 매사에 의심이 많고 망설이는 편이다. • 하는 일에 자신이 없고 쉽게 포기하곤 한다. • 무언가 하지 않으면 진정할 수가 없다. • 성급한 판단을 내리는 경우가 많다.
행동적 징조	• 반론이나 불평, 말대답이 많아진다. • 일의 실수가 증가한다. • 주량이 증가한다. • 필요 이상으로 일에 몰입한다. • 말수가 적어지고 생각에 깊이 잠긴다. • 말수가 많고, 말도 되지 않는 주장을 펼칠 때가 있다. • 사소한 일에도 화를 잘 낸다. • 화장이나 복장에 관심이 없어진다. • 사무실에서 개인적인 전화를 하거나 화장실에 가는 횟수가 증가한다. • 결근, 지각, 조퇴가 증가한다.

et al.(2008)는 업무가 개인에게 스트레스를 줄 경우 생리적, 정서적, 행동적 측면에 불편함을 유발하고 부정적인 결과를 가져올 수 있음을 언급하였는데, Slocum & Hellriegel(2011)은 Ashforth et al.(2008)의 연구를 토대로 스트레스로 인한 개인의 생리적 · 정서적 · 행동적 불편함을 다음과 같이 제시하고 있었다.

- **생리적 효과**(Physiological Effects) 혈압 증가, 심박동의 증가, 땀 흘림, 오한 혹은 발열, 호흡 곤란, 근육의 긴장, 소화 불량, 공황 발작 등의 유발
- **정서적 효과** (Emotional Effects) 화, 분노, 우울, 자아 존중감의 저하, 지적능력의 저하(집중력, 의사결정 등), 불안함, 초조함, 감독에 대한 분개, 직무 불만족 등의 유발
- **행동적 효과**(Behavioral Effects) 업무 성과의 저하, 결근율 증가, 높은 사고율, 높은 이직율, 알콜과 마약의 남용, 충동적 행동, 의사소통의 어려움 등의 유발

이러한 내용을 바탕으로 〈표 6-1〉에서 보는 바와 같이 생리적 · 감정적 · 행동적 특징을 기반으로 스트레스 수준을 파악하는 자가진단 검사표가 개발되었다. 각 영역은 모두 10개 문항으로 구성되어 있는데, 각 영역별로 자신에게 해당하는 항목이 4개 이상일 경우 스트레스 위험군으로 분류된다.

2. 스트레스의 원인

앞서 살펴본 바와 같이 스트레스는 예측가능성과 통제가능성의 수준에 따라 개인에게 긍정적인 영향을 미치는 유스트레스가 되기도 하고, 부정적인 영향을 미치는 디스트레스가 되기도 한다. 즉, 이는 스트레스를 유발하는 동일한 스트레스원(Stressores)이 존재한다 할지라도 개인의 인지 방식의 차이에 따라 스트레스 수준과 영향력이 달라질 수 있음을 의미하는 것이다. 이에 좀 더 본질적으로 스트레스를 이해하기 위해 스트레스원(Stressors)에 대해 살펴보도록 하자.

스트레스원은 일생상활 영역과 조직생활 영역으로 구분하여 살펴볼 수 있다. 일상생활에서의 주된 스트레스원으로는 가족의 죽음, 이혼이나 별거, 재결합 등 생활방식의 변화를 가져오는 중대한 사건의 경험이 있다. 특히, Holmes & Rahe(1967)의

그림 6-3 조직 구성원의 스트레스 원인

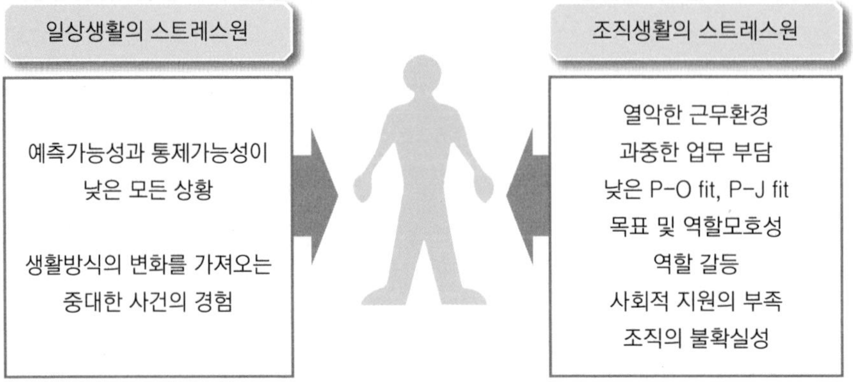

사회 재적응 평가 척도에서도 배우자의 죽음, 이혼, 별거, 건강의 변화 등 중대한 사건을 경험하게 되는 경우 충격강도가 매우 높은 것을 알 수 있는데, 이러한 사건들은 예측가능성 및 통제가능성 수준이 매우 낮기 때문에 매우 높은 수준의 스트레스를 유발한다. 이러한 중대한 사건과 더불어 일상생활에서 친구 관계의 변화, 학교 생활의 변화 등 역시 개인으로 하여금 스트레스르 유발하는 주요 스트레스원으로 제시되고 있었다.

다음으로 조직생활에서의 주된 스트레스원으로는 열악한 근무 환경, 과중한 업무 부담, 낮은 개인-조직 적합성(Person-Organization Fit), 낮은 개인-직무 적합성(Person-Job Fit), 목표 및 역할의 모호성, 역할 긴장과 역할 모순과 같은 역할 갈등, 낮은 사회적 지원, 조직의 영속가능성 및 안정성과 관련된 조직의 불확실성 정도 등이 제시되고 있었다.

〈표 6-2〉는 Holmes & Rahe(1967)가 개발한 사회 재적응 평가 척도(Socail Readjustment Rating Scale)로서 이는 개인의 삶에 변화를 유발하는 외부자극들을 제시하고 이에 적응하는데 들여야 하는 노력의 강도를 표기하고 있다. 따라서 각각의 자극에 적응하기 위한 노력의 강도를 스트레스의 정도로 이해할 수 있다. 총 43개로 구성된 문항을 살펴보면 일상생활 영역과 조직생활 영역에서 발생할 수 있는 다양한 요소들을 포함하고 있음을 알 수 있다. 사회 재적응 평가 척도를 기준으로 스트레스를 측정할 때는 일반적으로 지난 1년간 경험한 사건들에 표기한 적응 강도의 총량이 200점을 초과하면 질병을 유발할 가능성이 높은 스트레스를 받고 있는 것으로 이해한다.

표 6-2 사회 재적응 평가 척도

삶에서의 사건	적응 강도
배우자의 죽음	100
이혼	73
별거	65
교도소 수감	63
가까운 가족 구성원의 죽음	63
상해와 질병	53
결혼	50
실직	47
재결합	45
은퇴	45
가족의 건강상의 변화	44
임신	40
성적 장애	39
새로운 가족 구성원의 증가	39
직장의 이동	39
재정 상태의 변화	38
가까운 친구의 죽음	37
직장에서 직무의 변화	36
부부 간 언쟁 수의 변화	35
$10,000 이상의 부채	31
빚의 청산	30
직장에서 책임의 변화	29
자녀의 출가	29
친인척 간의 불화	29
뛰어난 업적 달성	28
배우자가 일을 시작하거나 그만둠	26
학교에 입학하거나 졸업함	26
생활 조건의 변화	25
개인 습관의 변경	24
상사와의 갈등	23
근무 시간과 조건의 변화	20
주거의 변화	20
학교의 변화(전학)	20
취미의 변화	19
교회 활동의 변화	19

사회 활동의 변화	18
$10,000 이하의 부채	17
수면 습관의 변화	16
가족 모임 빈도의 변화	15
식사 습관의 변화	15
휴가	13
크리스마스	12
사소한 법규 위반	11

자료: Holmes & Rahe(1967).

3. 스트레스와 성과

스트레스와 성과 간의 관계는 〈그림 6-4〉에서 보는 바와 같이 역U자형의 그래프로 이해할 수 있다. 스트레스가 전혀 존재하지 않으면 조직구성원들을 움직이게 하는 동인이 없어 무기력하게 만든다. 반면 적정 수준의 스트레스는 동기를 유발하고 생기와 활력을 불어넣는 등 조직 성과에 긍정적인 영향을 미치게 되므로 스트레

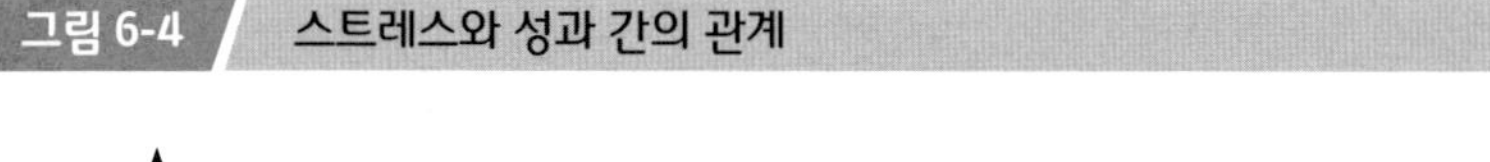
그림 6-4 스트레스와 성과 간의 관계

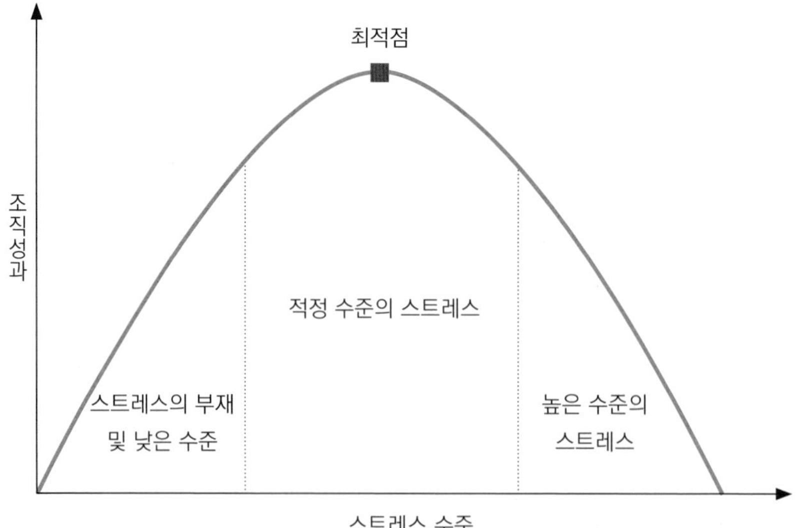

스와 성과는 최적점까지는 정(+)의 관계를 형성하게 된다. 성과가 극대화되는 적정한 스트레스 수준 즉, 최적점(Optimum Point)은 개인의 특성, 조직의 상황 등에 따라 다르게 나타난다. 그러나 이 최적점을 넘어가게 되면 스트레스와 성과는 부(−)의 관계를 형성하게 된다. 즉, 지나친 스트레스가 구성원들을 불안하고 초초하게 만들어서 제대로 된 역량을 발휘하지 못하게 하고 결과적으로 심리적 · 신체적 탈진(Burnout)을 유발하여 조직의 성과를 저하시킨다.

제2절 스트레스 관리의 이해

인사 관리 및 조직 관리의 시각에서 조직 구성원들의 스트레스 관리는 근무 환경 개선 노력과 같이 제도적으로 스트레스원을 억제하여 스트레스를 최소화 하는 것으로 이해할 수 있다. 특히 본서에서는 스트레스를 완충하는 개인의 행복역량을 제고하기 위해 조직적 차원에서 사회 자본과 심리자본을 적극적으로 육성할 것을 제안한다.

그림 6-5 스트레스 관리

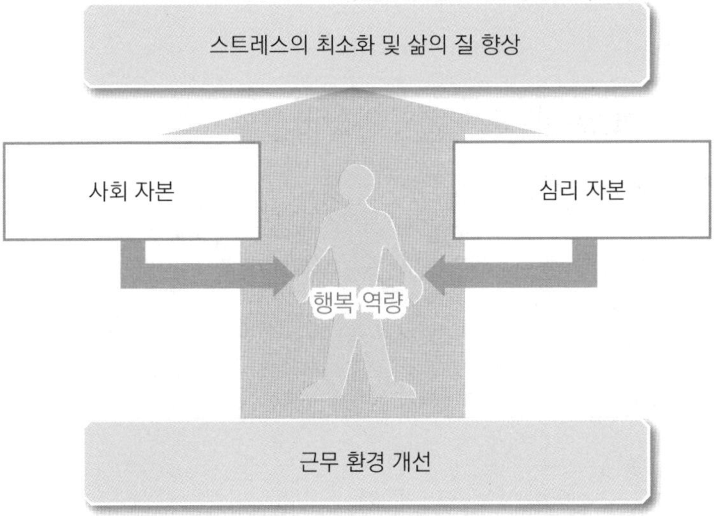

1. 근무 환경 개선을 통한 스트레스의 최소화

앞서 살펴본 바와 같이 조직 생활에서의 주된 스트레스원으로는 열악한 물리적 환경, 과중한 업무 부담, 낮은 개인-조직 적합성(Person-Organization Fit), 낮은 개인-직무 적합성(Person-Job Fit), 목표 및 역할의 모호성, 역할 긴장과 역할 모순과 같은 역할 갈등, 낮은 사회적 지원의 정도, 조직의 영속가능성 및 안정성 등 조직의 불확실성 증대 등 근무 환경과 관련된 요인들이었다.

이러한 스트레스를 최소화하기 위해 조직적 차원에서는 물리적 환경의 개선 노력, 집단별 인원 배치 및 업무량의 조절 등을 통해 조직 구성원이 느끼는 업무 부담을 경감시키고, 직무 순환 및 보직 변경을 통한 개인-조직 적합성과 개인-직무 적합성의 제고 노력 등이 필요할 것으로 판단된다. 더불어 조직이 개인에 기대하는 목표와 역할을 분명하게 제시함으로서 모호성을 감소시키고, 일과 삶의 균형 정책을 통해 역할 갈등을 최소화 시켜야 할 것이다.

뿐만 아니라 조직적 차원의 노력과 더불어 개인 스스로도 이러한 스트레스를 극복하거나 스트레스원을 최소화 할 수 있는 다양한 노력을 전개해야 할 것이다. 최애경(2006)은 스트레스를 극복하기 위한 방법으로 업무량 조절 및 시간관리의 필요성에 대해 언급하고 있었으며, 이와 더불어 신체적 훈련, 명상과 이완훈련, 인간관계의 균형을 유지하기 위한 노력, 자기개발 노력 등을 포함하는 자아 관리가 필요함을 언급하고 있었다(〈참고 6-1〉 참조).

참고 6-1 스트레스 관리 방법

1. 업무관리를 통한 스트레스 관리

① 업무량 조절

- 현재 직장, 집, 사회에서 하는 활동들을 검토하고 덜 중요한 일들을 하나씩 줄여나감으로써 업무의 양을 줄인다.
- 자신의 능력이나 권한 밖의 일에 대해서는 과감히 'NO'라고 거절할 수 있도록 한다.
- 자신에게 스트레스를 주는 사람과의 접촉을 가능한 한 줄이거나 아니면 스트레스를 적게 받을 수 있는 방향으로 그들과의 관계를 조절한다.
- 자신이 스트레스를 민감하게 받는 상황이 있다면 그러한 상황이 일어나지 않게 하거나 발생회수를 줄이도록 조절한다.
- 자신이 꼭 하지 않아도 되는 일들은 다른 사람에게 이양한다. 이양하고 난 뒤에는 자주 진전 상황을 모니터함으로써 일이 계획대로 추진될 수 있도록 한다.

- 불가피한 경우가 아니면 될 수 있는 대로 일을 집으로 가지고 오지 않는다.

② 시간 조절

- 뚜렷한 목표를 설정한다.
- 덜 중요한 일에 할애하는 시간을 줄인다.
- 자기개발과 계획에 보다 많은 시간을 할애하여 장기적인 안목을 가지고 일을 추진한다.
- 머뭇거리고 망설이기보다는 일단 행동을 취한다.
- 자세히 모르고 걱정하기보다는 더 많은 정보수집을 통하여 대안을 마련한다.
- 방해요인을 제거한다.

2. 자아관리를 통한 스트레스 관리

① 신체적 훈련

- 하루에 20분 이상 사이클링, 조깅과 같은 땀을 흘리는 운동을 한다.
- 음식을 적정수준으로 섭취하고 과식, 과음을 피하도록 한다.
- 커피, 콜라와 같은 카페인 함유량이 높은 음료수와 지나친 당분을 피한다.
- 음주, 흡연을 하지 않는다.
- 낚시, 걷기와 같이 스트레스를 완화할 수 있는 취미활동을 한다.
- 수면을 충분히 취한다.
- 편안한 휴식환경을 마련한다.

② 명상과 이완훈련

- 하루 중 조용한 시간을 지정하여 종교적인 묵상 혹은 명상을 실시한다. 편안한 자리에 앉아 눈을 감고 천천히 심호흡을 하면서 마음에서 잡념을 없애도록 노력한다.
- 이완훈련을 한다. 스트레스를 받아 팽팽한 긴장상태가 계속된다고 느끼게 되면 이완 훈련을 받거나 익혀서 몸의 긴장상태로 풀어주는 것이 좋다. 명상과 마찬가지로 눈을 감고 몸의 부분들을 차례대로 힘을 뺀다고 생각하면서 이완을 하면 신체적인 긴장을 완화시켜 줄 수 있다.

③ 인간관계의 균형 유지

- 일과 가정의 균형을 유지한다.
- 자신에게 주요한 사람들과는 충분한 시간을 가진다.
- 자신의 목표와 자기개발에 관하여 상사와 상의한다.
- 다른 사람의 말과 감정을 충분히 이해할 수 있는 개방된 마음을 가진다.
- 도움이 필요할 때는 평소의 자신의 일을 의논하는 멘토에게 충고를 요청한다.

④ 자기계발을 꾸준히 하고 긍정적인 생각하기

- 독서를 게을리 하지 않는다.
- 자신의 전문성을 개발할 수 있는 훈련을 받는다.
- 역할모델을 설정하고 자신도 그 모델을 닮아갈 수 있도록 노력한다.
- 긍정적인 독백과 생각을 하도록 노력한다.
- 현재를 즐긴다.
- 문제를 기회로 본다.

자료: 최애경(2006: 258-261).

2. 행복 역량 개발을 통한 스트레스의 최소화

조직 구성원들의 스트레스 최소화를 위해 조직은 근무 환경의 개선 노력과 더불어 스트레스를 예방하고 완충할 수 있는 행복역량을 적극적으로 개발할 필요가 있다. 본서에서는 행복역량을 "자신의 상황을 긍정적으로 인식하도록 하는 내적인 힘"으로 정의하고 이를 개발하기 위한 방법으로서 사회자본과 심리자본의 육성을 제안한다.

1) 사회 자본(Social Capital)

사회 자본(Social Capital)은 심리 자본(Psychological Capital)과 문화 자본(Cultural Capital) 등과 같이 다양한 자본이 확장된 형태로서 물리적 실체가 없는 무형 자산이다(전병관, 2004; 이향수, 2008). Leung et al. (2010) 행복 혹은 삶의 질을 결정하는 데 있어 사회 자본이 핵심적인 역할을 함에도 불구하고 그동안 삶의 질 결정 요인 규명에 있어 사회 자본의 중요성이 간과되고 있었다는 점을 지적한다(Leung et al., 2010: 444). 또한 Helliwell et al.(2014)은 국가와 개인의 삶의 질 차이를 이해하는 데 있어 물질적 환경보다 사회자본이 보다 더 중요한 요소임을 강조하고 있다(Helliwell et al., 2014).

사회 자본은 연구자의 연구목적, 분석수준 등에 따라 개념적 정의가 다양하게 제시되고 있었다. Coleman(1988, 1990)은 "사회자본은 단일체가 아니라 공동으로 두 가지 요소를 포함하는 복합체로 이해할 수 있다. 사회자본은 사회적 구조의 몇 가지 측면으로 구성되어 있으며, 사회적 구조를 구성하는 개인적 혹은 집합적 행위자들의 어떤 행동을 가능하게 한다." 라고 정의하였다. 뿐만 아니라 Coleman(1988, 1990)은 사회자본이 인간관계 속에 존재하는 것으로서 인적자본과 물적자본과 마찬가지로 생산적이며 새로운 목표 달성을 가능하게 하는 요소라고 언급하면서 사회자본의 중요성을 강조하였다(Coleman, 1988; 1990). 유사한 맥락에서 Putnam(1993, 1995)은 "사회자본은 지역사회와 국가 내에서 협력과 상호지원을 가능하게 하며, 범죄와 같이 현대 사회에 내재된 사회적 장애를 방지하는 데 있어 가치 있는 수단으로 활용될 수 있다. 뿐만 아니라 사회자본은 민주주의를 구축하고 유지하는 핵심 요인이다."라고 제시하며 사회자본의 중요성을 언급하였다. 또한 Fukuyama(1995)는 사회자본을 "집단 혹은 조직 내에서 사람들이 공통의 목표를 갖고 함께 일할 수 있는 능력이다. 즉, 사회자본은 구성원들의 협력활동을 가능하게 하는 공유된 공식적 가치와 규범을 의미한다."라고 정의하였다. Colman(1988, 1990), Putnam(1993, 1995), Fukuyama(1995)는 공통적으로 사회자본을 개념화 하는데 있어 신뢰(Trust), 호혜성(Reciprocity), 규범(Norms), 사회적 연결망(Social Network) 등을 핵심 요소로 제시하고 있었다. 이에 사회자본은 사회적 연결망 속에서 사람과 사람 혹은 조직과 조직 간의 상호작용과정을 통해 구축된 결과물로 이해할 수 있다. 특히, Nahapiet & Ghoshal(1998)은 여러 학자들의 견해를 종합하여 사회 자본을 구조적(Structural) 차원, 관계적(Relational) 차원, 인지적(Cognitive) 차원 등 3가지 차원으로 구조화시켜 제시하였다. 이를 구체적으로 살펴보면 다음과 같다.

- **사회자본의 구조적 차원** 개인과 개인 혹은 조직과 조직 간의 연결망 또는 네트워크 형태를 의미한다. 이러한 구조적 요소는 정보와 지식 등 다양한 자원들을 조직 내에 확산시키는 통로의 역할을 담당한다. 사회자본의 구조적 측면은 다양한 요소로 구체화시킬 수 있는데, Granovetter(1985)는 사회자본의 구조적 차원을 상호관계의 속성, 네트워크 형태, 관계 패턴 등으로 제시하였으며 Inkpen & Tsang(2005)는 네트워크 상에서 개별 구성원들의 위치, 상호작용, 접촉 강도 및 네트워크 안정성 등으로 제시하였다. 그리고 장용선 · 김재구(2006)는 네트워크 연결 형태와 구성을 제시하였으며 김경재 · 정범구(2008)는 네트워크 중심화 정도와 관계강도 등을 제시하였다. 또한 이향수(2008)는 네트워크의 연계성, 구성형태, 안정성 등을 제시하였으며 한진우 · 유철우 · 최영찬(2009)은 사회자본의 구조적 차원을 네트워크 연결의 강도, 네트워크 범위, 네트워크 밀도, 네트워크 중심성 등으로 제시하였다.
- **사회자본의 관계적 차원** 타인과의 상호작용과정을 통해 구축된 결과물을 의미한다. Nahapiet & Ghoshal(1998)은 사회자본의 관계적 차원을 신뢰, 규범, 의무 등으로 제시하였으며 최종렬(2004)은 호혜성의 규범과 신뢰 등을 제시하였다. 그리고 배병룡(2005)은 신뢰를, 이영찬(2007)은 신뢰와 협력 등을 사회자본의 관계적 차원으로 제시하고 있었다.
- **사회자본의 인지적 차원** 조직 구성원들 간에 공유된 비전 및 규범의 형성을

의미한다. Coleman(1990)과 Putnam(1993)은 사회자본의 인지적 차원을 사회적 규범으로 제시하였으며 Nahapiet & Ghoshal(1998)은 공통코드와 언어, 공유된 이야기 등을 제시하였다. 또한 박희봉 · 강제상 · 김상묵(2003)은 규범을 제시하였으며, 이영찬(2007)은 공유된 가치 및 행동, 호혜적 규범 등을 제시하였다.

많은 연구자들이 사회자본이 개인의 행복과 삶의 질을 향상시키는 선행요인으로서의 역할을 할 수 있음을 언급하였는데, 특히 Leung et al.(2010)은 사회 신뢰와 대인 신뢰가 행복과 가장 연관성이 높은 요소라고 설명하였다. 이밖에 많은 연구들이 사회자본의 관계적 차원인 신뢰가 행복과 삶의 질에 있어 핵심 역할을 하고 있음을 밝혀냈다.

이러한 사회 자본은 조직 내에서 사람들을 끈끈하게 엮어주고, 이어주고, 결합시키는 역할을 수행한다(Putnam, 1993; 1995; Fukuyama, 1995). 이를 통해 개인 간 협력과 상호 지원을 가능하게 함으로서 개인과 조직의 행복 향상에 기여할 수 있게 된다. 이에 사회자본의 관계적 차원인 신뢰를 향상시키기 위한 다양한 제도 개발을 통해 이러한 사회자본이 조직 구성원들의 스트레스를 최소화 하고 행복을 향상 시킬 수 있도록 지원해야 할 것이다.

2) 심리 자본

심리 자본은 Seligman에 의해 강조된 개념으로서 그는 사람이 갖고 있는 좋은 것들, 옳은 것들, 강점에 관심을 갖고 이를 관리해 나간다면 더 나은 삶을 영위해 나갈 수 있을 것이라고 주장하였다(Seligman, 1999). 특히 Seligman(2002)은 자신의 저서에서 행복한 삶을 원한다면, 지금까지 갖고 있었던 행복에 대한 시각을 바꿔야 한다고 말했고 그러한 시각이 바로 심리 자본임을 지적하였다(Seligman, 2002). 이에 희망, 회복탄력성, 자기 효능감, 자아 존중감, 몰입, 목표 의식, 낙관주의 등과 같은 긍정적인 심리 상태가 재조명되기 시작했다. Luthans(2001)는 심리 자본을 “성과와 성장을 창출하는 긍정적인 심리 상태.”라고 정의하였고 후속 연구에서 “심리자본은 타고난 성격상의 특성이라기 보다는 관리가 가능하고, 개발이 가능한 상태적인 특성이다.”라고 설명하였다(Luthans & Youssef, 2007). 특히 Luthans & Youssef(2007)는 심리자본의 하위 요소로 자기 효능감, 희망, 낙관주의, 회복탄력성 등을 제시하였다.

- **자기효능감** Bandura(1997)에 의해 제안된 개념으로서 자신 스스로의 능력으로 과업을 해결하고 목표를 달성할 수 있을 것이라는 자신에 대한 신념과 믿음을 의미한다(Bandura, 1997).
- **희망** 미래에 자신이 원하는 목표가 계획적으로 잘 수행될 수 있을 것이라는 믿음에 기초하여 이를 추구하고자 하는 의지와 경로에 대한 긍정적인 동기 부여 상태로 이해할 수 있다.
- **낙관주의** 긍정적인 상황은 내재적이고, 항구적이며 지배적인 요인들에 의한 결과물로 바라보는 반면 부정적인 상황은 일시적이고 특수한 사건으로 인식하는 행태를 의미한다. 이에 좋은 상황을 발생시킬 수 있는 긍정적인 기대들을 지속적으로 발전시키고 이를 적극적으로 실천해 나가고자 한다(Seligman, 1999; Carver & Scheier, 2002).
- **회복탄력성** 좌절, 실패, 역경의 상황을 겪은 후 이를 회복하여 심리적 균형점으로 되돌아 올 수 있는 능력을 의미한다.

특히, Luthans et al.(2002)은 심리 자본을 관리가 가능하고 개발 · 개선이 가능한 요소로 보았기 때문에 박재춘(2012)는 이러한 심리자본을 "심리 역량"으로 개념화 하였다. 또한 Seligman(2001)은 자신의 저서에서 행복한 삶을 원한다면, 지금까지 갖고 있었던 행복에 대한 시각을 바꿔야 한다고 말했고 그러한 시각이 바로 심리 자본임을 지적하였다(Seligman, 2001). 즉, 심리 자본이란 행복을 바라보는 관점이자, 행복을 증진시킬 수 있는 내재화된 역량의 개념으로 이해할 수 있다. 이에 심리자본은 행복역량 (Happiness Capacity)에 있어 핵심적인 요소라 할 수 있다. 따라서, 조직적 차원에서 스트레스를 최소화 하고 행복의 극대화를 위해 심리자본의 주요 요소인 자기 효능감, 희망, 낙관주의, 회복탄력성 등을 최대 수준으로 끌어올릴 수 있도록 다양한 프로그램을 개발하여 지원할 필요가 있다.

이마트, 직원 스트레스 해소 프로그램 'E-CARE' 도입

박종권 기자

이마트가 고객 응대시 발생할 수 있는 스트레스를 예방하고 사원을 보호하기 위한 'E-CARE' 프로그램을 도입한다.

이마트의 직원 스트레스 해소 프로그램인 'E-CARE'는 고객 응대 담당 직원들에 대한 내부상담 강화, 외부전문기관 전문의 상담제도 도입, 감성관리를 위한 스트레스 해소 프로그램 등으로 구성된다. 직원들의 고객응대 과정에서 발생될 수 있는 스트레스를 최소화시켜 임직원을 보호하는 조직문화를 조성하고 근무만족도를 높힌다는 계획이다.

고객 담당직원들에 대한 내부 상담역량 향상을 위해 각 점포내 고충 처리기구를 강화하고 주기적인 상담으로 직원들에 대한 각종 상담 및 위로를 진행한다. 심리상담은 고객 응대 과정에서 발생한 업무 스트레스 상담뿐 아니라 가정, 심리, 개인정서 문제, 부부 및 자녀문제 등 개인적인 문제까지 상담을 제공할 예정이다. 사원보호 문화 조성을 위해 관리자급이 책임지고 사원을 보호하는 조직문화를 만들어가고, 고객응대 스트레스로 사원의 심적 안정이 필요하면 조기퇴근 등의 조치와 함께 휴게실, 근무 환경 개선 등을 함께 진행할 계획이다.

고객의 편의를 먼저 생각하되, 사원을 대상으로 폭언과 욕설 등을 하는 고객에 대한 초기 대응을 위해 전점에 대응 매뉴얼을 제작/배포하고 점포 관리자급에서 선제적으로 대응하도록 했다. 점포 지원팀장과 사업장 대표에 대해 연 2회 지속적인 교육 진행을 통해 상담역량 및 전문성을 강화한다.

1차적으로 내부상담을 진행하지만 스트레스가 극심한 사원들을 위해서는 심리상담 전문기관인 한국 EAP(Employee Assistance Program)협회의 상담협약기관을 통해 전문가의 상담을 받을 수 있다. 또한 높은 스트레스 직무 수행 직원들에겐 감성관리를 위한 스트레스 해소 프로그램도 도입한다.

한편, 이마트는 교환, 환불 등 고객 응대시 보다 정확한 응대를 위해 '소비자 전문상담사 양성 프로그램'을 도입한다. 각 점포내 고객 응대가 우수한 사원들을 선발해 소비자 전문 상담사 자격증 취득을 지원하여 소비자 전문 상담사로 양성한다는 계획이다. 각 점포의 소비자 전문상담사는 소비자 상담, 피해구제, 소비자 관련법 등 전문지식을 바탕으로 직원들의 고객응대 시 조언을 해줄 수 있으며 필요시에는 직접 응대해 직원들의 부담감을 줄일 수 있도록 했다.

이마트 이갑수 영업총괄 대표이사는 "현장의 소리를 최대한 반영해서 사원들의 근무 중 발생될 수 있는 스트레스를 원천적으로 예방/관리 할 수 있는 E-CARE 프로그램을 도입했다"며 "앞으로도 다양한 제도와 사원 배려의 조직문화 형성을 통해 사원들이 업무에만 전념할 수 있고 행복한 직장생활이 될 수 있도록 노력하겠다"라고 말했다.

출처: 스포츠 조선(2014.10.15)

원주서 직원 대상 스트레스 관리(힐링, 마음치유) 상담 교육 실시

김종선 기자

수사, 형사, 지역경찰 대상 힐링 교육 실시

원주경찰서(서장 위강석)는 11월 26일 10:00~18:00 경찰서 창조관에서 수사, 형사, 지역경찰 등 희망자를 대상으로 스트레스 관리상담 교육을 실시했다.

이날 교육은 강력사건, 교통사고, 주취자 난동 등 정신적 충격을 주는 외상사건에 반복적으로 노출되는 직무특성으로 인해 상당한 스트레스를 받고 있는 경찰관들을 대상으로 실시하였다.

경찰청 심리상담 위탁업체 ㈜ 다인C&M의 연우석 상담관은 원주경찰서 직원들을 대상으로 스트레스 관리, 검진, 심리상담 등 체계적인 교육프로그램으로 직원들이 스트레스를 관리하고 상처를 치유할 수 있는 교육을 진행하였다.

연우석 상담관은 경찰관들은 강력사건, 교통사고 현장 등을 자주 접하면서 관리 없이 스트레스를 과하게 안고 있는 경향이 있다며 이런 교육 프로그램을 통해 지속적으로 관리를 받아야 하는 직업군에 해당한다고 밝혔다.

출처: 뉴스타운(2014.11.26)

Step 1 Wrap-Up Exercise

민간조직인 이마트와 공공조직인 원주경찰서의 사례를 바탕으로 조직 내에서 스트레스 수준이 가장 높은 직군이 무엇인지에 대해 생각해 보고, 조직 관리 및 인사 관리 시각에서 부정적인 기능을 하는 스트레스를 최소화 할 수 있는 방안에 대해 고민해 보자.

'일과 삶 균형' 정책과 정책 부합성이 조직효과성에 미치는 영향에 관한 연구 : 공공조직과 민간조직 비교를 중심으로*

본 연구는 효율적 인적자원관리의 실행과 유지에 있어서 '일과 삶 균형(WLB: Work-Life Balance)' 정책의 중요성을 이론적 · 실증적 접근방식으로 규명하고자 하였다. 특히 본 연구에서는 WLB 정책을 유연근무제, 친가족정책, 개인신상지원 프로그램 등 3가지 차원으로 구분하여 제시하였으며, 분석대상을 공공조직과 민간조직으로 구분하여 기존 연구와의 차별화를 도모하였다. 연구모형 개발과 가설검증을 위해 제3차 여성가족패널(KLoWF) 자료를 바탕으로 WLB 정책과 정책 부합성, 직무만족도, 이직의도 간의 관계를 분석하였으며, 설문조사를 통한 양적 분석의 한계를 보완하기 위하여 공공조직 및 민간조직 여성 근로자와의 심층 인터뷰를 통한 질적 분석을 병행하였다. 분석결과, WLB 정책과 조직 효과성 간의 관계에 있어 공공 조직과 민간조직 간의 유의미한 차이가 있음을 확인할 수 있었으며 심층 인터뷰를 통해 이러한 결과가 공공조직과 민간조직의 상호 이질적인 조직 문화, 제도, 구조적 특성에 기인하고 각 영역 구성원들의 서로 다른 욕구 및 동기 유발 체계에 의한 것임을 발견할 수 있었다. 이러한 분석결과를 바탕으로 본 연구에서는 각각의 조직 특성에 맞는 수요자 친화형 WLB 정책 구축의 필요성을 제안하고, WLB 정책 시행 측면의 문제점 및 개선방안 등을 제시하였다.

그림 6-6 연구 모형

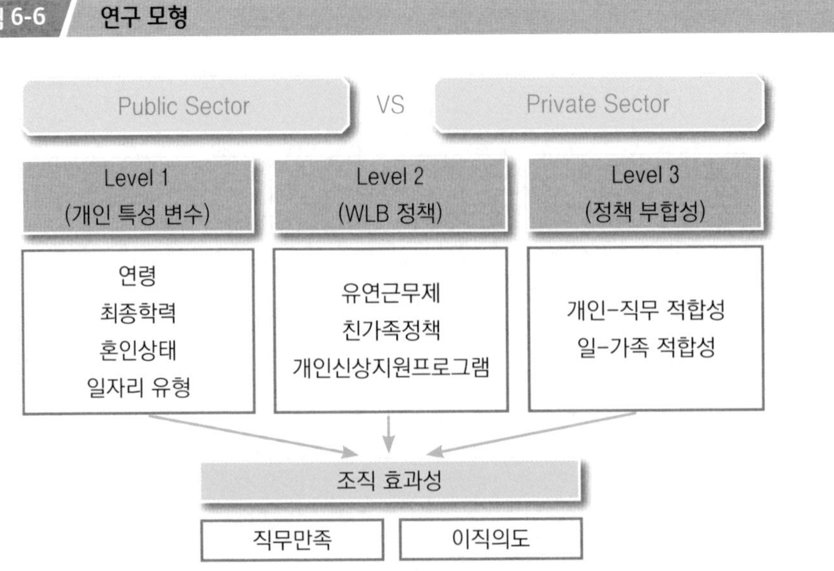

자료: 김선아 · 김민영 · 김민정 · 박성민(2013)

Step 2 Wrap-Up Exercise

김선아 · 김민영 · 김민정 · 박성민(2013)의 연구는 직무 만족 및 이직 의도와 같은 조직 효과성 차원에서 '일과 삶 균형 정책'의 중요성에 대해 논의하였다. 김선아 · 김민영 · 김민정 · 박성민(2013)의 연구를 기초로 조직 구성원들의 스트레스 최소화 측면에서 일과 삶 균형정책이 갖는 중요성에 대해 논의해 보자.

김경재 · 정범구. (2008). 사회자본과 지식공유 관계에서 정보시스템 특성의 조절효과. *인적자원관리연구*, 15(3), 1-18.

김선아 · 김민영 · 김민정 · 박성민. (2013). '일과 삶 균형' 정책과 정책 부합성이 조직효과성에 미치는 영향에 관한 연구: 공공조직과 민간조직 비교를 중심으로. *한국행정학보*, 47(1), 201-237.

박재춘. (2012). 한국 대학 직원의 긍정심리자본과 조직시민행동 간 관계에서 조직몰입의 매개효과. *한일경상논집*, 57, 227-249.

박희봉 · 강제상 · 김상묵. (2003). 조직내 사회자본과 지적자본의 형성 및 조직성과관리에 대한 효과. *한국행정연구*, 12(1), 3-35.

배병룡. (2005). 공공조직 사회자본의 영향요인과 효과. *한국사회와 행정연구*, 15(4), 49-74.

이영찬. (2007). 사회적 자본, 지식경영, 그리고 조직성과 간의 인과관계. *정보시스템연구*, 16(4), 223-241.

이향수. (2008). 정부조직의 인적 네트워크와 지식공유에 관한 탐색적 연구. 한국정책과학학회보. 12(2). 75-96.

장용선 · 김재구. (2006). 사회적 자본의 지각이 지식활동에 미치는 영향에 관한 연구: 금융기관을 중심으로. *인사관리연구*, 30(1), 59-91.

전병관. (2004). 공무원논단 1: 사회자본 증진을 위한 도시정부의 역할. 도시문제. 39, 83-91.

최애경. (2006). *성공적인 커리어를 위한 인간관계의 이해와 실천*. 청람.

최종렬. (2004). 신뢰와 호혜성의 통합의 관점에서 바라본 사회자본: 사회자본 개념의 이념형적구성. *한국사회학*, 38(6), 97-132.

한진우 · 유철우 · 최영찬. (2009). 인터넷 지식공유에 영향을 미치는 요인 연구: 사회적 자본 이론과 자기표현욕구를 중심으로. *농촌지도와 개발*. 16(1), 153-180.

Ashforth, B. E., Harrison, S. H., & Corley, K. G. (2008). Identification in organizations: An examination of four fundamental questions. *Journal of Management*, 34(3), 325-374.

Bandura, A. (1997). *Self-efficacy: The exercise of control*. Freeman.

Carver, C. S., & Scheier, M. F. (2002). The hopeful optimist. *Psychological Inquiry*, 13(4), 288-290.

Colman, J. S. (1988). Social capital in the creation of human capital. *American journal of Sociology*, 94, 95-120.

Colman, J. S. (1990). *Foundations of social theory*. Harvard University Press.

Granovetter, M. (1985). Economic action and social structure: The problem of embeddedness. *American Journal of Sociology*, 91(3), 481–510.

Helliwell, J., Huang, H., & Wang, S. (2014). Social capital and well–being in times of crisis. *Journal of Happiness Studies*, 15, 145–162.

Holmes, T. H., & Rahe, R. H. (1967). The social readjustment rating scale. *Journal of Psychosomatic Research*, 11(2), 213–218.

Inkpen, A. C., & Tsang, E. W. K. (2005). Social capital, networks, and knowledge transfer. *Academy of Management Review*, 30(1), 146–165.

Leung, A., Kier, C., Fung. T., Fung. L., & Sproule, R. (2011). Searching for happiness: The importance of social capital. (2011). *Journal of Happiness Studies*, 12, 443–462.

Luthans, F. (2001). The case for positive organizational behavior. Current Issues in Management, 1, 10－21.

Luthans, F., & Youssef, C. M. (2007). Emerging positive organizational behavior. Journal of Management, 33(3), 321–349.

Nahapiet, J., & Ghoshal, S. (1998). Social capital, intellectual capital, and the organizatonal advantage. *Academy of Management Review*, 23(2), 242–266

Posner, I., & Leitner, A. (1981). Eustress vs. Distress: Determination by predictability and controllability of the stressor. *The Official Journal of the International Institute of Stress and Its Affiliates*, 2(2), 10–12.

Putnam, R. D. (1993). The prosperous community: Social capital and public life. *The American Prospect*, 4(13), 1–11.

Putnam, R. D. (1995). Bowling alone: America's declining social capital. *Journal of Democracy*, 6(1),65–78.

Seaward, B. L. (1999). *Managing stress: Principles and strategies for health and wellbeing*. Jones & Bartlett Pub.

Seligman, M. E. P. (1999). Positive social science. *Journal of Positive Behavior Interventions*, 1(3), 181–182.

Seligman, M. E. P. (2002). *Authentic happiness : Using the new positive psychology to realize your potential for lasting fulfillment*. Free Press.

Selye, H. (1956). *The stress of life*. McGraw–Hill.

Selye, H. (1974). *Stress without distress*. Lippincott Co.

Slocum, J. W., & Hellriegel, D. (2011). *Principles of organizational behavior* (13th ed.). South–Western Cengage Learning.

인터넷 교보문고(http://www.kyobobook.co.kr/)
네이버 영화소개(http://movie.naver.com/)

스포츠조선(2014.10.15)
뉴스타운(2014.11.26)

Chapter 7

리더십

Framework

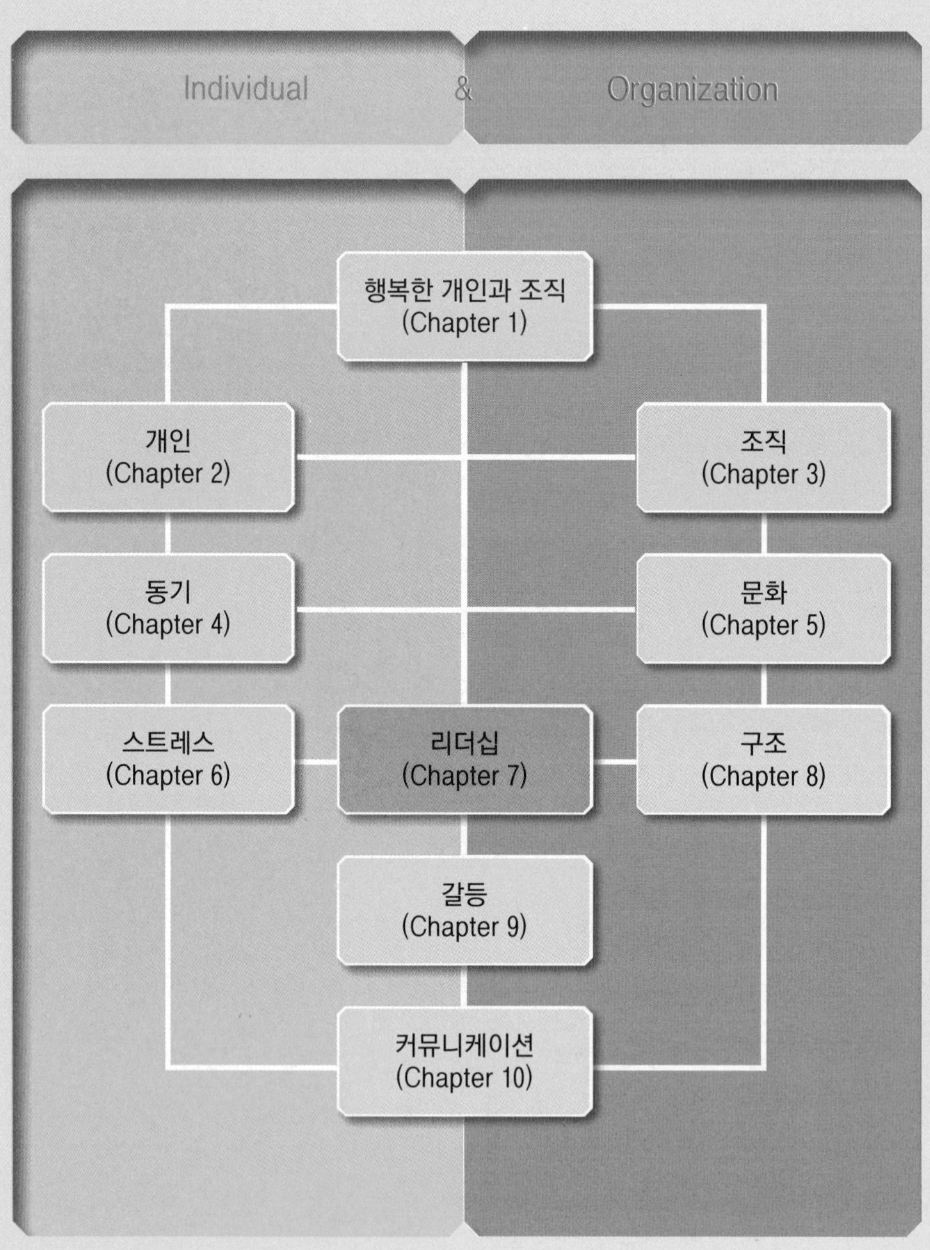

Individual
&
Organization
행복한 개인과 조직
(Chapter 1)
개인
(Chapter 2)
조직
(Chapter 3)
동기
(Chapter 4)
문화
(Chapter 5)
스트레스
(Chapter 6)
리더십
(Chapter 7)
구조
(Chapter 8)
갈등
(Chapter 9)
커뮤니케이션
(Chapter 10)

Keywords

- 리더십(Leadership)
- 특징 이론(Trait Theory)
- 행동 이론(Behavioral Theory)
- 상황 이론(Situational Theory)
- 관리격자모형(Managerial Grid)
- 카리스마 리더십(Charismatic Leadership)
- 거래적 리더십(Transactional Leadership)
- 리더-구성원 교환(LMX: Leader-Member Exchange) 이론
- 변혁적 리더십(Transformational Leadership)
- 서번트 리더십(Servant Leadership)

Prologue

프롤로그

행복한 리더가 행복한 일터를 만든다

감사로 일군 한국형 행복경영

허남석

『행복한 리더가 행복한 일터를 만든다』는 감사나눔을 통해 물과 기름 같던 두 회사를 성공적으로 통합하고, 직원 행복 지수를 89%로 획기적으로 개선하며, 직원들의 의미 있고 몰입하는 삶을 위해 포스코의 VP, COP, 상시 평가 시스템 등 일하는 방식에 진화 적용하여 성과를 낸 포스코ICT의 한국형 감사경영의 기록이다.

출처: 인터넷 교보문고(http://www.kyobobook.com)

Step 1 Warm-Up Exercise

감사, 봉사하는 리더십의 중요성을 보여준 책 "행복한 리더가 행복한 일터를 만든다"를 읽고 현대 조직이 요구하는 '리더의 조건 Top 10'을 작성해 보자.

Good Will Hunting

그의 생애 처음으로 인생의 등대를 만난다! 두 남자가 열어가는 감동의 세상

윌 헌팅(Will Hunting)은 20년을 살아오면서 누구의 간섭도 받아본 적이 없었다. 그러한 그도 결코 우습게 상대하지 못할 인생의 스승을 만나게 된다. 보스톤 남쪽의 빈민 거주지역에서 살고 있는 노동자계층의 친구들과 마찬가지로 윌은 비천한 일을 살며 산다. 윌은 MIT 공대에서 교실 바닥 청소 일을 할 때 말곤 대학교 정문 근처에도 가본 적이 없다. 그러나 노벨상을 수상한 교수들조차 혀를 내두를 만큼 어려운 문제들을 싱거울 정도로 간단하게 풀어버린다. 그러나 그토록 머리가 비상한 윌도 어쩌지 못하는 게 한 가지 있다. 폭행죄로 재판을 받게된 윌은 수감될 위기에서 벗어날 수가 없다. 윌의 유일한 희망은 심리한 교수인 숀 맥과이어(Sean McGuire)이다. 숀은 윌이 가진 내면의 아픔에 깊은 애정을 갖고 관찰하면서 윌에게 인생과 투쟁하기 위해 필요한 지혜를 가르쳐 준다.

출처: 네이버 영화(http://movie.naver.com/)

Step 2 Warm-Up Exercise

영화 "굿 윌 헌팅(Good Will Hunting)"을 보고, 숀 교수님이 누구에게도 마음을 열지 못했던 윌의 마음을 어떻게 열 수 있었는지, 어떻게 마음의 상처를 치유해주었는지에 대해 생각해 보고, 그러한 특징을 바탕으로 숀 교수님의 리더십 스타일을 정의해 보자.

Chapter 7 리더십	Management And Leadership	http://www.youtube.com/watch?v=Xx2SV2bYSfU
	리더십	http://www.youtube.com/watch?v=LdVo_OUc9oE
	Transformational leadership	http://www.youtube.com/watch?v=60O2OH7mHys

Self-Interview Project

● 영상을 시청하고, 스스로 조직의 CEO가 되어 아래 질문에 대한 인터뷰를 진행해 보세요.

Interviewer:

CEO님께서는 '리더'란 무엇이라고 생각하시나요? 그리고 리더와 관리자의 차이는 무엇이라고 생각하시나요?

Interviewee:

Interviewer:

조직의 리더가 지양해야 할 행동, 즉, 절대로 해서는 안 되는 행동에는 무엇이 있을까요?

Interviewee:

제1절 리더십의 이해

1. 리더십의 개념

리더십(Leadership)이라는 개념은 경우에 따라 권력(Power)이라는 용어와 혼용되어 사용되기도 하는데, 일방향적 관계에 기초한 권력이라는 개념과 달리, 리더십은 다양한 속성을 내포한 다차원적 개념으로 이해할 수 있다. 리더십은 앵글로 색슨어 'Ledan'에서 유래되었는데 이는 '간다(To Go)'라는 뜻을 내포하고 있다. 이러한 어원에서 알 수 있듯, 리더십은 무언가를 향해 나아간다는 과정적 개념이다. Bass(1977)는 리더십을 집단 과정에 초점을 맞춘 정의, 개인의 성격적 특징에 중점을 둔 정의, 규정 준수의 유도 활동에 중점을 둔 정의, 영향력 행사에 중점을 둔 정의, 권력 관계에 중점을 둔 정의, 목표 달성의 수단에 중점을 둔 정의, 상호 영향력에 중점을 둔 정의, 차별적 역할에 중점을 둔 정의, 구조 주도에 중점을 둔 정의 등 다양한 방식으로 정의될 수 있음을 언급하였다. 무엇에 중점을 두느냐에 따라 조금씩 다르게 정의될 수 있지만, 일반적으로 리더십은 "목표를 달성하기 위한 영향력 행사 과정"이라는 의미를 공통적으로 포함하고 있다. Northouse(2004)는 리더십이란 "조직 내에서 공동의 목표를 달성하기 위해 개인과 집단을 움직이게 하고 동기를 부여하는 등 영향을 미치는 과정이다."라고 정의하였으며 Rainey(2014)는 "리더십이란 조직 구성원들이 목표

그림 7-1 리더십의 개념

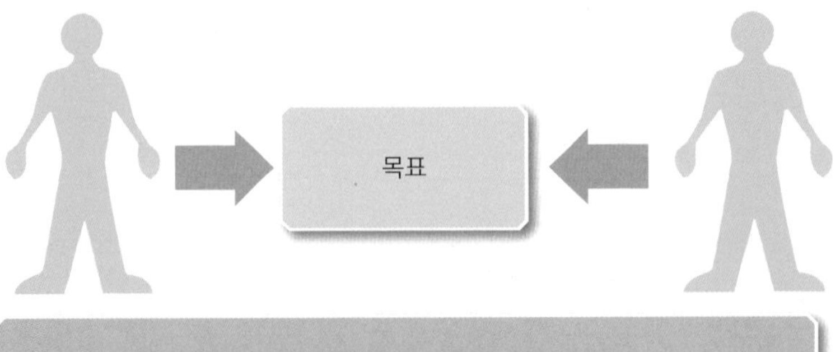

를 달성할 수 있도록 방향을 제시하고 열정을 북돋는 능력이다"라고 정의하였다. 또한 Robbins & Judge(2011)은 "리더십이란 목표와 비전 달성을 위해 집단에게 영향력을 행사 할 수 있는 능력이다"라고 정의하였다.

리더십은 "목표를 달성하기 위한 영향력 행사 과정"이라는 본질적 속성으로 인해 때로 관리(Management)라는 용어와 유사하게 이해되는데, Kouzes & Posner(2007)는 관리(Management)가 지시에 중점을 두고 조직 구성원들이 목표를 달성할 수 있도록 하는 활동인 반면, 리더십(Leadership)은 리더가 솔선수범하는 태도를 보이고, 미래 우리가 원하는 모습을 함께 그려나가고, 신뢰, 협력을 기초로 함께 의사결정을 해나가는 것 등을 특징으로 한다는 점에서 관리라는 개념과 구분된다고 설명하였다.

그렇다면 리더십에서의 핵심인 영향력의 원천은 무엇일까? French & Raven (1959)는 영향력의 원천으로서 보상적 권력(Reward Power), 강압적 권력(Coercive Power), 합법적 권력(Legitimate Power), 준거적 권력(Referent Power), 전문적 권력(Expert Power) 등 5개 유형을 제시하였다. 보상적 권력이란 받는 사람에게 의미 있는 금전적 · 비금전적 보상을 직접적으로 제공할 수 있는 능력이 있거나, 제공을 매개하는 역할을 수행할 수 있는 능력에 기초하여 발현되는 영향력을 의미하며 강압적 권력이란 보상적 권력과 유사하나, 처벌을 가할 수 있는 능력에 기초하여 발현되는 영향력을 의미한다. 합법적 권력은 조직 내에서 직위 및 규정, 규칙에 근거하여 발현되는 영향력을 의미한다. 공식적인 지위와 규정에 근거하여 발현되는 합법적 권력과

그림 7-2 영향력의 원천

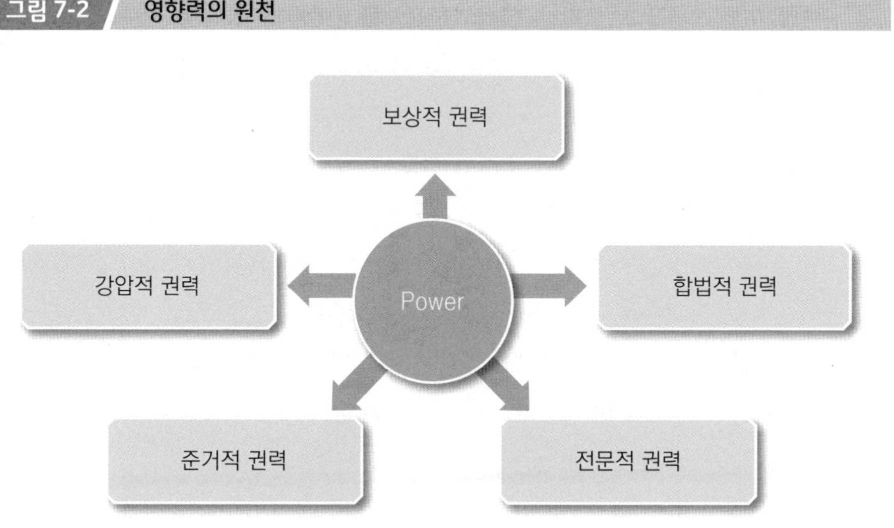

달리 준거적 권력은 조직 구성원과의 좋은 관계의 유지를 통해 조직 구성원들이 리더에게 존경심과 애정을 느끼게 됨으로써 발현되는 영향력을 의미한다. 마지막으로 전문적 권력이란 업무 분야에서 리더가 뛰어난 지식, 기술, 능력을 보유하고 있을 때 발현되는 영향력을 의미한다.

2. 리더십에 접근하는 관점의 변화

"리더는 타고난 것인가? 만들어지는 것인가?"라는 질문은 리더십을 연구하는 학자들이 오랫동안 논쟁의 주제로 다루어왔다. 리더십을 연구하는 데 있어 리더란 타고난 것이라고 보았던 학자들은 성공적인 리더들이 공통적으로 갖고 있는 특성을 규명하는 데 관심을 기울였고, 만들어질 수 있다고 보았던 학자들은 성공적인 리더들이 보이는 행동적 특징과 상황적 특징이 무엇인가를 규명하는 데 관심을 기울였다. 즉, "리더는 타고나는 것이다"라는 전제하에 리더십에 접근한 관점이 특성이론 연구자들의 관점이라면, "리더는 만들어지는 것이다"라는 전제하에 리더십에 접근한 관점은 행동이론과 상황이론 연구자들의 관점이라 할 수 있다. 이에 리더십에 접근하는 관점은 특성이론의 관점, 행동이론의 관점, 상황이론의 관점으로 변화해 왔다고 볼 수 있으며 여기에 정서적 측면을 강조한 현대적 리더십 이론을 추가하여 살펴볼 수 있다. 이를 구체적으로 살펴보면 다음과 같다.

- **특성 이론** 가장 초창기 리더십 연구는 특성이론의 시각이 지배적이었다. 특성이론은 리더에게는 리더가 아닌 사람과는 분명하게 구분되는 타고난 특징 및 자질 등이 있다고 보았다. 이에 성공적인 리더들이 공통적으로 갖고 있는 요인을 밝혀내는 것이 연구의 주된 목표였다.
- **행동 이론** 특성이론과 달리 행동이론은 리더가 갖고 있는 타고난 특성이 아니라 리더가 무엇을 어떻게 행하는지에 중점을 두었다. 이에 성공적인 리더들의 행태를 밝혀내는 것이 연구의 주된 목표였다.
- **상황 이론** 상황이론은 리더십 행태와 더불어 이러한 리더십의 효과성이 극대화 되는 상황적 특성이 무엇인지에 관심을 두었다. 이에, 상황적 특성에 적합한 리더십 유형을 규명하는 것이 연구의 주된 목표였다.

그림 7-3 리더십에 대한 관점의 변화

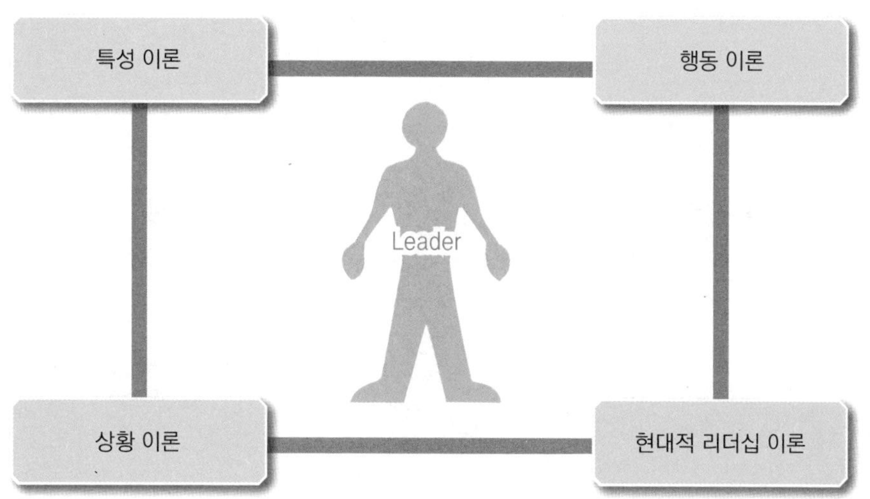

- **현대적 리더십 이론** 현대적 리더십 이론은 리더와 구성원 간의 관계에 있어 심리적 · 정서적 측면에서의 리더의 영향력에 관심을 두었다. 이에 조직을 효과적으로 이끌어 나가는 리더들이 조직 구성원들에게 어떠한 심리적 · 정서적 영향을 미치는가를 규명하는 것이 연구의 주된 목표였다.

제2절 리더십 이론의 이해

1. 특성 이론

앞서 살펴본 바와 같이 특성 이론(Trait Theory)은 기본적으로 리더는 타고나는 것이라고 보았다. 즉, 타고난 리더는 다른 사람과 구분되는 독특한 특징 · 자질을 갖고 있다고 보았고 이러한 요인들을 밝혀내는 것에 관심을 기울였다. 리더가 갖고 있는 특성은 신체적 특징(연령, 신장, 체중 등), 사회적 배경(교육 수준), 지적 능력(상식 수준, 판단력, 결단력 등), 욕구 특성(성취 욕구 수준, 관계 욕구 수준, 권력 욕구 수준 등), 직무 수행 관련 행동 특성(책임감 수준, 협동심 등) 등의 측면에서 논의되었다(Stogdill, 1974).

그림 7-4 리더십 특성 이론

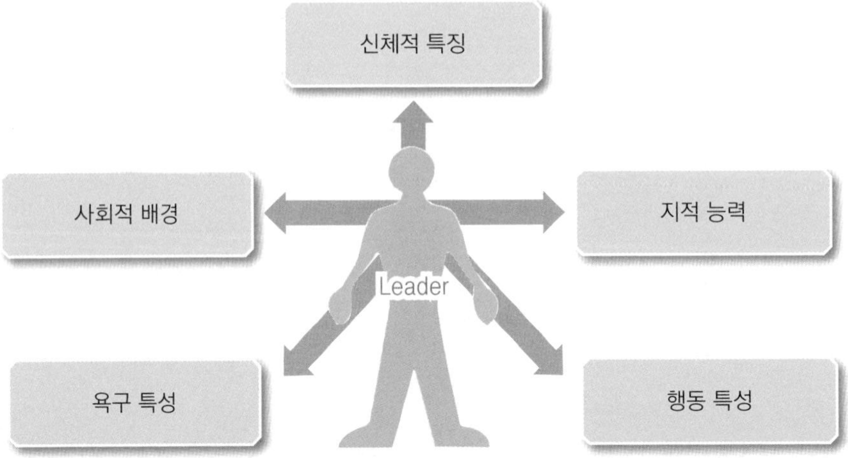

신체적 특징
사회적 배경
지적 능력
Leader
욕구 특성
행동 특성

특히, 특성이론은 사람의 성격적 요인을 개방성(Openness to Experience), 성실성(Conscientiousness), 외향성(Extraversion), 친화성(Agreeableness), 신경증(Neuroticism) 등으로 제시한 빅파이브(Big-Five) 성격 모형을 연구에 적용함으로서 더욱 많은 지지를 받게 되었는데, 많은 연구에서 성공적인 리더십의 성격적 특성으로 외향성이 높다는 것을 밝혀냈다.

이처럼 특성 이론은 리더의 특징 · 자질 측면에서 리더십의 예측 요인이 무엇인지를 밝히고자 시도하였다는 점에서 의의가 있으나, 선행연구들이 제시하고 있는 공통요인이 4~5개에 지나지 않아, 리더가 리더가 아닌 사람들과 어떻게 다른지에 대한 완전한 증거를 제시하지 못하면서 많은 비판에 직면하게 되었다.

2. 행동 이론

행동 이론(Behavioral Theory)은 특성 이론과 달리 리더십이 개발 가능하고 관리가 가능하다는 전제를 기초로 시작된 이론이다. 행동 이론은 리더가 갖고 있는 타고난 성격적 특징이나 자질에 초점을 맞추기 보다, 리더가 어떠한 행동을 어떻게 행하느냐에 중점을 두고 리더십의 효과성을 설명하였다. 즉, 성공적인 리더가 행동하는 방법을 찾아냄으로서 이를 토대로 사람들을 리더로 육성할 수 있을 것이라고 본 것이다. 행동 이론의 대표적인 연구로는 오하이오 주립대학교의 리더십 연구와 Blake & Mouton(1964)의 관리격자 모형(Managerial Grid)을 살펴볼 수 있다.

1) 오하이오 주립대학교의 연구

초기 행동 이론의 대표 연구라 할 수 있는 오하이오 주립대학교 연구에서는 "리더 행동 설명 질문(Leaders Behavior Description Questionnaire)"을 토대로 진행한 실증 연구와, 선행연구 검토 결과를 바탕으로 배려(Consideration)형 리더십 스타일과 구조주도(Initiating Structure)형 리더십 스타일이 조직 효과성과 관련이 있음을 밝혀냈다.

- **배려형 리더** 부하직원과의 관계를 가치 있게 여기는 관계 강조형 리더로서 구성원 간 상호 신뢰, 감정적 배려 등을 중요시 여기는 리더십 스타일로 이해할 수 있다.
- **구조주도형 리더** 생산성을 높이고 성과를 극대화하기 위해 조직 구성원들의 역할을 규정하고, 해야 할 업무를 명확히 설정하여 제시하는 등 성과강조형 통제적 리더십 스타일로 이해할 수 있다.

2) Blake & Mouton(1964)의 관리격자이론

Blake & Mouton(1964)은 오하이오 주립대학교의 연구를 토대로 과업에 대해 관심을 갖는 정도와 사람에 대해 관심을 갖는 정도에 따라 리더십 행동 유형을 구분한

그림 7-5 오하이오 주립대학교의 연구

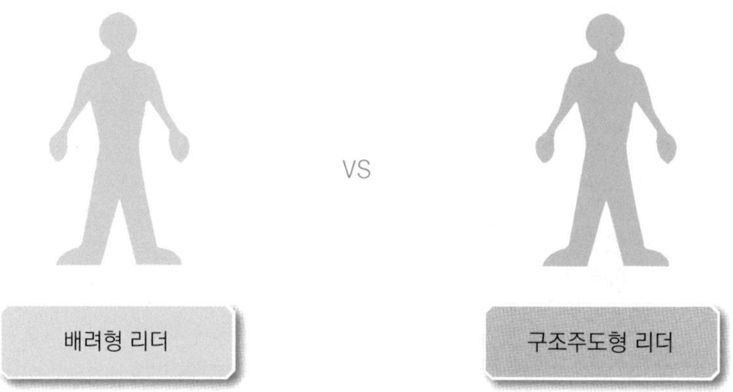

관리격자모형(Managerial Grid)을 제시하였다.

과업에 대해 관심을 갖는 정도를 9개 레벨로 표기하고, 사람에 대해 관심을 갖는 정도를 9개 레벨로 표기하여 총 81개의 격자를 구성하였는데, 각 지점을 대표하는 무관심형(Impoverished), 사교형(Country Club), 과업지향형(Task), 절충형(Middle of the Road) 등 5개 유형을 토대로 리더십 행동 유형을 설명하였다.

- **무관심형 리더** 과업과 사람 모두에 무관심한 리더십 스타일을 의미한다. 따라서 인간적 요소에는 최소한의 관심을 기울이며 이러한 리더는 과업 수행에 있어 단순히 과업을 끝내기 위한 최소한의 노력만 기울인다. 여기서의 무관심은 능력이 전혀 없는 것을 의미하는 것이 아니라 단지 노력을 기울이지 않는 것을 의미한다.
- **사교형 리더** 과업에 대한 관심은 낮고, 사람과의 관계에 대한 관심은 높은 리더십 스타일을 의미한다. 이러한 스타일의 리더는 사람들과의 관계를 만족시키기 위해 사람들의 욕구에 관심을 기울이고 이를 배려하여 안정감 있고 친숙한 조직으로 만들고자 한다. 다만, 이 경우 관계에만 관심을 두고 과업에는 관

그림 7-6 Blake & Mouton(1964)의 관리격자모형

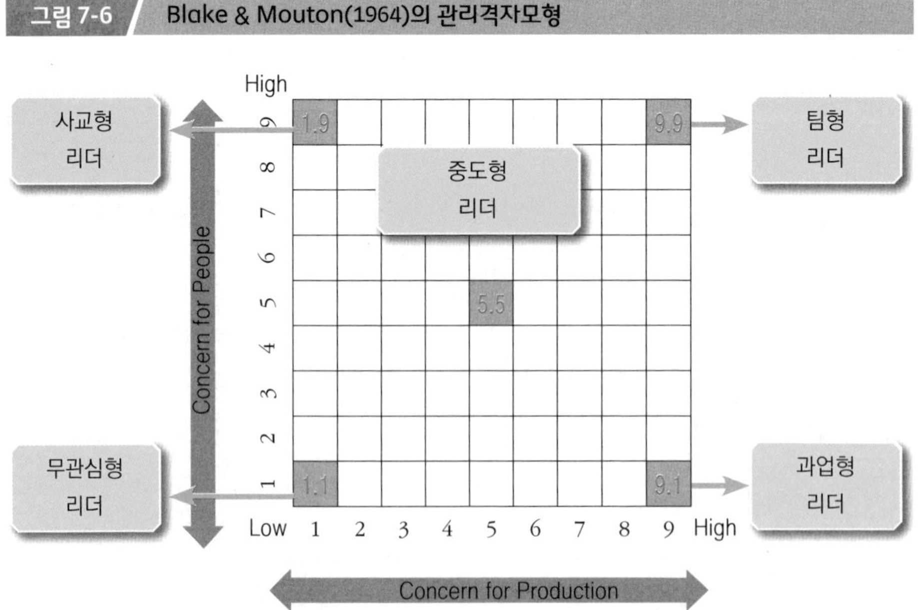

심을 두지 않기 때문에 과업 수행에 있어 통제와 지시와 같은 방법을 사용하지 않는다.

- **중도형 리더** 과업과 사람 관계 모두에 골고루 관심을 기울이는 리더십 스타일을 의미한다. 다만 과업을 수행하는 데 있어 명령과 지시 등 통제적 방법을 활용하기보다는 조직 구성원들의 만족스러운 사기 수준 유지를 통해 조직 성과를 향상시키는 등의 방법을 활용하여 균형을 이루고자 한다.
- **과업형 리더** 과업에 대한 관심은 매우 높으나 관계에 대한 관심은 매우 낮은 리더십 스타일을 의미한다. 이에 과업형 리더는 관계적 측면에서 단지 작업의 효율성 향상을 위해 필요한 최소한의 노력만을 기울인다. 특히 과업을 수행하는 과정에서 권한, 명령, 지시, 통제, 규칙의 준수와 같은 요소를 매우 강조한다.
- **팀형 리더** 과업에 대한 관심과 사람에 대한 관심 모두 높은 리더십 스타일을 의미한다. 이러한 리더는 과업 목표와 조직의 목표 달성을 위해 조직 구성원 공통의 이해관계에 중점을 두고 신뢰와 존중을 기반으로 과업을 수행함으로서 최선의 결과를 얻고자 한다.

3. 상황이론

리더십의 행동 유형을 규명하고 이를 개발함으로써 리더로 육성할 수 있다고 보았던 행동이론은 리더가 그러한 행동을 보이게 된 상황적 맥락과, 특정 리더십 행태가 효과적인 상황적 맥락이 무엇인지를 설명하지 못함으로써 비판에 직면하게 되었다. 이에 상황에 따라 리더십의 효과성이 달라질 수 있다는 시각에 기초하여 이러한 상황적 특성을 밝히고자 하였던 상황 이론이 등장하게 되었다. 즉, 상황 이론(Situational Theory)은 리더와 구성원, 리더십과 성과 간의 관계에 있어 최적의 상황적 맥락이 무엇인지를 규명하는 데 중점을 두었다.

상황이론의 대표 연구로 Fiedler(1964)의 연구를 살펴볼 수 있다. Fiedler(1964)는 리더십의 효과성이 리더의 행태적 특성과 상황적 유리성(Situational Favorableness)에 의해 결정된다고 보았다.

리더의 행동스타일은 행동이론에서 설명하는 바와 마찬가지로 과업지향형 리더 스타일과 관계지향형 리더 스타일로 구분하였다. 상황적 유리성은 관계적(Affective

그림 7-7 Fiedler(1964)의 상황이론

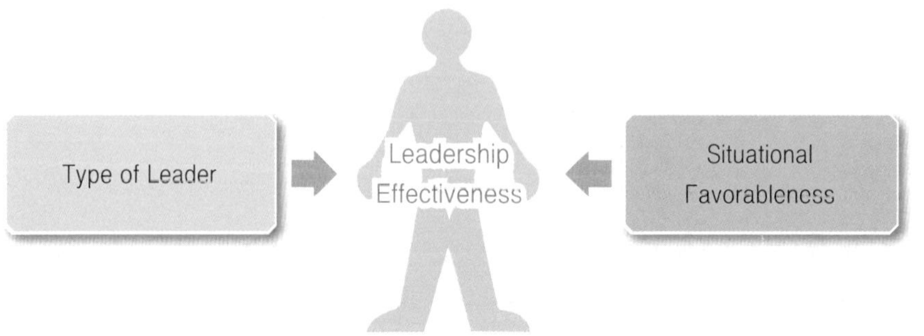

Leader-Group Relations) 특징, 구조적(Task Structure) 특징, 지위 권력적(Position Power) 특징에 따라 달라질 수 있다고 보았다.

- **관계적 특징** 리더와 개인, 리더와 집단 간의 관계에 있어 리더가 얼마만큼 조직 구성원들로부터 신뢰와 존경을 받고 있느냐를 의미한다.
- **과업 구조적 특징** 과업이 얼마만큼 구조화 되어 있는가에 관한 것이다. 즉, 명확한 목표가 제시되어 있고, 이러한 목표를 달성할 수 있는 분명한 방법이 제시되어 있는 정도를 의미한다.
- **지위 권력적 특징** 리더가 조직 구성원들에게 보상과 처벌을 가할 수 있는 권한을 갖고 있는 정도를 의미한다.

그림 7-8 상황적 유리성의 결정

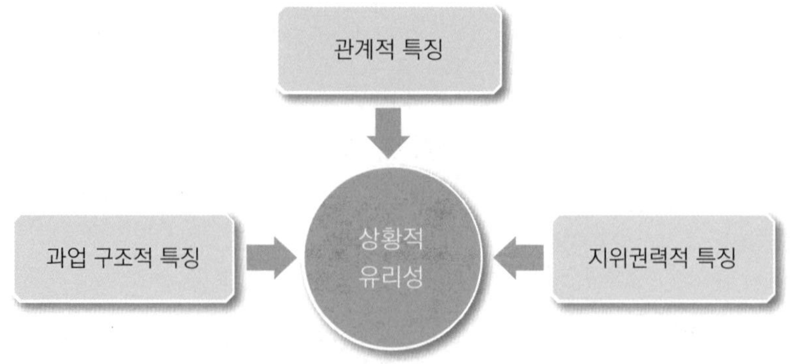

그림 7-9 리더십 스타일과 상황적 유리성에 따른 성과와의 관계

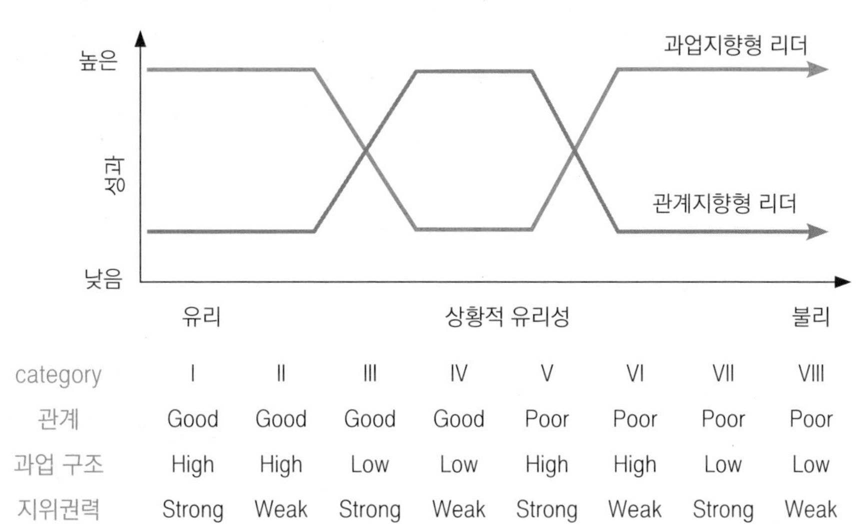

category	I	II	III	IV	V	VI	VII	VIII
관계	Good	Good	Good	Good	Poor	Poor	Poor	Poor
과업 구조	High	High	Low	Low	High	High	Low	Low
지위권력	Strong	Weak	Strong	Weak	Strong	Weak	Strong	Weak

자료: Fiedler(1967)

이러한 3가지 상황적 특징에 기초하여 Fiedler는 리더가 조직 구성원들로부터 신뢰를 받고 있고, 조직내 과업의 구조화 수준이 높으며, 높은 수준의 지위 권한을 보유하고 있을 때, 상황적 유리성 수준, 즉 리더의 상황 통제력 수준이 매우 커진다고 보았다.

이에 3가지 특성에 따라 상황적 유리성 수준을 8개 유형으로 구분하고 관계지향형 리더십과 과업지향형 리더십이 효과적인 상황이 무엇인지를 살펴본 바, 리더에 대한 상황적 유리성 수준이 매우 높거나 낮을 때, 즉, 상황 통제력 수준이 매우 높거나 낮을 때는 과업 중심형 리더가 효과적인 것을 확인할 수 있었고, 반대로 상황통제력 수준이 보통일 때는 관계중심형 리더가 보다 효과적임을 알 수 있었다.

4. 현대 이론

1) 카리스마 리더십(Charismatic Leadership)

카리스마(Charisma)의 어원은 '신의 은총', '선물'을 뜻하는 그리스어 'Khárisma'에서 유래하였다. 이에 카리스마 리더십은 타인으로부터 일반적인 사람과 다른 예외적

그림 7-10 카리스마 리더십

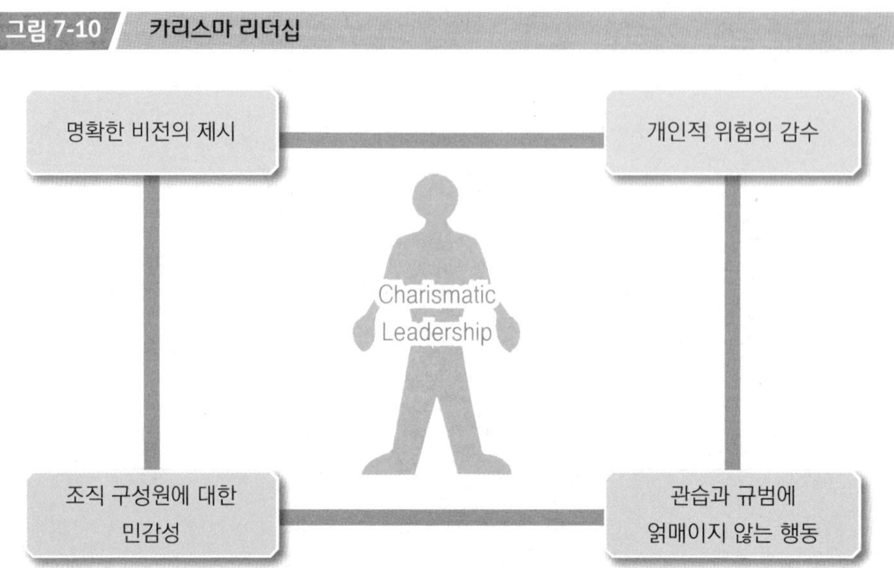

인 능력과 자질을 갖고 있는 사람이라고 인정될 때, 이러한 사람을 리더라고 보았다. House(1977)는 카리스마 리더십(Charismatic Leadership)의 특성으로 명확한 비전의 제시, 개인적 위험의 감수, 조직 구성원에 대한 민감성, 관습과 규범에 얽매이지 않는 행동 등을 제시하였다.

- **명확한 비전의 제시** 더 나은 조직으로 발전하기 위한 비전을 갖고 있으며, 이를 구체적으로 어떻게 실현할 수 있을지에 대해 조직 구성원에 명확히 제시할 수 있음을 의미한다.
- **개인적 위험의 감수** 조직의 비전과 목표를 달성하기 위해 개인적인 위험이나 개인적 손실을 기꺼이 감당해 내고자 하는 희생정신을 의미한다.
- **조직 구성원에 대한 민감성** 조직 구성원들의 욕구체계와 능력을 정확히 파악하고, 심리적 특징을 세심하게 살피고자 하는 특성을 의미한다.
- **관습과 규범에 얽매이지 않는 행동** 자신감 넘치는 행동을 보여주기 위해 전통이나 규범에 얽매인 틀에 박힌 행동을 하지 않는 것을 의미한다.

2) 거래적 리더십(Transactional Leadership)

거래적 리더십(Transactional Leadership)은 오하이오 주립대학교의 연구, 피들러의

그림 7-11 거래적 리더십

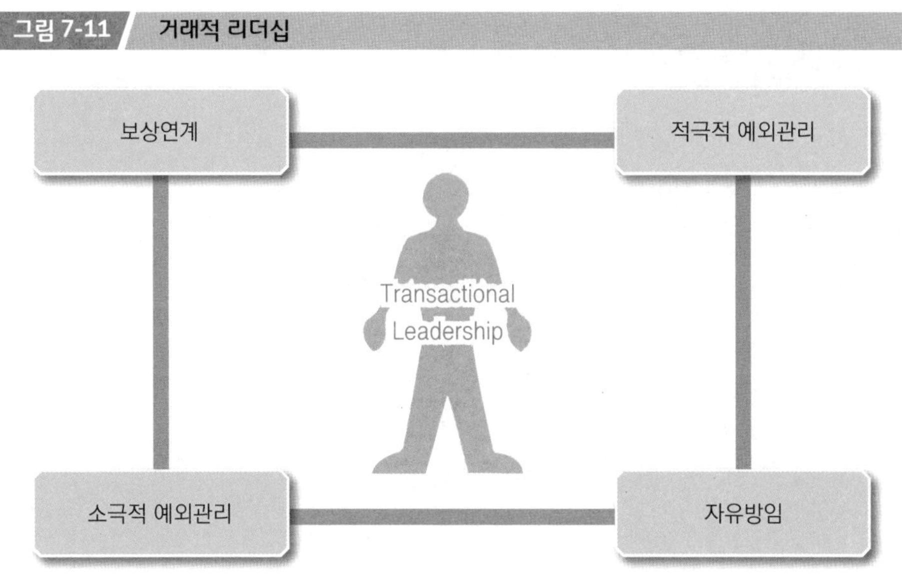

상황모델과 같은 기존의 리더십 연구와 마찬가지로 리더와 조직 구성원 간의 관계를 "거래적 관계"로 설정하고, 조직 구성원들이 목표 달성에 기여했을 때는 보상을 주고, 그렇지 못했을 때는 처벌을 가하는 방식을 중심으로 리더십을 설명하였다.

거래적 리더십의 주요 특성으로는 보상의 연계(Contingent Reward), 적극적 예외 관리(Active Management by Exception), 소극적 예외 관리(Passive Management by Exception), 자유 방임(Laissez-Fair) 등을 제시하였다.

- **보상의 연계** 성과와 보상을 연계하여, 조직 구성원들이 우수한 업적을 달성했을 때 그에 상응하는 충분한 대가를 제공함으로써 수고를 인정해주는 것을 의미한다.
- **적극적 예외 관리** 규칙에 어긋나는 행동을 하지 않도록 지속적으로 관리 · 감독하는 것을 의미한다.
- **소극적 예외 관리** 규칙에 어긋나는 행동을 했을 경우 개입하여 문제 상황을 시정하는 것을 의미한다.
- **자유 방임** 의사결정 및 책임을 회피하는 태도를 의미한다.

3) 리더-구성원 교환(LMX: Leader-Member Exchange) 이론

리더-구성원 교환 이론(Leader-Member Exchange Theory)에서는 리더가 조직과 팀의 성격, 리더십 유형과는 무관하게 암묵적 · 비공식적으로 일부 부하직원들과 인간적으로 보다 특별하고 더욱 친밀한 관계를 형성 · 유지한다고 주장한다. 리더-구성원 교환관계를 기준으로 볼때, 관계의 질적수준이 높은 집단을 내부집단(In-group), 질적수준이 낮은 집단을 외부집단(Out-group)으로 구분한다.

- **내부 집단 구성원(높은 수준의 LMX)** 전체 조직 구성원들의 5%~10%정도의 인원으로 추정할 수 있는데, 이들에게는 외부집단 구성원보다 리더와 더 많은 상호교류와 신뢰를 쌓을 수 있는 기회가 주어지며, 금전적 · 비금전적 보상 및 인센티브뿐만 아니라 더 높은 자율성, 의사결정권과 함께 적극적인 의사소통 기회가 보장되는 상황이 주어진다.
- **외부 집단 구성원(낮은 수준의 LMX)** 공식적인 관계가 권위, 규칙 등에 의해 통제되며 유지되는 경향을 보인다.

Slocum & Hellriegel(2011)에 의하면 리더가 조직 구성원을 내부집단 구성원으로 선택하는 기준은 리더와 유사한 인구통계학적 특성을 보유하고 있거나, 업무적으로 뛰어난 능력을 갖고 있는 경우가 많았다고 설명하였다. 이러한 대별되는 집단별 관계성은 시간이 경과해도 상대적으로 안정적으로 유지되지만 높은 수준의 교환관계

그림 7-12 리더-구성원 교환 이론

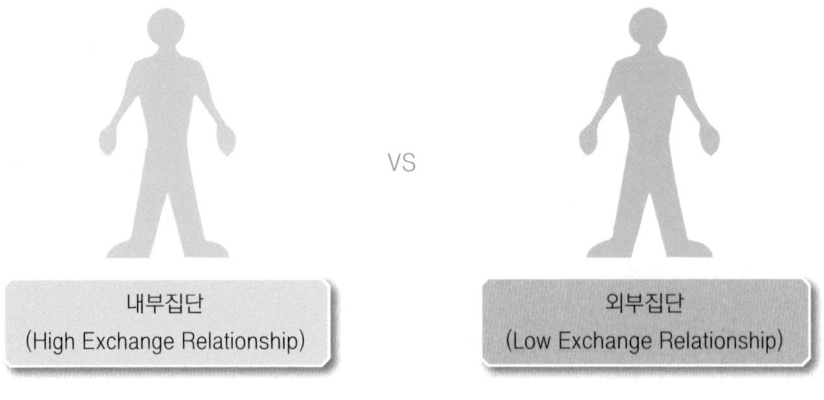

가 유지되기 위해서는 리더와 구성원들 간 상호 신뢰와 만족이 필수적이므로 리더와 구성원 모두 이러한 관계에 지속적인 관심과 노력을 기울여야 한다.

4) 변혁적 리더십(Transformational Leadership)

변혁적 리더십(Transformational Leadership)은 리더와 구성원간의 교환관계를 기반으로 했던 기존의 시각과 달리 조직이 발전하기 위해서는 지금과는 완전히 다른, 단절적인 변혁이 필요하며 그에 걸맞는 조직 구성원들의 태도 · 행동 변화를 위한 리더의 역할을 강조하였다. 이에 Bass(1990)는 변혁적 리더십의 주요 요소로서, 영감적 동기부여(Inspirational Motivation), 지적 자극(Intellectual Stimulation), 이상화된 영향력(Idealized Influence), 개별적 고려(Individualized Consideration) 등 4개 요소를 제시하였다.

- **영감적 동기부여** 리더의 직관을 강조하며, 구성원들에게 높은 기대감을 전달하고 이들이 그러한 목표에 집중할 수 있도록 주요 목표를 단순명료하게 전달하는 것을 의미한다.
- **지적 자극** 지속적인 학습, 지성, 합리성 등을 강조하며 새로운 방식으로 문제에 접근할 수 있도록 장려하는 활동을 의미한다.
- **이상화된 영향력** 카리스마적 특성으로 비전과 미션을 명확히 제시하고, 조직 구성원들이 조직에 몰입하고 자부심을 느낄 수 있도록 행동하며, 구성원들로

그림 7-13 변혁적 리더십

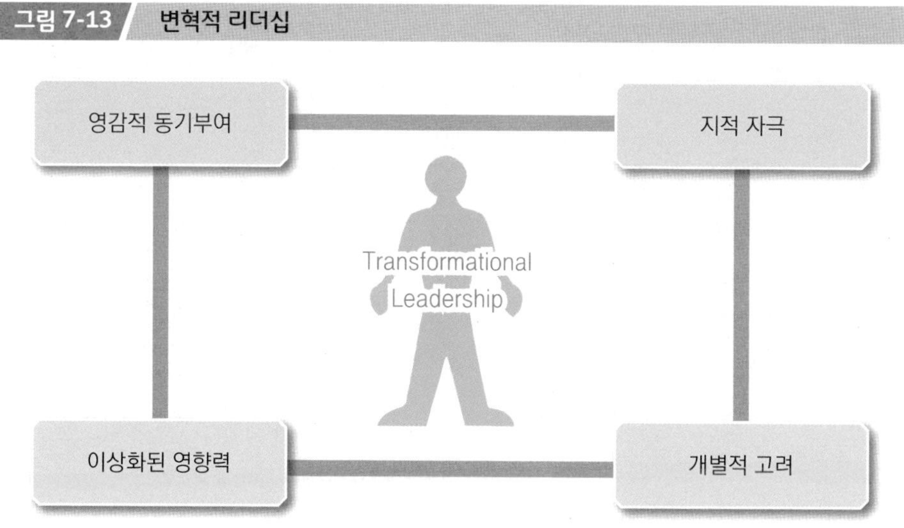

부터 존경과 신뢰를 받는 것을 의미한다.

- **개별적 고려** 조직 구성원 개개인의 내적 다양성에 사려 깊게 접근하며 개별적인 코칭과 조언을 아끼지 않는 것을 의미한다.

5) 서번트 리더십(Servant Leadership)

서번트 리더십(Servant Leadership)은 Greenleaf(1977)에 의해 대중화된 개념이다. 서번트 리더는 타인에 대한 봉사를 최우선으로 하며, 이러한 봉사를 통해 타인들을 이끌며, 조직 구성원들과 고객, 그리고 커뮤니티를 우선으로 하여 그들의 욕구를 만족시키기 위해 헌신하는 리더로 이해할 수 있다. 따라서 서번트 리더십의 핵심 개념은 봉사를 행하고(Serving) 도움을 제공(Hepling)하는 것에 있다. 유사한 맥락에서, Yukl(2002)는 서번트 리더가 부하의 의견에 경청하고, 부하를 칭찬하고 지원해주며, 부하의 욕구를 충족시켜주고자 노력하는 리더라고 설명하였다. 이에 서번트 리더십은 자신의 욕구보다 조직의 목표, 조직 구성원들의 욕구를 보다 강조하며, 권한위임 등을 강조한다. 또한 서번트 리더십은 부하들의 창의적인 역량을 향상시키고 업무상의 책임성을 강화하기 위해 부하들의 개발에도 초점을 두게 된다. 즉, 서번트 리더십은 조직의 목표를 조직을 구성하고 있는 조직 구성원들의 성장과 개발 그리고 전반

그림 7-14 서번트 리더십의 핵심 구성 요소

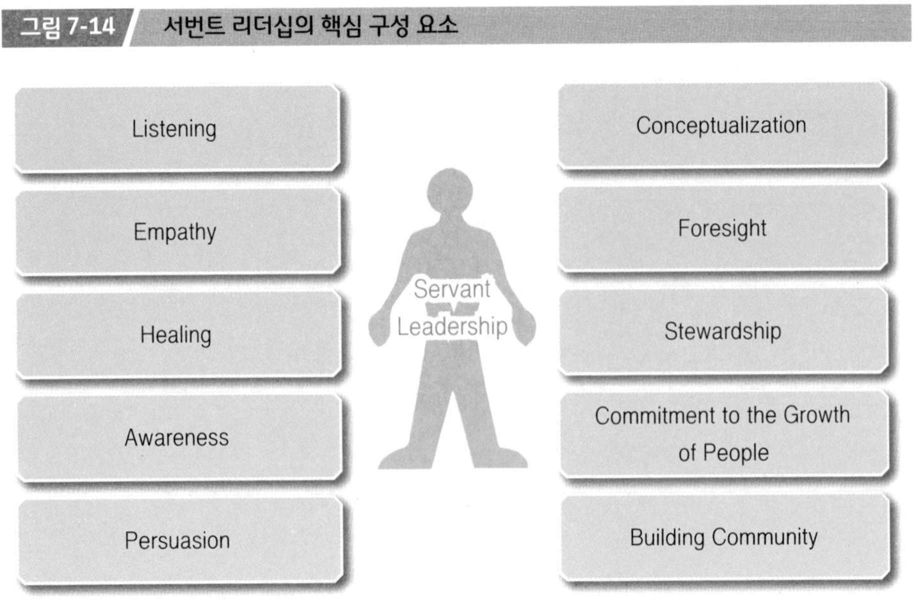

적인 삶의 복지를 촉진시켜주고 지원해줌으로써 이루어낼 수 있다는 신념을 기초로 한다(Stone et al., 2004).

참고 7-1 리더십 측정문항

리더십 측정 설문 문항			
변수		설문항목	출처
거래적 리더십	상황적 보상	나의 상사는 업무성과에 따라 높은 보상을 받을 수 있다고 강조한다.	Bass & Avolio (1992)
		나의 상사는 노력에 대한 교환조건으로 내가 원하는 것을 얻을 수 있다는 확신을 심어준다.	
		나의 상사는 내가 업무목표를 달성했을 때 그 목표달성을 인정해 주고 보상을 제공한다.	
	예외에 의한 관리	나의 상사는 업무 중에서 목표에 미달되고 있는 부분에 대해서만 신경을 써서 관리한다.	
		나의 상사는 내가 실수를 했을 경우에만 관여하여 조치를 취해준다.	
		나의 상사는 원칙이나 규칙대로 행동하는 것을 강조한다.	
변혁적 리더십	카리스마	나의 상사는 성공과 성취의 상징이다.	
		나의 상사는 어떠한 난관도 극복할 수 있다고 믿는다.	
		나의 상사와 함께 근무하는 것을 자랑스럽게 생각한다.	
	개별적 배려	나의 상사는 부하직원을 지도하는 것에 많은 시간을 할애한다.	
		나의 상사는 나를 하나의 인격체로 대우해준다.	
		나의 상사는 부하직원에게 격려의 말을 자주 한다.	
	지적 자극	나의 상사는 문제해결을 위해 다른 관점을 모색하려고 한다.	
		나의 상사는 내가 전혀 의문을 갖지 않았던 생각을 제고하게 한다.	
		나의 상사는 부하직원의 창의적인 아이디어 제시에 비판을 자제한다.	
서번트 리더십	봉사	나의 상사는 실패의 가능성이 있을지라도 위험을 감수하고 부하직원들을 지원한다.	Polley (2002)
		나의 상사는 부하직원을 배려하는 입장에서 결정을 내린다.	
		나의 상사는 자신보다 부하직원의 욕구(필요)를 채우려고 노력한다.	
	경청	나의 상사는 부하들의 의견을 진지하게 듣는다.	
		나의 상사는 자신의 견해와 다른 의견이나 비평을 잘 받아들인다.	
		나의 상사는 부하들의 다양한 의견을 포용하려고 노력한다.	
	신뢰	나의 상사는 자신이 생각하는 바를 솔직하게 드러내고 협력을 구한다.	
		나의 상사는 부하에게 약속한 것을 실천하려고 노력한다.	
		나의 상사는 자신의 한계와 실수를 솔직하게 인정한다.	
	부하 육성	나의 상사는 부하의 업무능력을 향상시키기 위해 노력한다.	
		나의 상사는 업무수행에 필요한 자원을 제공하려고 노력한다.	
		나의 상사는 부하들이 변화하는 조직 환경에 적응하도록 지원한다.	

박용만 회장의 '리더십 10계명'…경청이 으뜸

백우진 기자

손수레를 끄는 것보다 자동차를 운전하는 것이 쉬운 이유는 불타는 엔진이 있기 때문이다. 열정을 가져라. 나는 불완전한 존재라는 점을 항상 인정하고 명심하라. 아는 척하면 아무도 도와주지 않는다. 모르면 물어라. 부하에게 일을 맡기고 빨리 키우는 것이 네 업적을 키우는 길이다. 외로운 싸움 하지 말아라.

박용만(60) 두산그룹 회장이 2세에게 준 '리더십 십계명' 중 일부다. 박 회장은 '말하기보다 많이 들어라', '찡그리기보다 많이 웃어라'를 앞에 꼽았다. 박 회장은 가톨릭 다이제스트와의 인터뷰에서 리더십 10계명을 들려줬다. 가톨릭 다이제스트 3월호에 실린 인터뷰 중 리더십 10계명을 소개한다.

경청, 진실, 사랑이 중요

첫째, 말하기보다 많이 들어라. 신중하고 세심하게 들어주는 것 자체가 강력한 리더십의 표현이다.

둘째, 찡그리기보다 많이 웃어라. 고통과 근심에 가까이 가고픈 사람은 없다. 웃음과 행복에는 누구나 가까이 가고 싶어 한다.

셋째, 진실만을 입에 담아라. 진실이 아닌 말을 해야 할 때는 차라리 입을 다물어라. 신뢰는 진실에서부터 시작한다.

넷째, 자식도 직원도 사랑한 만큼 성장한다. 겉치레나 계산으로 부하를 성장시킬 수 없다. 칭찬도 질책도 먼저 진정한 사랑을 지니고 해라. 자상하게 살피고 돌보는 마음을 가져야 리더인 것이다.

다섯째, 너 혼자 하는 것보다 여러 직원들과 함께 해야 당연히 더 많이 이룬다. 부하에게 일을 맡기고 빨리 키우는 것이 네 업적을 키우는 길이다. 외로운 싸움 하지 말아라.

여섯째, 모르면 물어라. 나는 불완전한 존재라는 점을 항상 인정하고 명심해라. 아는 척하면 아무도 도와주지 않는다. 내가 불완전해야 남이 보인다. 내가 완벽하면 남이 보이지 않는다.

일곱째, 실수를 인정하고 약속은 반드시 지켜라. 실수는 누구나 하는 것이니 그 실수를 받아들이고 인정해라. 약속을 반드시 지키면 신뢰가 이루어지고 신뢰가 쌓이면 한마디만 해도 통한다.

여덟째, 사람을 미워하지 말고 문제를 미워해라. 사람을 공격하는 것은 시간낭비다. 문제를 공격하는 것이 효율적인 방법이다. 비난은 사람을 위축시키고 감정은 반발을 불러온다.

아홉째, 성실하게 최선을 다하고 열정을 가져라. 편법과 게으름은 자신을 좀먹는다. 열정은 엔진이다. 손수레를 끄는 것보다 자동차를 운전하는 것이 쉬운 이유는 불타는 엔진이 있기 때문이다.

열째, 나에게 인색하고 남에게 후하게 대하라. 하지만 항상 나만한 행운아도 없다고 생각하라. 가지지 못한 사람을 배려할 줄 모르는 사람은 가질 자격이 없는 사람이다.

소통하는 기획통

박 회장은 재계 인맥의 허브이며 트위터에 이어 요즘에는 페이스북에서 각계각층과 활발하게 소통하고 있다. 동갑내기 양띠 친구인 조동길(60) 한솔그룹 회장과 오랜 친구이고 이서현(42) 제일모직 경영전략 담당 사장, 김재열(47) 제일기획 스포츠총괄 사장 부부와도 친하다.

초등학교 때 첫사랑 강신애(60) 여사와 사이에 2남을 두었다. 장남 서원(36) 씨는 광고기획사 빅앤트인터내셔널을 설립해 운영하다 지난해 두산 계열 오리콤의 크리에이티브 총괄(CCO)로 영입됐다. 차남 재원(30) 씨는 두산인프라코어에서 차장으로 근무하고 있다.

가톨릭 신자로 2013년 가톨릭주보에 외할머니의 사랑을 추억하는 글을 기고하기도 했다.

박 회장은 두산중공업, 두산건설, 두산 등 계열사 주요 회장을 거쳐 2012년 3월 박용현 전 회장의 뒤를 이어 두산그룹 회장으로 공식 취임했다. 2013년 대한상공회의소 회장으로 추대됐고 올해 연임이 확실시 된다.

박 회장은 1995년 두산그룹 기획조정실장(부사장)을 맡아 두산그룹의 중심을 소비유통업에서 중공업으로 옮겨놓은 기획력과 실행력을 보여줬다. 그는 OB맥주 코카콜라 네슬레 등 식음료업체를 매각하고 두산중공업(전 한국중공업), 두산인프라코어(전 대우종합기계), 미국 중장비업체 밥캣 등을 인수했다.

두산그룹 3세대 경영자인 그는 고 박두병 회장의 다섯째 아들로 태어나 경기고와 서울대 경영학과를 졸업했다. 학부 졸업 후 외환은행에서 2년여 근무하고 미국 보스턴대에서 경영학 석사(MBA) 학위를 받은 뒤 두산건설 사원으로 입사했다.

1990년 두산음료 임원으로 승진했고 1995년부터 동아출판사 부사장 겸 OB맥주 부사장으로서 두산그룹 기획조정실장 부사장을 맡았다. 이때 그룹 업무를 총괄하기 시작했다.

출처: 아시아경제(2015.02.03)

정종섭 장관, 여성공무원들과 '점심 데이트'

장우성 기자

최근 행정자치부 전산망 내부 익명게시판에는 한 워킹맘의 '엄마가 미안하다'는 제목의 글이 올라왔다.

거듭되는 야근과 주말 출근, 회식에 아이들을 제대로 신경써주지 못하는데, 바쁜 아침 출퇴근 시간에는 도리어 화를 내게 된다는 사연이었다. 이글은 2000건이 넘는 조회수와 40여건이 넘는 댓글이 달렸다.

정종섭 행정자치부 장관은 16일 행자부 내 과장급 이상 여성공무원과 오찬 간담회를 열어 애로사항을 듣고 격려했다.

행자부 본부와 소속기관에 근무하고 있는 과장급 이상 여성공무원은 총 13명이다.

정 장관은 내부에서 반향을 일으켰던 '엄마가 미안하다' 글을 읽고 안타까웠다고 밝히며 "여성 특유의 꼼꼼함과 섬세함으로 전문성을 갖추고 부드러운 리더십으로 조직을 통솔해 나가는 업무 노하우가 있으며, 소통과 협력에 능한 것이 여성관리자의 장점"이라고 밝혔다.

또 "1년 365일이 가정의 날이지 특정 요일만 가정의 날로 지정하는 것 자체가 어불성설"이라며 "근무시간의 탄력적인 조정, 일하는 방식 혁신 등을 통해 일과 가정이 양립하는 선진 조직문화를 만들어 나갈 것"이라고 말했다.

정 장관은 취임 후 행자부 내에서 수요일마다 시행됐던 '가족사랑의 날' 금요일까지 확대하고 정시퇴근 문화 정착을 강조해왔다.

출처: 뉴스원(2015.02.16)

Step 1 Wrap-Up Exercise

민간조직인 두산의 리더 박용만 회장과, 공공조직인 행정자치부의 리더 정종섭 장관의 사례를 바탕으로 성공적인 리더의 조건에 대해 논의해 보고, 공공조직과 민간조직에서 필요로 하는 리더십 유형에 대해 논의해 보자.

Research Follow-Up

서번트 리더십이 부하의 직무만족과 직무몰입에 미치는 영향 : 직무스트레스의 매개역할을 중심으로

본 연구는 군조직에서 상사의 서번트 리더십이 부하의 직무만족과 직무몰입에 미치는 영향관계를 직무스트레스의 매개역할을 중심으로 살펴보았다. 분석결과 첫째, 서번트 리더십은 직무만족에 유의한 직접적인 영향을 미쳤다. 둘째, 서번트 리더십은 직무몰입에 유의한 직접적인 영향을 미쳤다. 셋째, 서번트 리더십은 직무스트레스를 매개로 하여 직무만족과 직무몰입에 유의한 간접적인 영향을 미치는 것으로 나타났다. 특히 서번트 리더십과 직부반족 간의 관계에서 직무스트레스의 매개효과가 더욱 두드러지는 것으로 나타났다. 이러한 결과는 군조직에서 상사의 서번트 리더십이 부하의 직무스트레스를 낮춤으로써 궁극적으로 부하의 직무만족과 직무몰입 제고에 효과적일 수 있음을 보여주고 있다.

그림 7-15 연구 모형

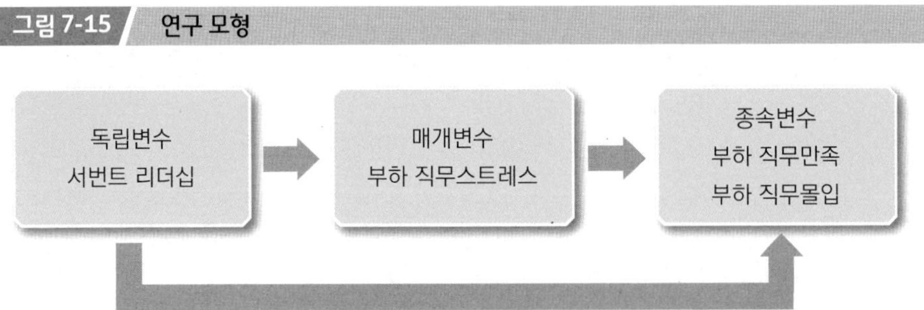

자료: 김정식 · 류은영 · 박성민(2011)

Step 2 Wrap-Up Exercise

김정식 · 류은영 · 박성민(2011)의 연구는 스트레스와 직무만족, 직무몰입에서 서번트리더십의 중요성에 대해 설명하고 있다. 김정식 · 류은영 · 박성민(2011)의 연구에 기초하여 조직 관리 및 인사 관리의 시각에서 서번트 리더십의 유용성에 대해 논의해 보고, 이를 개발할 수 있는 방법에 대해 고민해 보자.

김정식 · 류은영 · 박성민. (2011). 서번트 리더십이 부하의 직무만족과 직무몰입에 미치는 영향: 직무스트레스의 매개역할을 중심으로. *정책분석평가학회보*, 21(3), 239–271.

Bass, B. M. (1997). Does the transactional–transformational leadership paradigm transcend organizational and national boundaries?. *American Psychologist*, 52 (2), 130–139.

Bass, B. M., & Avolio, B. J. (1990). Developing transformational leadership: 1992 and beyond. *Journal of European industrial training*, 14(5).

Bass, B.M. (1990). *Bass and Stogdill's handbook of leadership: Theory, research, and applications* (3rd ed.). Free Press.

Blake, R., & Mouton, J. S. (1964). *The managerial grid*. Gulf Publishing Co.

Fiedler, F. E. (1964). A contingency model of leadership effectiveness. In L. Berkowitz (Ed.), *Advances in experimental social psychology* (pp.149–190). Academinc Press.

Fiedler, F. E. (1967). *A theory of leadership effectiveness*. McGraw–Hill.

French Jr, J. RP, Jr., & Raven, B.(1959). *The bases of social power*. Studies in Social Power, 150–167.

Greenleaf, R. K. (1977). *Servant leadership: A journey into the nature of legitimate power and greatness*. Paulist Press.

House, R. J. (1977). A 1976 theory of charismatic leadership. In J. G. Junt and L. L. Larson (Eds.), *Leadership: The cutting edge* (pp. 189–207). Southern Illinois University Press.

Kouzes, J. M., & Posner, B. Z. (2007). *The leadership challenge: The most trusted source on becoming a better leader*. Jossey–Bass.

Northouse, P. G. (2004). *Leadership: Theory and practice* (3rd ed.). Sage Publications.

Polley, M. (2002). One university's response to the anti–leadership vaccine: Developing servant–leaders. *Journal of Leadership Studies*, 8(3), 117–130.

Rainey, H. G. (2014). *Understanding and managing public organizations* (5th ed.). Jossey–Bass.

Robbins, S. P., & Judge, T. A. (2011). *Organizational behavior* (4th ed.). Pearson.

Slocum, J. W., & Hellriegel, D. (2011). *Principles of organizational behavior* (13th ed.). South–Western Cengage Learning.

Stogdill, R. M. (1974). *Handbook of leadership: A survey of the literature*. Free Press.

Stone, A. G., Russell, F. R., & Patterson, K. (2004). Transformational versus servant leadership: A

difference in leadership focus. *The Leadership and Organization Development Journal*, 25(4), 349-361.
Yukl, G. (2002). *Leadership in Organizations*. Prentice Hall.

인터넷 교보문고(http://www.kyobobook.co.kr/)
네이버 영화소개(http://movie.naver.com/)

아시아경제(2015.02.03)
뉴스원(2015.02.16)

Chapter 8

구조

Framework

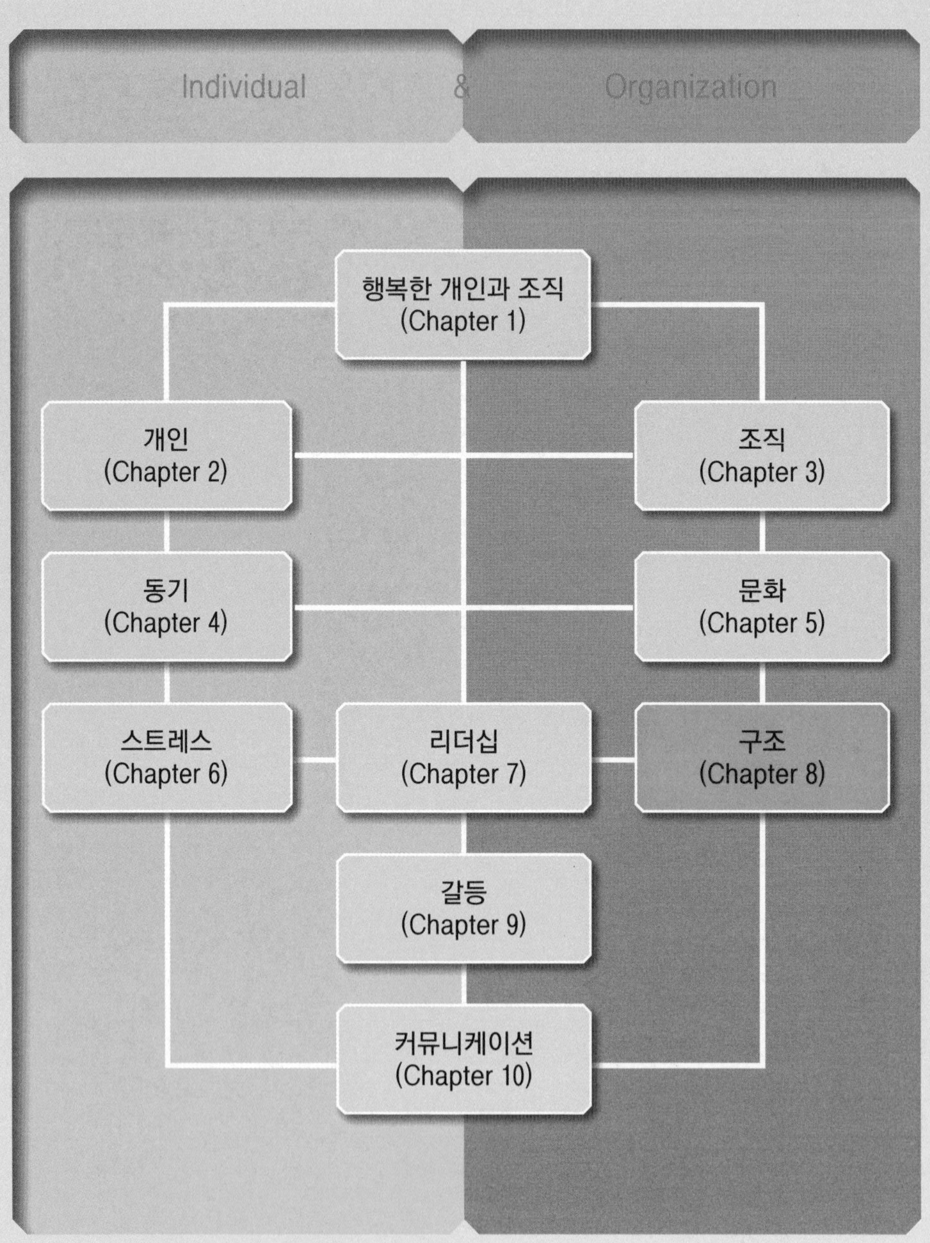

Individual
&
Organization
행복한 개인과 조직
(Chapter 1)
개인
(Chapter 2)
조직
(Chapter 3)
동기
(Chapter 4)
문화
(Chapter 5)
스트레스
(Chapter 6)
리더십
(Chapter 7)
구조
(Chapter 8)
갈등
(Chapter 9)
커뮤니케이션
(Chapter 10)

Keywords

- 구조(Structure)
- 조직 설계(Organizational Design)
- 복잡성(Complexity)
- 집중화(Centralization)
- 공식화(Formalization)
- 전략 경영층(Strategic Apex)
- 중간 관리자(Middle Line)
- 핵심 운영층(Operating Core)
- 전문 기술 인력(Technostructure)
- 지원 인력(Support Staff)
- 이데올로기(Ideology)
- 단순 구조(Simple Structure)
- 기계적 관료조직(Machine Bureaucracy)
- 전문적 관료조직(Professional Bureaucracy)
- 특별 임시조직(Adhocracy)
- 사업부 형태(Divisionalized Forms)
- 기능별 구조(Functional Structures)
- 혼합형 구조(Hybrid Structures)
- 매트릭스 구조(Matrix Structures)
- 시장 및 고객 중심형 구조(Market and Customer–Focused Structures)
- 지역별 구조(Geographical Designs)
- 프로세스형 구조(Process Structures)

팀으로 일하라

팀십, 변화와 성과를 이끄는 에너지

박태현

변화와 성과를 위한 '팀 기술'을 제시하다!

팀십, 변화와 성과를 이끄는 에너지 『팀으로 일하라』. '팀십(Teamship)'은 팀워크를 강화하기 위한 노력의 총체, 즉 팀의 모든 구성원들이 항상 팀을 생각하며 일하는 마음과 기술을 뜻한다. 〈따뜻한 변화 에너지, 소통〉, 〈부하직원들이 당신에게 알려주지 않는 진실〉의 저자 박태현이 변화를 위해 노력하는 팀들을 위해 팀십을 개발하고 적용할 수 있는 다양하고 구체적인 방법을 제시하였다. 팀의 현재 수준과 변화의 포인트를 확인할 수 있는 '팀십 수준 진단'부터 팀십을 개발할 수 있는 현실적인 방법들을 하이퍼포먼스 팀의 사례와 관련 이론들을 덧붙여 알기 쉽게 풀어냈다.

출처: 인터넷 교보문고(http://www.kyobobook.com)

Step 1 Warm-Up **Exercise**

팀십의 중요성을 설명한 책 "팀으로 일하라"를 읽고 우리나라 민간조직과 공공조직에 있어 팀조직의 유용성에 대해 논의해 보세요. 나아가 우리나라 민간조직과 공공조직을 모두 팀조직으로 개편한다고 가정할 때 기대되는 긍정적인 성과와 부정적인 측면에 대해 논의해 보세요.

월-E

예측불허! 차세대 영웅, 그가 지구 구하기에 나섰다!

텅 빈 지구에 홀로 남아 수백 년이란 시간을 외롭게 일만 하며 보내던 월–E (WALL–E: Waste Allocation Load Lifter Earth–Class, 지구 폐기물 수거–처리용 로봇). 그런 그가 매력적인 탐사 로봇 '이브'와 마주친 순간, 잡동사니 수집만이 낙이던 인생에도 소중한 목표가 생긴다. 이브는 지구의 미래를 결정할 열쇠가 우연히 월–E의 손에 들어간 사실을 알게 되고, 고향별로 돌아갈 날만 애타게 기다리는 인간들에게 이를 보고하기 위해 서둘러 우주로 향한다. 한편 월–E는 이브를 뒤쫓아 은하를 가로지르며, 스크린 사상 가장 짜릿한 상상이 넘치는 어드벤처를 선사한다. 이제껏 꿈에서도 볼 수 없었던 미래 세계를 배경으로 우주에서 펼쳐지는 월–E의 환상적인 모험! 애완용 바퀴벌레, 용맹스럽지만 어딘가 나사가 빠진 듯한 사회 부적응 로봇 군단 등 일련의 유쾌한 캐릭터들이 여기에 동참한다.

출처: 네이버 영화(http://movie.naver.com/)

Step 2 Warm-Up Exercise

영화 "월-E"를 보고 우주선이라는 조직의 특징 및 문제점을 조직 구조의 차원에서 논의해 보세요. 그리고 이러한 문제점을 해결하기 위한 방안에 대해 논의해 보세요.

Chapter 8 구조	Organizational Structure	http://www.youtube.com/watch?v=2gOOpdTcx-w
	Centralization	http://www.youtube.com/watch?v=K3ZWTjjGln0
	Complexity	http://www.youtube.com/watch?v=I5pDZsInf08
	Organizational Design	http://www.youtube.com/watch?v=41v3PENTEXw

Self-Interview Project

● 영상을 시청하고, 스스로 조직의 CEO가 되어 아래 질문에 대한 인터뷰를 진행해 보세요.

Interviewer:

조직 구조 측면에서 우리나라 조직의 가장 큰 특징으로 집권화를 생각해 볼 수 있을 것 같습니다. CEO님께서는 조직 관리 및 인사 관리 차원에서 집권화의 장 · 단점이 무엇이라고 생각하시나요?

Interviewee:

Interviewer:

CEO님께서 생각하시기에, 우리나라 조직이 구조적 차원에서 개선해야 할 가장 큰 과제는 무엇이라고 생각하시나요?

Interviewee:

제1절 구조의 이해

1. 구조의 의의

특정 조직이 어떠한 일을 하는지, 조직 구성원들의 주요 과업이 무엇인지를 알아보고자 할 때 우리는 흔히 '조직도'라는 것을 확인하곤 한다. 대부분의 조직들이 자신들이 일하는 단위와 방식, 주요 과업들을 알기 쉽게 도식화한 조직도라는 것을 보유하고 있기 때문이다. 조직이 어떻게 분류되어 있는지, 어떠한 체계로 구성되어 있는지를 표기한 조직도는 조직의 구조(Structure)를 보여주는 것이기도 하다. Mintzberg(1979)는 조직 구조란 "과업을 분명히 구분하고 이들을 성공적으로 달성할 수 있도록 조정하는 총체적 방법이다"라고 정의하였으며, Robbins & Judge(2011)는 조직 구조란 "과업이 공식적으로 구분되고, 조직되고, 조정되는 방식에 관한 것이다"라고 정의하였다. 또한 Rainey(2014)는 조직 구조란 "위계 수준과 조직 내 전문화된 단위와 직위의 배치 및 조직 구성원들의 활동이 조직화되는 공식적인 규범이다"라고 정의하였다. 이를 종합하여 본서에서는 조직 구조를 조직이 일하는 방식과 조정, 통제, 의사결정 등 권력 체계를 결정하는 방식으로 이해하고자 한다.

조직 관리 및 인사 관리에 있어 이러한 조직 구조가 중요한 이유는 조직의 구조가 조직 내 의사결정 방식, 권한 및 업무의 부여 방법, 명령 및 통제의 범위 등을 결정하는 데 핵심적인 역할을 하기 때문이다. 특히, Muchinsky(2011)는 조직 구조란 "조

그림 8-1 구조의 개념

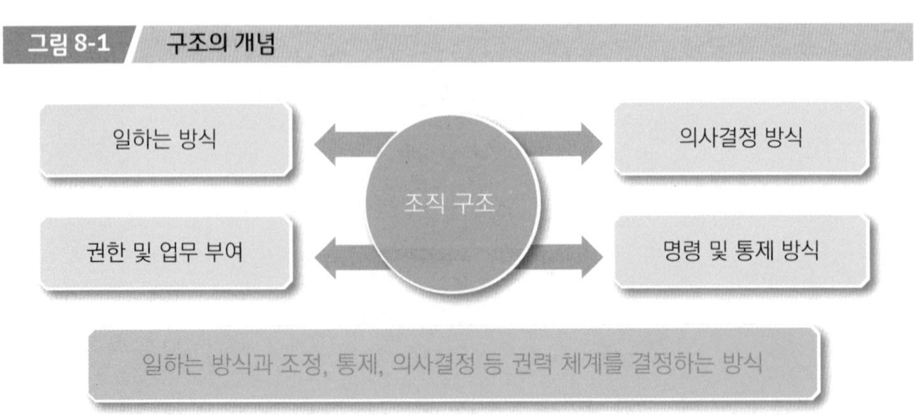

직이 외부 환경에 적응하고 효과적으로 기능할 수 있도록 하는 적응기제다"라고 정의하면서, 외부 환경의 대응 측면에서 조직 구조의 중요성을 언급하였다. Slocum & Hellriegel(2011)은 조직의 설계가 조직 내 개인 간 혹은 팀 간의 의사소통 방식에 영향을 미치고, 개인과 부서의 정치적 권력 수준을 결정하는 데 영향을 미친다고 설명하면서 의사소통의 효율성 및 권력 측면에서 조직 구조의 중요성에 대해 언급하였다. 또한 이인석(2014)은 잘 설계된 조직 구조가 업무의 흐름을 명확하게 하고, 조직 구성원들로 하여금 업무 수행에 필요한 행동 체계에 관한 기초 정보를 제공하고, 커뮤니케이션 및 의사결정의 경로에 관한 정보를 제공하고, 업무의 중복 및 갈등의 예방, 나아가 조직 구성원 개개인의 활동을 조직목표와 연계시킴으로써 성과를 극대화할 수 있다는 측면에서 조직 구조가 매우 중요하다고 설명하였다(이인석, 2014; 385). 이에 조직의 특성에 알맞은 조직 구조를 결정하는 것은 조직 효과성 향상에 있어 매우 중요한 과제라 할 수 있다.

2. 구조의 차원

이처럼 조직 구조를 결정하고자 할 때, 즉 특정 조직에 가장 알맞은 조직 구조가 무엇인지를 알고자 할 때, 우리가 고려해야 하는 조직의 구조적 특성으로는 집중화, 복잡성, 공식화 등이 있다. 특히, Robbins & Judge(2011)는 적절한 조직 구조를 설계하기 위해 관리자가 고려해야 하는 6가지 질문으로서 첫째, 조직의 활동이 얼마

그림 8-2 구조의 차원

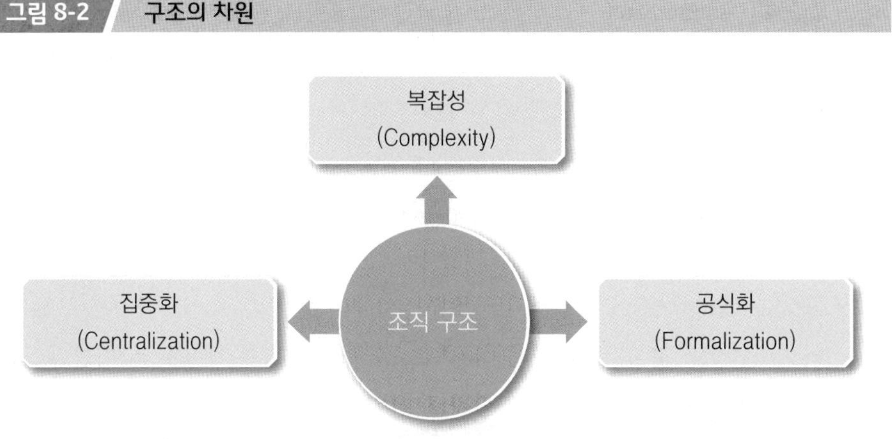

만큼 세분화 되어 있는지? 둘째, 어떠한 근거로 업무를 함께 묶고 분류할 것인지? 셋째, 개인이나 그룹이 누구에게 보고할 것인지? 넷째, 한명의 관리자가 효율적이고 효과적으로 관리할 수 있는 인원은 어느 정도인지? 다섯째, 의사결정 권한은 어디에 있는지? 여섯째, 규칙이나 규정이 조직 구성원들의 행동을 어느 정도로 제약하고 있는지? 등을 고려해야 한다고 설명하였다. 여기서 활동의 세분화 정도, 업무의 분류, 보고 체계, 관리자의 통세 범위는 복잡성(Complexity)에 관한 것으로 이해할 수 있으며, 의사결정 권한의 경우 집중화(Centralization)에 관한 것으로 이해할 수 있다. 마지막으로 직원과 관리자의 행동이 규칙과 규정에 의해 제약되는 정도는 공식화(Fomalization)에 관한 것으로 이해할 수 있다(Robbins & Judge, 2011; Rainey, 2014).

- **복잡성(Complexity)** 업무 전문화(Specialization)의 정도와 조직 내에서 하위 조직 및 하위 계층의 수, 즉, 부서화(Departmentalization) 정도를 의미한다. 따라서, 복잡성은 기본적으로 조직 내 분화 및 분업의 수준으로 이해할 수 있다. 이에 복잡성 수준에 따라서 누구에게 보고할 것인지를 결정하는 명령체계(Chain of Command)와 조직 내 관리자의 수를 결정하는 통제범위(Span of Control)가 결정된다. 이러한 복잡성은 수평적 분화와 수직적 분화로 구분할 수 있다. 수평적 분화(Horizontal Differentiation)는 하위 단위의 수와 개인적 전문화 정도가 평평(Flatness)하게 이루어지는 것을 의미한다. 수직적 분화(Vertical Differentiation)는 조직 내 계층의 수를 의미하는 것으로서 이는 조직의 위계적 높이(Tallness)를 나타낸다.
- **집중화(Centralization)** 조직의 상위 계층에 권력과 권한이 집중되어 있는 정도를 의미한다. 집중화된 조직에서는 최고 관리자가 모든 의사결정을 하게 되고, 하위 관리자의 역할은 단지 최고 관리자의 지시를 받아들이고 수행하는 것에 그친다. 반면, 집중화 수준이 낮은 분권화(Decentralization) 된 조직에서는 의사결정 권한이 분산되어 일선 관리자 및 일반 조직 구성원들의 의견까지 의사결정에 반영된다.
- **공식화(Formalization)** 조직의 구조와 절차가 명시된 규칙 및 규정으로 제시되어 있는 정도 및 직무가 조직 내에서 표준화되어 있는 정도를 의미한다. 공식화 수준이 높은 조직에서는 직무와 관련된 의사결정 즉, 무엇을, 어떻게, 어디

에서 수행할지에 관해 조직 구성원의 재량권이 발휘될 수 있는 여지가 매우 적다. 반면, 공식화 수준이 낮은 조직에서는 직무 관련 행동이 상대적으로 덜 구조화되어 있기 때문에 조직 구성원들은 자신의 직무를 수행하는 데 있어 상당한 재량을 발휘할 수 있다.

제2절 조직 설계의 이해

1. 조직 설계의 의의

조직 구조를 논의하는 데 있어서 빼놓을 수 없는 것이 "조직 설계(Organizational Design)"에 관한 것이다. 각각의 조직은 자신의 조직에 가장 적합한 조직 구조를 구축해 나가야 하는데, 이러한 과정을 조직 설계라 한다. 즉, 조직 설계란 조직 내에서 과업, 책임, 권한 관계 및 외부 환경의 특수성 등을 고려하여 자신의 조직에 가장 적합한 조직 구조를 선택해 나가는 과정이라 이해할 수 있다(Slocum & Hellriegel, 2011).

각각의 조직은 고유의 목적, 조직이 보유하고 있는 자원, 조직이 직면한 외부환경 등의 측면에서 특수성을 갖고 있다. 특히, 조직 설계에 있어 중요하게 고려해야 할 주요 특징으로는 조직의 목표와 전략, 조직의 규모, 조직이 보유하고 있는 기술과 직무, 환경 등 4개 요소를 살펴볼 수 있다.

그림 8-3 조직 설계의 개념

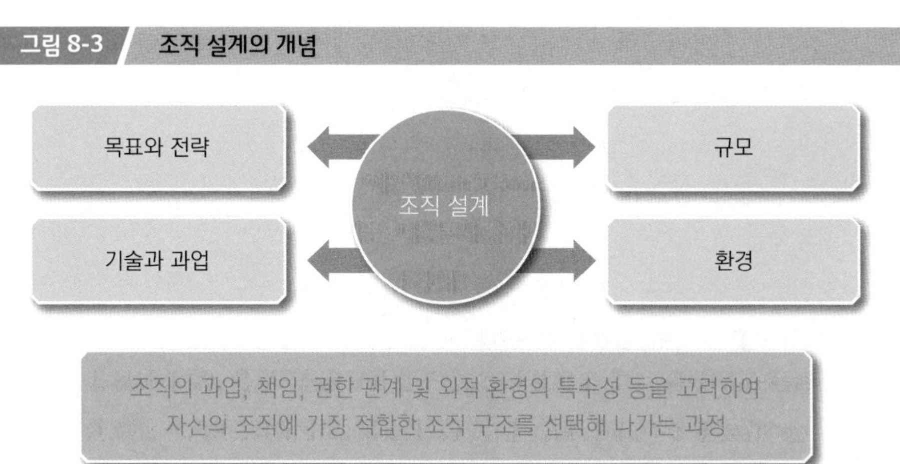

- **조직의 목표와 전략** 조직 설계의 중요성 및 필요성은 조직성과의 극대화 측면에서 찾아볼 수 있으며, 조직 관리에 있어 구조는 조직 성과를 극대화 하기 위한 수단이자, 관리의 영역으로 이해할 수 있다. 이에 조직의 목표와 조직의 전략에 맞게 가장 정합성 높은 조직 구조가 무엇인지 끊임없이 고민해야 하며 이에 알맞게 조직구조를 지속적으로 수정해 나가야 한다.
- **조직의 규모** 조직의 크기, 즉 대규모 조직인지, 소규모 조직인지는 일하는 방식에 영향을 미친다. 일하는 방식이 다르다는 의미는, 조직의 규모에 따라 조직이 필요로 하는 규칙과 규정의 수준, 전문화 수준, 의사결정의 방식 등이 모두 다르다는 것을 의미하며, 이는 곧 조직 구조의 차이를 의미한다.
- **조직의 기술과 과업** 조직에게 요구되는 기술 수준, 혹은 조직이 보유하고 있는 기술 수준에 따라 조직 구조가 달라지며, 조직의 주요 과업이 무엇인지에 따라서도 조직의 구조는 차이를 갖는다. 과업의 특성에 따라 해당 과업을 수행하는 가장 효과적인 방식, 즉 일하는 방식이 달라지기 때문이다.
- **조직의 환경** 조직을 둘러싼 외부환경의 불확실성, 복잡성, 빠른 변화 등은 지속적으로 조직의 위협 요인으로 작용하게 된다. 이에 각 조직이 처한 외부환경의 특징을 고려하여 이에 능동적으로 대처할 수 있는 조직 구조를 구축해야 한다.

2. 조직 설계의 주요 과제

각 조직에 가장 적합한 조직 구조를 구축해 나가는 조직 설계에 있어 주요 과제는 직위의 설계(Design of Positions), 상부구조의 설계(Design of Superstructures), 수평적 연계 설계(Design of Lateral Linkages), 의사결정 체계 설계(Design of Decision-Making Systems) 등이다(Mintzberg, 1979; Rainey, 2014).

- **직위의 설계** 조직에서 가장 적합한 직위는 직무의 전문화, 행동의 공식화, 교육 훈련 등을 통해 설정될 수 있다
- **상부구조의 설계(Design of Supersturctures)** 지식, 기술, 기능, 시간, 산출, 고객, 위치 등 특정 기준을 토대로 각 단위를 조직화 한다.

그림 8-4 조직 설계의 주요 과제

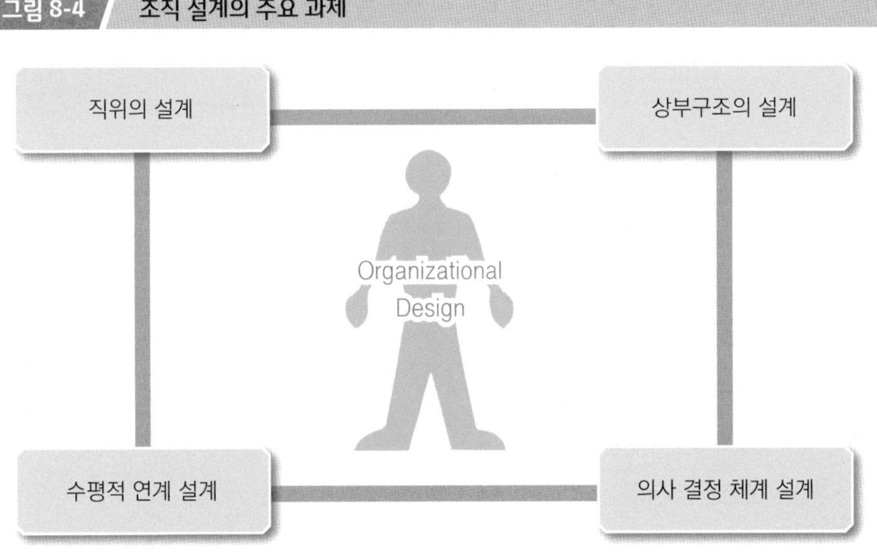

- **수평적 연계 설계** 성과 조정 체계, 활동 계획 체계, 또는 연락 장치 등을 활용함으로서 유사 조직과 연계할 수 있다.
- **의사 결정 체계 설계** 조직 특성에 맞게 의사 결정 체계, 즉, 집중화 및 분권화 수준을 결정하는 것을 의미한다. 수직적 분산은 의사 결정 권한을 하위 수준까지 분산시키는 것을 의미하며, 수평적 분산은 조직 및 직장 내에서 개인, 전문가, 지원 분석가에 걸쳐 권한이 확산되어 있는 것을 의미한다.

제3절 구조의 유형

1. Mintzberg(1979)의 구조 모형

1) 조직의 구성요소

Mintzberg(1979)는 각각의 조직은 자신의 목적 및 형태에 따라 각 부분별 크기와 중요도는 다르지만, 모든 조직이 기본적으로 〈그림 8-5〉에서 보는 바와 같이 운영 핵심(Operating Core), 중간 관리자(Middle Line), 전략 경영층(Strategic Apex), 전문 기술 인력(Technostructure), 지원 인력(Support Staff), 이데올로기(Ideology) 등으로 구성되어 있다고 설명하였다. 이를 구체적으로 살펴보면 다음과 같다.

- **전략 경영층**(Strategic Apex) 조직 전반의 성과를 책임지는 최고 관리자로서 이들은 조직 내에서 가장 높은 수준의 책임과 권한을 갖고 있다. 이들의 막강한 책임과 권한을 고려할 때, 이들은 조직 내에서 신체의 두뇌에 해당하는 역할을 담당하게 된다.
- **중간 관리자**(Middle Line) 최고관리자의 의사결정을 실제 조직 내에서 구현하는 역할을 담당하는 사람들로, 주로 최고관리자와 핵심운영층(실무자)을 연계하는 역할을 하게 된다. 최고관리자들과 비교할 때 제한된 책임과 권한을 갖고 있지만, 핵심운영층(실무자)에 대한 실질적인 감독권을 갖고 있다.
- **핵심 운영층**(Operating Core) 조직의 목적을 달성하는 데 있어 가장 핵심이 되는 역할을 수행하는 실무자들을 의미한다. 즉, 재화나 서비스를 직접적으로 생산하고 제공하는 역할을 담당하는 인적 자원 및 부서를 의미한다.
- **전문 기술 인력**(Technostructure) 조직이 원활하게 운영될 수 있도록, 기획, 설계, 핵심 운영 층의 교육 등의 업무를 담당하는 전문적인 지식, 기술, 능력을 갖고 있는 인적자원 및 부서를 의미한다.
- **지원 인력**(Support Staff) 조직의 핵심활동 이외에 간접적인 활동을 지원하는

그림 8-5 Mintzberg(1979)의 조직의 구성요소

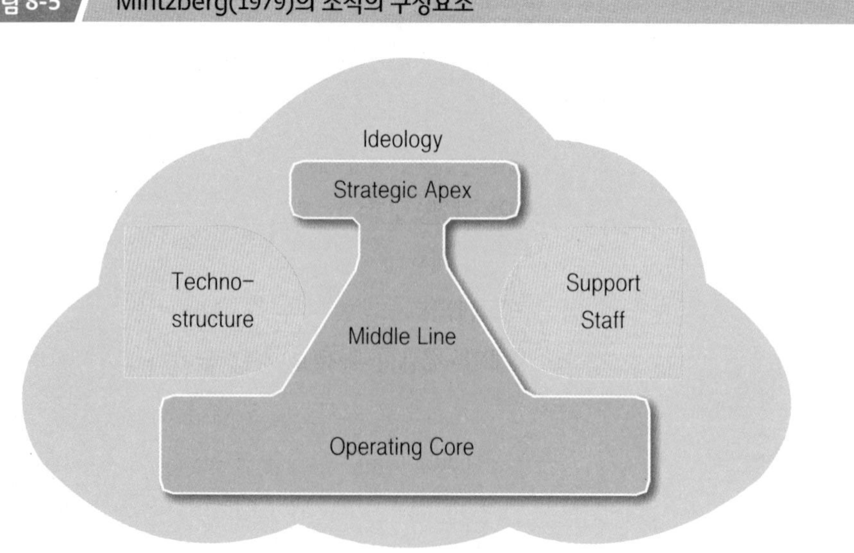

인적자원 및 부서를 의미한다.

- **이데올로기(Ideology)** 조직의 전통이나, 조직 구성원들이 갖고 있는 신념체계로서 이들은 조직의 독특성을 결정한다.

2) 조직 구조의 유형

Mintzberg(1979)는 조직의 6개 구성 중, 가장 핵심적인 역할을 담당하는 구성이 무엇인지, 6개 기능들이 어떻게 연계되는지 등에 따라서 조직의 구조 유형이 단순 구조(Simple Structure), 기계적 관료조직(Machine Bureaucracy), 전문적 관료조직(Professional Bureaucracy), 특별 임시조직(Adhocracy), 사업부 형태(Divisionalized Forms) 등으로 존재할 수 있다고 설명하였다.

- **단순 구조(Simple Structure)** 일반적으로 신규조직 혹은 소규모 조직에서 나타나는 구조 형태로써, 조직에서 가장 핵심적인 역할은 전략적 경영층이 담당하게 된다. 즉, 수직적 · 수평적 집권화 수준이 매우 높아 대부분의 중요한 의사결정이 전략적 경영층에 의해 이루어지며 이러한 의사결정은 중간관리자를 거치지 않고 직접적으로 핵심 운영층에 지시 · 전달된다.

그림 8-6 Mintzberg(1979)의 조직 구조의 유형

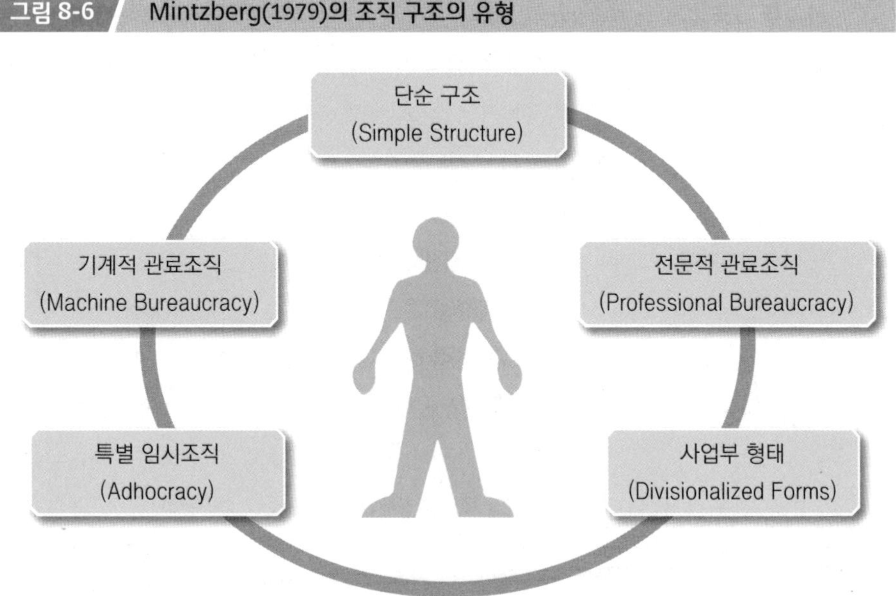

- **기계적 관료조직(Machine Bureaucracy)** 일반적으로 대규모 조직에서 나타나는 구조 형태로써, 조직에서 가장 핵심적인 역할은 조직이 전반적으로 원활하게 운영될 수 있도록 지원하는 전문기술인력이 담당하게 된다. 관리 감독 및 의사결정의 권한은 전략경영층에 집중되어 있다. 또한 이들 조직은 업무 수행과정에 있어 표준화 및 공식화를 매우 강조한다.
- **전문적 관료조직(Professional Bureaucracy)** 법률 조직, 연구 조직 등 재화의 생산보다는 서비스를 제공하는 전문화된 조직에서 나타나는 구조 형태로써, 조직의 가장 핵심적인 역할은 핵심 운영층(실무자)이 담당하게 된다. 주로 과업의 표준화보다는 기술의 표준화를 보다 중시하며, 위계적 형태를 갖고 있긴 하지만, 동시에 핵심 운영층(실무자)이 높은 수준의 재량권을 갖는다는 측면에서 분권화된 특징도 갖고 있다.
- **특별 임시조직(Adhocracy)** 혁신을 추구하는 조직에서 나타나는 유기체적 구조 형태로써 조직의 가장 핵심적인 역할은 지원 인력이 담당하게 된다. 조직의 기능들이 독립적으로 존재하기보다는 각각의 단위 팀에 모든 기능이 포함되어 있는 형태를 취하게 되며, 각 팀의 활동은 중복될 수 있기 때문에 지속적인 상호조정을 필요로 한다. 이러한 조직은 분권, 유연성 수준이 매우 높은 특징을 갖고 있다.
- **사업부 형태(Divisionalized Forms)** 지역별로 분화되어 있는 조직에서 나타나는 구조형태로써, 조직의 가장 핵심적인 역할은 중간관리자가 담당하게 된다. 각각의 사업부 형태는 다양한 기능적 요소의 분할을 기초로 보다 비용 효율적인 조직으로 성장하게 된다. 각 개별 사업부는 독립적으로 전문기술인력, 지원인력 등을 보유하게 되며, 각각 단순 구조, 전문적 관료 조직, 애드호크라시의 형태를 보이기도 한다.

Mintzberg(1979)는 이러한 조직 구조 유형 분류와 더불어 환경의 복잡성 수준 및 역동성 수준에 따라 가장 적합한 조직 구조가 결정될 수 있음을 설명하였다. 〈그림 8-7〉에서 보는 바와 같이, 외부 환경의 복잡성 수준이 높고 역동성 수준이 낮아 안정적일 경우 전문적 관료 조직이 가장 적합한 조직 구조라고 설명하였고, 외부 환경의 복잡성 수준이 높고 역동성 수준이 높을 경우 특별 임시 조직 형태가 가장 적합한

그림 8-7 외부환경의 복잡성 및 역동성 수준에 따른 효율적 조직 구조

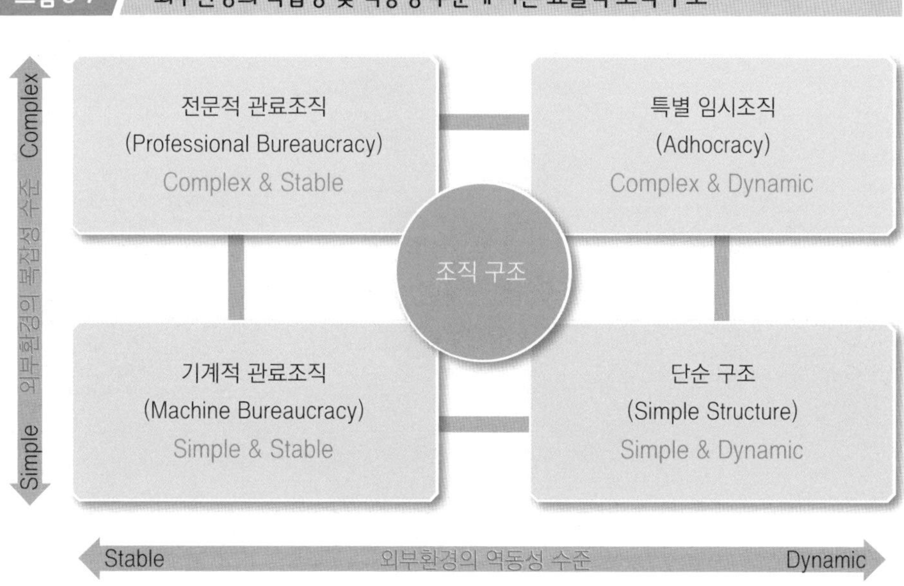

조직 구조라고 설명하였다. 반면, 외부 환경의 복잡성 수준이 매우 낮아 단순하며 역동성 수준이 낮아 안정적일 경우 기계적 관료 조직 형태가 가장 적합한 조직 구조라고 설명하였으며, 외부 환경의 복잡성 수준이 매우 낮고 역동성 수준이 매우 높을 경우 단순 구조가 가장 적합한 조직 구조라고 설명하였다.

2. 대안적 구조 모형

실제 현장에서는 앞서 살펴본 Mintzberg(1979)의 구조 모형과 더불어 다양한 대안적 구조 모형이 활용되곤 한다. 대안적 구조 모형으로는 기능별 구조(Functional Structures), 혼합형 구조(Hybrid Structures), 매트릭스 구조(Matrix Structures), 시장 및 고객 중심형 구조(Market and Customer-Focused Structures), 지역별 구조(Geographical Designs), 프로세스형 구조(Process Structures) 등이 있다. 시장 및 고객 중심형 구조는 시장성과 고객지향성에 따라 조직을 구조화 하는 것이며 지역별 구조는 지역 특징에 따라 조직을 구조화 하는 것이다. 또한 프로세스형 구조는 다양한 업무프로세스의 성격을 기준으로 조직을 구조화 하는 것이다. 특히 여기서는 실제 많은 민간조직과 공공조직에서 자주 활용되는 기능별 구조, 혼합형 구조, 매트릭스 구조에 대해 구

그림 8-8 대안적 구조 모형

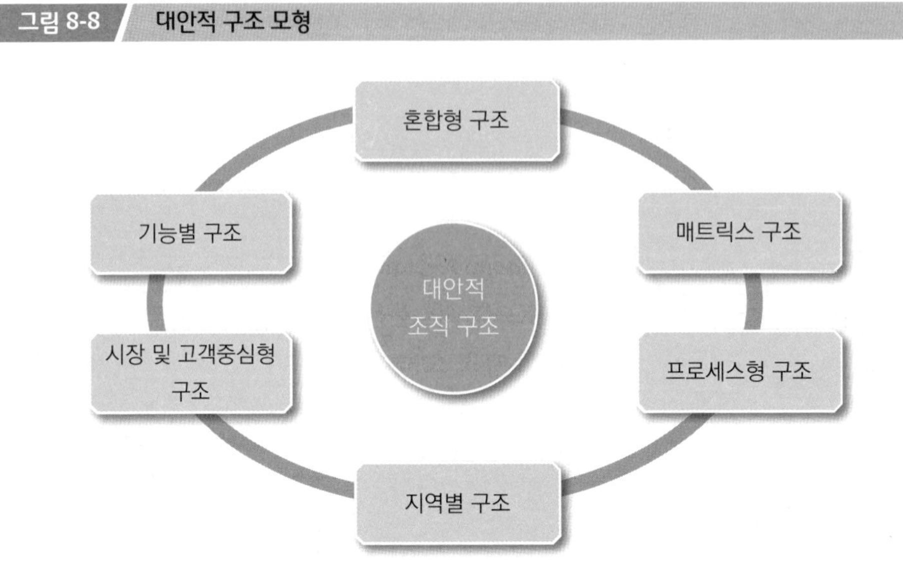

체적으로 살펴보았다.

1) 기능별 구조(Functional Structures)

기능별 구조(Functional Sturctures)는 전통적, 전형적, 일반화된 조직구조의 형태로서 담당 활동과 기능을 중심으로 조직화되고 부서화 되는 구조이다. 예를 들면, 마

그림 8-9 기능별 구조

케팅, 연구개발부서, 재무분석 부서, 정책평가 부서, 제조 부서 등 조직을 기능 중심적으로 설계하고 구조화 하는 방식이다. 기능별 구조의 장점으로는, 부서 내 "규모의 경제효과"를 실현시킬 수 있다는 점, 부서들이 전문화된 기능과 전문지식, 기술을 이용하여 보다 효율적으로 성과를 창출할 수 있다는 점, 부서 내 구성원들이 부서 내에서 제공되는 다양한 직무 중심의 교육개발 프로그램을 통해 전문지식과 기술을 습득할 수 있다는 점 등을 제시할 수 있다(Daft, 2010).

2) 혼합형 구조(Hybrid Structures)

조직관리적 시각에서 바라볼 때, 기능별 구조는 앞에서 언급한 몇 가지 장점을 갖고 있음에도 불구하고 외부환경에 대해 둔감하게 반응하면서 조직의 위계화, 경직화, 타성화, 의사결정의 독점화 및 과부화 등의 문제점을 드러내곤 한다. 이러한 약점들을 보완하기 위해 많은 조직들이(특히 대기업이나 규모가 큰 조직들을 중심으로) 혼합형 구조(Hybrid Structures)를 설계, 도입하고 있다. 예를 들면, 순수 제품형 구조(Product Structures)에서 각 부서는 자신이 담당하는 제품 생산에 대한 독립적 권한을 바탕으로 의사결정에 대한 책임을 지는데, 혼합형 구조에서는 판매, 제조, 마케팅, 인사, 재무, 연구개발(R&D), 엔지니어링 등 주요 기능적 역할과 제품형 구조의 특징들을 결합 · 병행하여 운영한다(Daft, 2010). 이에 혼합형 구조는 변화하는 외부적 환경에 보다 능동적으로 대처할 수 있고 창의적이고 자발적인 의사결정과 전략수립을 가

그림 8-10 혼합형 구조

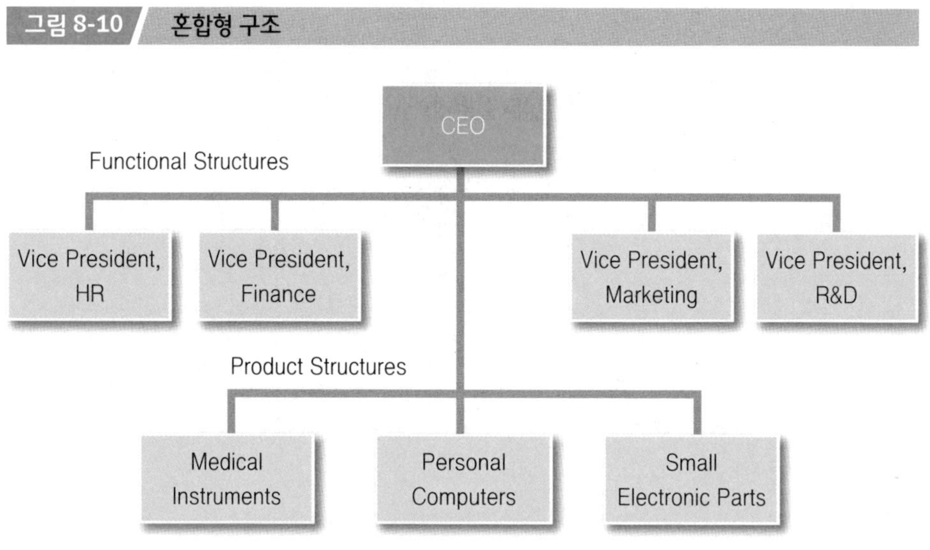

능케 한다는 장점을 갖고 있다.

3) 매트릭스 구조(Matrix Structures)

매트릭스 구조(Matrix Structures)는 혼합형 구조를 더욱 유연하고 수평적으로 설계한 형태이다. 매트릭스 구조 하에서는 전통적인 보고체계의 원칙인 "명확하고 단순화된 보고체계의 원칙(Prescriptions for one master and clear chains of authority)"을 고수하지 않는다. 즉, 매트릭스 구조는 결정 권한을 공유, 분산, 위임하고 "이중 명령 체계(Dual line of command)"를 유지함으로써 수평적이고 균형적이며, 유연한 메커니즘 구현에 초점을 맞춘다. 따라서 이러한 이중 명령체계를 중심으로 운영되는 매트릭스 구조는 기능별 부서와 제품별 부서를 결합하고 기능 부서 관리자와 제품 관리자의 권한과 책임을 동등하게 부여함으로써 깊이 있는 기술적 지식(기능부문)과 빈번한 신제품 개발(제품부문) 등 두 가지 측면에서 균형이 요구되는 경우 특히 유효하게 활용될 수 있다. 이에 매트릭스 구조는 불확실한 환경에서 조직이 복잡하고 상호의존적인 활동을 수행해 나가야 할 때 유연하고 적극적으로 상황에 대응하고 결정을 조율해 나갈 수 있다는 측면에서 장점을 찾아볼 수 있다. 즉, 정보의 흐름을 더욱 정교화

그림 8-11 매트릭스 구조

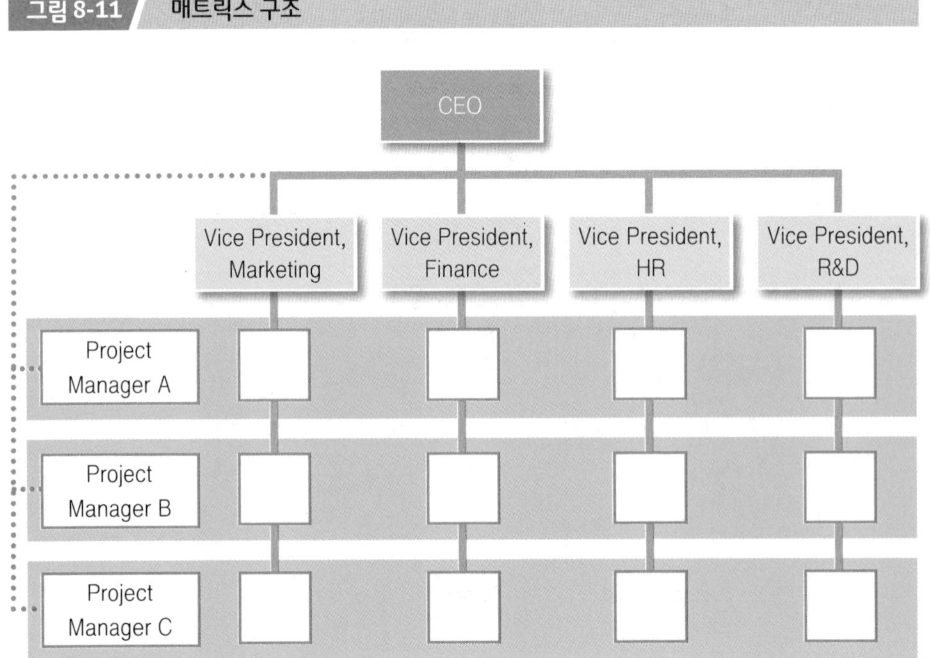

하여 독단적 결정을 견제하고, 판단의 오류를 최소화 할 수 있으며, 나아가 해당 분야 전문가들의 지식과 경험, 기술들을 유연하게 공유 · 활용함으로써 의사소통 기능을 더욱 활성화 시키고 형식주의, 조직의 경직화, 과두화 및 위계화와 같은 관료주의적 병폐(Bureaupathology)를 최소화 할 수 있다. 그러나 이중보고체계에 기인한 의사결정의 혼란 및 갈등의 유발, 다양한 교육 · 훈련의 필요성 증대에 따른 기회비용의 증가, 권력의 수평화와 유동성에 따른 조직 내 권력다툼 가능성의 증대, 그리고 이러한 요인들에 따른 조직 구성원들의 스트레스와 정서적 불안감 증대 등이 단점으로 지적된다.

현대카드 · 현대캐피탈
PPT 작업 없애고, 회의 시간은 절반으로 생각을 바꿨다, 퇴근시간도 빨라졌다

김재현 기자

'심플리피케이션(simplification · 단순화)'. 현대카드 · 현대캐피탈이 올 초부터 전사적(全社的)으로 추진 중인 캠페인이다. 쉽게 말해 불필요한 절차를 줄여 업무 효율을 높이자는 것. 정태영 현대카드 · 현대캐피탈 사장은 "'단순화'는 우리 업무에서 비능률적인 부분을 줄이고 업무 순도를 높여 더욱 경쟁력 있는 회사를 만들자는 캠페인"이라며 "몸에서 지방을 빼고 근육은 늘리는 운동과 같다"고 했다.

현대카드 · 현대캐피탈은 올해 '단순화' 정착을 위해 대대적인 '군살 빼기'에 나섰다. 우선 불필요한 보고 · 회의부터 대폭 줄였다. '업무협조전 결재 간소화'가 대표적이다. 그동안 업무협조전의 경우 결재 최종 완료까지 쓸데없는 단계가 너무 많았다. 당연히 리드타임이 존재할 수밖에 없었다. 현대카드 · 현대캐피탈은 업무협조전의 부서장 결재를 제거하고, 여러 유형으로 나뉘었던 양식도 통합하며 군더더기를 없앴다.

'제로(0) PPT 캠페인'도 '단순화'에 상당히 기여했다는 평가다. 이는 '모든 업무에서 PPT(파워포인트) 작업을 배제하자'는 운동이다. 정태영 사장은 "직원들이 실제 업무에 대

한 고민보다 PPT를 예쁘게 디자인하는 일에 시간을 과도하게 빼앗기고 있다"며 "지금 이 시간에도 얼마나 많은 직원이 사업의 본질적인 고민보다 보고서 작성에 투입되고 있는지 상상만 해도 괴롭다"고 말했다.

최근엔 '1/2 미팅 캠페인'도 진행 중이다. 말 그대로 회의 시간을 최대한 절반으로 줄이는 것이다. 지난 11월 1~3주 평균 회의시간은 85분(경영지원본부기준). 12월 1주차 회의시간은 이보다 10분 적은 75분이었다.

다양한 방법을 통해 '단순화'가 실현될 수 있었던 건 직원들의 적극적인 참여 덕분이다. 임직원은 사내 인트라넷 '심플리피케이션' 코너에 자신의 생각을 올릴 수 있는데, 이 창구를 통해 1400여건에 달하는 참신한 아이디어가 쏟아졌다.

'체질 개선'으로 얻은 효과는 제법 큰 편이다. 현대카드 · 현대캐피탈은 올해 업무 단순화 작업을 통해 연간 25만 시간의 리드 타임을 줄인 것으로 보고 있다. 직원 1인당 연간 업무시간도 30시간이나 단축된 것으로 분석했다. 퇴근시간도 덩달아 빨라졌다.

황유노 현대카드 · 현대캐피탈 부사장은 "'단순화'는 앞으로 회사의 DNA를 만드는 원동력이 될 것"이라고 했다.

출처: 조선일보(2014.12.19)

태안군, 불필요한 공직문화 틀 확 바꾼다

박기명 기자

일방적 회의 → 참여 수평적 회의…
행사 · 의전보다 '위민행정' 중점

태안군이 민선 6기 힘찬 출발과 함께 공직사회에 만연된 형식적인 문화의 환골탈태에 나섰다.

군은 우선 간부회의를 비롯한 각종 보고회의가 지나치게 길고, 중복된 내용으로 진행되는 등 회의문화 상당 부분이 비효율적이라는 판단 아래, 지시적이고 일방적인 회의운영 방식을 탈피, 참여적 수평적 회의로 개선하는 등 대변화를 꾀하고 있다.

또 월요간부회의는 회의시간 단축을 위해 일반 행사 등 불필요한 보고를 생략하고 부서별 당면현안업무 및 전 직원이 알아야 할 중요업무의 추진과정에 대한 문제점 및 대책 등을 위주로 실시한다.

이어 다른 보고회와 겹쳐도 서면 주간업무 보고자료를 내던 기존과는 달리, 같은 시간에 다른 회의가 있을 경우에는 보고서를 제출하지 않도록 해 담당자들의 보고서 만드는 시간을 대폭 줄였다.

수요간부회의는 일방적인 단순업무보고에서 벗어나 군정 당면현안사안과 정책의제를 토론하고 문제점에 대한 해결방안을 모색하는 등 기탄없는 의견개진이 이루어진다.

회의 참석자들은 미리 배포된 자료를 사전에 충분히 검토한 후 의견을 제시함에 따라 토론내용이 충실할 뿐만 아니라 회의시간도 크게 단축되고 있다.

특히 회의문화개선과 함께 각종 행사에서는 불필요한 의전 절차를 과감히 생략하고 업무집중도를 높일 수 있는 최소인원만을 참석토록 해 직원들이 의전이나 행사에 동원되기보다는 군민을 위한 위민행정을 펼칠 수 있도록 했다.

한상기 군수는 "직원들이 회의나 각종 행사 및 의전에 참여하는 시간을 줄이고 그 시간에 업무를 구상하고, 민원을 해결하는 등 군민을 위한 보다 생산적인 행정업무 수행에 힘쓸 수 있도록 공직사회에 만연된 형식적인 문화를 탈피해 나가겠다"고 말했다.

출처: 충청일보(2014.08.12)

Step 1 Wrap-Up Exercise

민간 조직인 현대카드 · 현대캐피탈과 공공조직인 태안군의 사례를 바탕으로 우리나라 민간 조직 및 공공 조직의 구조적 특성을 논의해 보고, 효율적이고 행복한 조직으로 성장하기 위해 필요한 구조적 측면의 발전방향에 대해 논의해 보세요.

Research Follow-Up

비영리조직(NGO) 관리자들의 직업선택 동기에 대한 실증 분석 : 공식화와 멘토링의 매개효과를 중심으로

본 연구에서는 미국 NGO 근무자들의 직업선택 동기의 유형에 대해 분석해 보고 서로 다른 직업선택동기를 가진 구성원들이 NGO 임용 후 조직사회화 과정(공식화와 멘토링)의 매개기능을 통해 어떻게 직무태도에 영향을 미치는지에 대한 가설검증을 통한 실증분석을 수행하였다. 연구 결과 첫째, 내재적 직업선택 동기(경력발전과 성장기회 및 공공서비스동기 요인)가 직무만족도에 영향을 미치고, 외재적 직업선택 동기(위생요인 및 업무환경요인)는 직무만족도를 높이지는 못한다는 결과가 도출되었다. 둘째, 직무만족도는 높여주며 Red tape인식도를 낮춰주는 조직사회화 과정인 공식화가 공공기관 및 민간부분에서 뿐만 아니라 NGO에서도 조직결과를 높일 수 있는 중요한 변수로 작용하고 있음을 알 수 있다. 셋째, 외재적 직업선택 동기와 직무만족, Red tape인식도의 조직결과 간의 관계에서 조직사회화 과정 변수 중 하나인 공식화가 부분매개역할을 하고 있음을 알 수 있다. 본 연구를 통해 미국 NGO 조직의 낮은 임금수준, 불안정한 고용환경 속에서도 내재적, 외재적 직업선택 동기요인들이 조직사회화 과정을 매개로 하여 다양한 형태로 NGO 관리자들의 직무태도에 영향을 주고 있음이 밝혀졌다. 본 연구 결과를 바탕으로 향후 비교행정학적 시각에서 NGO 근무자들의 직업선택 동기 및 NGO 조직사회화 과정인 공식화에 대한 논의를 한국적 맥락에서 심층적으로 발전시켜 나가야 할 것이다.

그림 8-12 연구 모형

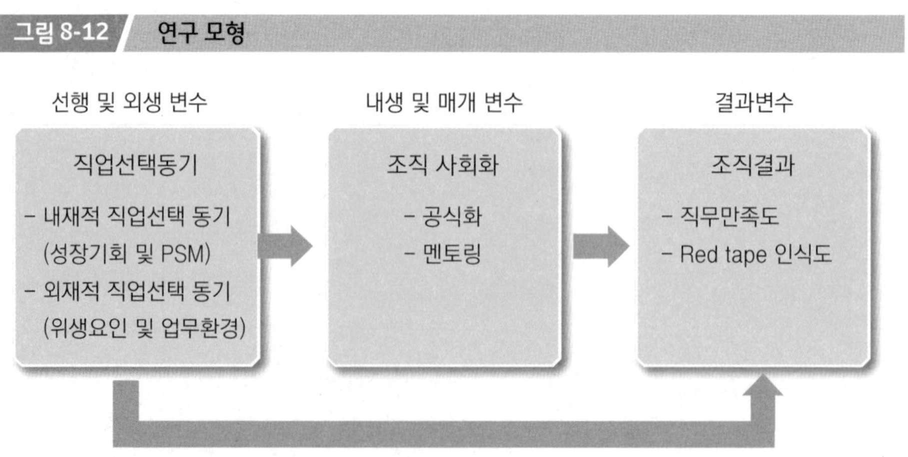

자료: 김민영 · 박성민 · 문상호(2012)

Step 2 Wrap-Up Exercise

김민영 · 문상호 · 박성민(2012)의 연구는 조직 구성원의 동기와 성과 사이에서 조직 구조인 공식화의 매개효과에 대해 설명하고 있다. 김민영 · 문상호 · 박성민(2012)의 연구를 기초로 조직 관리 및 인사 관리에 있어 조직의 구조적 특성인 복잡성, 집중화, 공식화의 기능 및 중요성에 대해 논의해 보자.

김민영 · 박성민 · 문상호. (2012). 비영리조직(NGO) 관리자들의 직업선택 동기에 대한 실증 분석: 공식화와 멘토링의 매개효과를 중심으로. *정책분석평가학회보*, 22(4), 1–33.

이인석. (2014). *조직행동이론*. 시그마프레스.

Daft, R. (2010). *Organization theory and design* (10th ed.). South–Western Cengage Learning.

Mintzberg, H. (1979). *The structuring of organizations*. Prentice Hall.

Muchinsky, P. M. (2011). The nepotistic organizations: What is this place and how do the people make it. In R. G. Jones (Ed.), *Nepotism in organizations* (pp. 43–66). A Publication of the Society for Industrial and Organizational Psychology.

Rainey, H. G. (2014). *Understanding and managing public organizations* (5th ed.). Jossey–Bass.

Robbins, S. P., & Judge, T. A. (2011). *Organizational behavior* (4th ed.). Pearson.

Slocum, J. W., & Hellriegel, D. (2011). *Principles of organizational behavior* (13th ed.). South–Western Cengage Learning.

인터넷 교보문고(http://www.kyobobook.co.kr/)

네이버 영화소개(http://movie.naver.com/)

조선일보(2014.12.19)

충청일보(2014.08.12)

Chapter 9

갈등

Framework

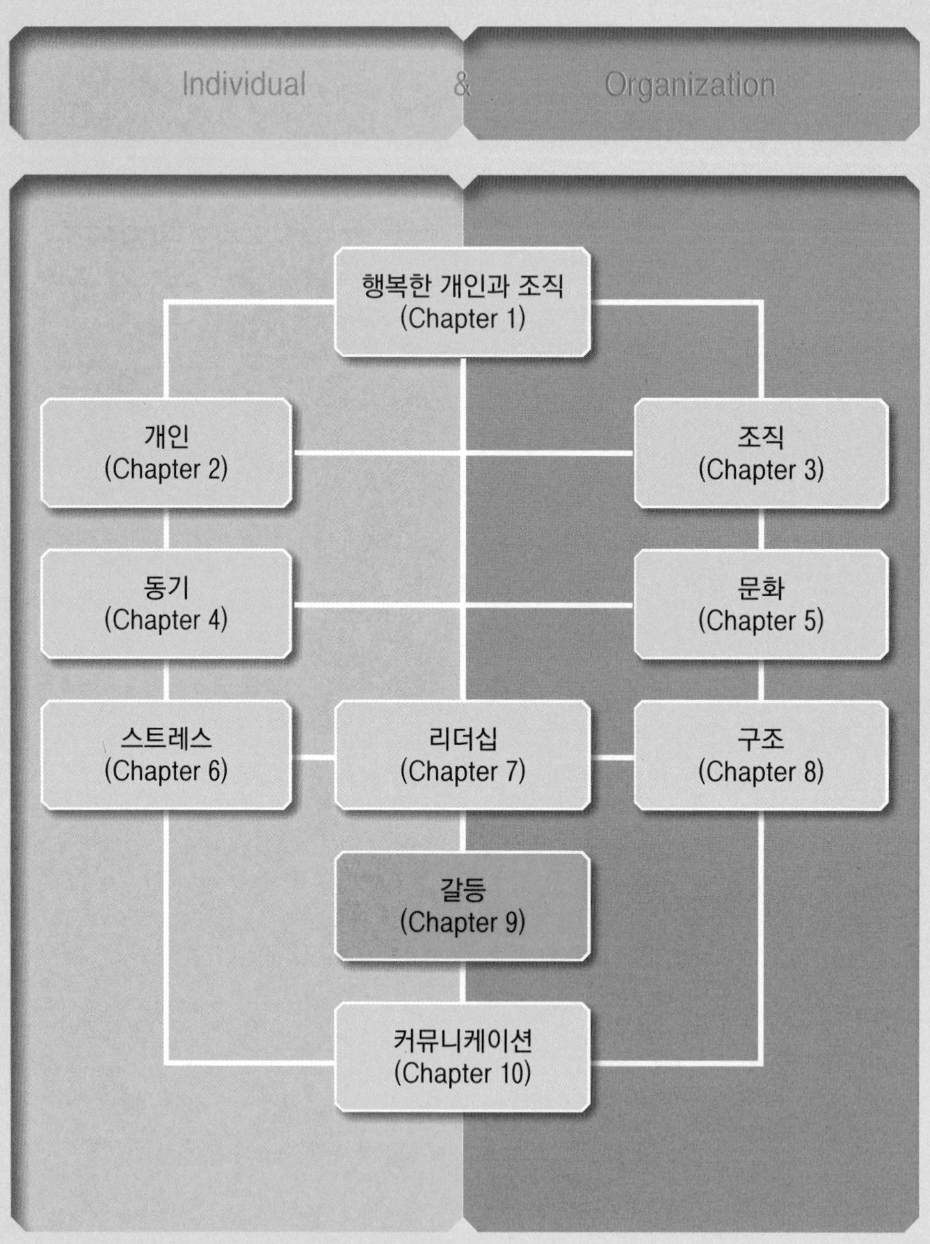

Individual
&
Organization
행복한 개인과 조직
(Chapter 1)
개인
(Chapter 2)
조직
(Chapter 3)
동기
(Chapter 4)
문화
(Chapter 5)
스트레스
(Chapter 6)
리더십
(Chapter 7)
구조
(Chapter 8)
갈등
(Chapter 9)
커뮤니케이션
(Chapter 10)

Keywords

- 갈등(Conflict)
- 갈등 관리(Conflict Management)
- 과업 갈등(Task Conflict)
- 과정 갈등(Process Conflict)
- 관계 갈등(Relationship Conflict)
- 개인 내부 갈등(Intrapersonal Conflict)
- 개인 간 갈등(Interpersonal Conflict)
- 집단 내부 갈등(Intragroup Conflict)
- 집단 간 갈등(Intergroup Conflict)
- 노사관계 체제 모형
- 참여적 의사결정 접근

갈등의 전략

토머스 셸링

게임이론으로 풀어낸 갈등과 협력의 정수!

『갈등의 전략』은 2005년 노벨경제학상을 수상한 세계적인 석학이자 갈등과 협상에 관한 게임이론의 대가 '토머스 셸링'이 커뮤니케이션이 원활히 이루어지지 않거나 전혀 이루어지지 않는 상황에서의 갈등 해결 전략을 제시한 책이다. 경제학이라는 학문이 핵전쟁 억지와 군축과 같은 인류의 현실적 문제에 대해 명쾌하고도 쉬운 언어로 통찰력 있는 분석틀을 제공한다.

'상호조정(coordination)'과 '포컬 포인트(focal–point)'와 같이 현재 널리 쓰이고 있는 게임이론의 기본적 개념들을 발전시키는 데 있어 선구적인 역할을 해 온 저자는 이 책에서 위협, 약속, 결정의 위임, 중재, 커뮤니케이션의 파기와 같은 수와 커뮤니케이션과 시행체계가 같은 구조적 요소가 포함된 본질적 요소들을 알기 쉽게 설명한다.

출처: 인터넷 교보문고(http://www.kyobobook.com)

Step 1 Warm-Up Exercise

경제학적 시각으로 갈등 해결의 방법을 제시한 책 “갈등의 전략”을 읽고, 조직 관리 및 인사관리의 시각에서 조직 내에서 발생할 수 있는 다양한 갈등을 해결하기 위한 매뉴얼로써 〈갈등관리의 원칙 Top 10〉을 작성해 보자.

하이힐을 신고 달리는 여자

I Don't Know How She Does it!

까지고! 걸리고! 넘어져도!
포기할 수 없는 10cm 위 세상을 향한
전력질주가 시작된다!

롤러코스터 타듯 정신 없는 나날을 보내는 펀드 매니저 케이트. 그녀에게 사람들은 "어떻게 그 많은 일들을 다 해내는지 몰라?!"라며 감탄을 금치 못한다. 어느 날, 뉴욕 본사 글로벌 프로젝트가 주어지고, 자신의 능력을 인정해주며 호의를 베푸는 매력적인 클라이언트를 만나게 된다. 훈남과 함께 커리어도 높일 수 있는 일생일대의 찬스! 과연, 그녀는 그 많은 일들을 다 해낼 수 있을까?

출처: 네이버 영화(http://movie.naver.com/)

Step 2 Warm-Up **Exercise**

영화 '하이힐을 신고 달리는 여자(I Don't Know How She Does It)'를 보고, 영화 속 주인공 케이트가 조직 생활을 하면서 느끼는 갈등의 유형과 원인에 대해 생각해 보고, 이러한 갈등 해결을 지원할 수 있는 조직 관리 및 인사 관리 전략에 대해 논의해 보자.

Chapter 9 갈등	Types And Benefits Of Conflict	http://www.youtube.com/watch?v=8Gt98PODCsg
	조직 내 갈등	http://www.youtube.com/watch?v=0ZmzvpQ-0iQ
	일-가정 갈등	http://www.youtube.com/watch?v=yme2ORUBgoU
	팀워크를 위한 갈등관리	http://www.youtube.com/watch?v=WxOPtwWJZ3g

Self-Interview Project

● 영상을 시청하고, 스스로 조직의 CEO가 되어 아래 질문에 대한 인터뷰를 진행해 보세요.

Interviewer:

현재 CEO님께서 속한 조직에서 가장 자주 발생하는 갈등은 무엇인가요?

Interviewee:

Interviewer:

조직 내에서 다양한 유형의 갈등이 조직 성과에 긍정적인 영향을 미치는 경우도 있나요? 만약 있다면 구체적인 사례를 바탕으로 설명해주시길 부탁드립니다.

Interviewee:

제1절 갈등의 이해

1. 갈등의 의의

우리는 모두 인간관계 속에서 혹은 가족, 조직, 사회의 구성원으로서 다양한 원인에 의해 필연적으로 갈등(Conflict)을 경험하게 된다. '갈등'이라는 단어를 접하게 되면 대부분의 사람들이 아마도 대립, 충돌 상황을 떠올리며 부정적 느낌을 받게 될 것이다. 그러나 인사 관리 및 조직 관리와 관련된 최근의 연구를 살펴보면 갈등에 접근하는 이러한 시각이 조금씩 변화하고 있음을 알 수 있다. 관리적 시각에서 볼 때, 과거에는 갈등의 부정적 역할에만 초점을 맞추었기 때문에 갈등을 무조건적으로 억제하는 것이 바람직한 것으로 여겨졌으나, 최근에는 갈등의 긍정적 기능이 인정되면서 부정적 역할을 하는 갈등의 예방 및 해결과 더불어 긍정적 역할을 하는 갈등을 적정

그림 9-1 갈등의 개념

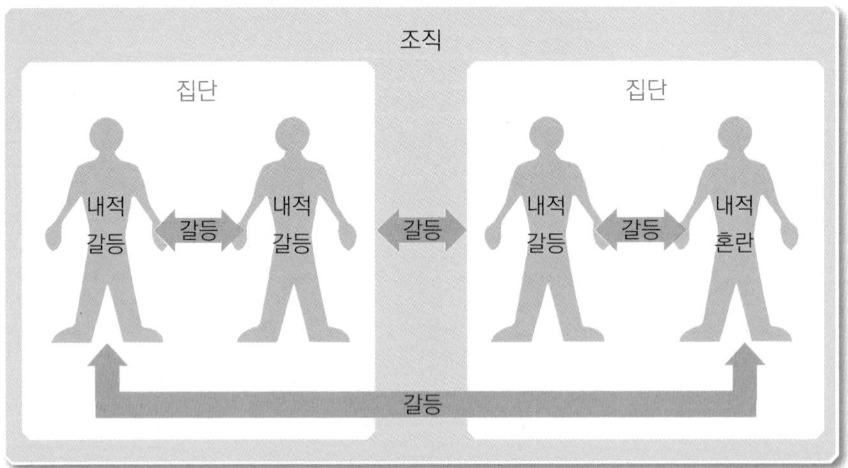

수준으로 유지하고 관리하는 것이 보다 중요해졌다. 이에 갈등 관리는 인사 관리와 조직 관리에 있어 매우 중요한 과제로 고려되고 있다. 바람직한 갈등 관리를 위해서는 무엇보다 갈등의 개념에 대한 이해가 선행되어야 할 것이다. 그러나 갈등은 연구 분야, 분석 단위 등에 따라 다양하게 정의되고 있는 것이 사실이다. 이에 갈등의 어원과 보편적 관점에서 갈등에 접근한 학자들의 개념 정의를 차례대로 살펴보았다.

갈등의 영어 표현 "Conflict"는 라틴어 "Conflictus"에서 유래하였는데, 이는 "힘으로 충돌하다(Striking together with force)"라는 의미를 내포하고 있다(Forsthy, 1990). 다음으로 학자들의 정의를 살펴보면, Dlugos (1959)는 갈등을 "개인이나 집단 간 의견의 불일치 상태"라고 정의하였고, Coser(1956)는 갈등을 "가치에 대한 투쟁으로서 희소한 지위, 권력, 자원 등을 추구하는 과정에서 상대편을 무력화시키거나 제거하려는 과정이다."라고 정의하였다. 또한 March & Simon(1958)은 갈등이란 "조직 내의 의사결정이나 정책결정에 있어서 대안의 선택기준이 애매모호하여 어느 대안을 선택해야 할지 몰라서 곤란을 겪게 되는 상황이다."라고 정의하였으며 Robbins & Judge(2011)는 갈등이란 "한 사람이 중요하게 여기는 어떤 것에 대해 다른 사람이 부정적인 영향을 미치거나 혹은 부정적인 영향을 미칠 것이라고 인식할 때 시작되는 과정이다."라고 정의하였다. 이러한 정의를 종합해 볼 때 갈등은 타인과의 상호작용 과정에서 발생하는 감정적 대립 및 의견의 불일치 상태로 이해해 볼 수 있었다. 다만, 조직 관리 및 인사 관리에 있어서는 조직 내부 구성원 간의 갈등과 더불어 개인이 자신에게 부여된 다양한 과업과 역할을 수행하는 과정에서 발생할 수 있는 개인의 내적 갈등 역시 중요한 관리 과제로 여겨진다. 이에 본서에서는 갈등을 조직 구성원이 자신에게 부여된 다양한 과업과 역할을 수행하는 과정에서 경험하게 되는 내적 혼란과, 조직 구성원 간 또는 집단 내부, 집단 간의 감정적 대립 및 의견 불일치 상태로 정의하고자 한다.

개념에 대한 이해와 더불어 갈등이 조직 관리에 있어 어떠한 역할을 하는지에 대해 살펴보았다. 조직 내에서 흔히 발생하는 갈등은 주로 과업 갈등(Task Conflict), 과정 갈등(Process Conflict), 관계 갈등(Relationship Conflict) 등으로 구분해 볼 수 있다. 과업 갈등은 조직의 목표, 업무의 목표, 업무의 내용과 관련된 개인과 개인, 개인과 조직 간의 의견 불일치 상태를 의미하며, 과정 갈등은 업무를 처리하는 방식과 관련된 의견 불일치 상태를 의미한다. 관계 갈등은 동료, 상사 등 조직 구성원들의 관계

그림 9-2 갈등의 역할

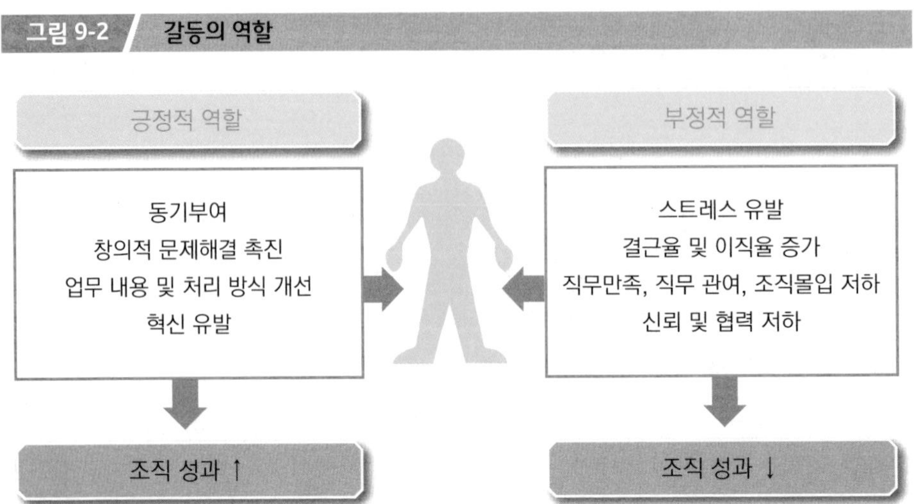

적 차원의 갈등을 의미한다(Jehn, 1997). 일반적으로 과업갈등과 과정갈등은 갈등 수준 및 상황에 따라 조직 성과에 부정적인 영향을 미치는 경우도 있고 긍정적인 영향을 미치는 경우도 있다. 그러나 관계 갈등의 경우 대부분의 상황에서 조직 성과에 부정적인 영향을 미치게 된다.

- **갈등의 긍정적 역할** 때때로 과업 갈등, 과정 갈등이 개인의 동기를 유발하고, 창의적 문제해결을 촉진하며, 업무 내용 및 업무 처리 방식을 합리적으로 개선하고, 변화에 능동적으로 대응하여 혁신을 가능케 하는 등 조직 성과를 향상시키는 역할을 하는 경우를 의미한다.
- **갈등의 부정적 역할** 갈등이 개인으로 하여금 스트레스를 유발하고, 만족감을 저하시켜 결근율 및 이직율의 증가, 직무 만족 및 직무 관여, 조직 몰입의 저하를 가져오고, 타인에게 적대적 행동을 유발하여 조직 내 신뢰, 협력의 저하 등 사회자본의 손실을 가져와 결과적으로 조직 성과를 저해하는 역할을 하는 경우를 의미한다.

2. 갈등에 접근하는 관점의 변화

과거의 조직 연구에서는 일반적으로 갈등이 조직에 부정적인 영향을 미치는 것으로 인식되어 왔다. 그러나 최신의 연구를 살펴보면 갈등이 유형, 수준, 상황에 따라 조직의 성과에 부정적인 영향을 미치는 '나쁜 갈등'으로서의 역할을 담당하기도 하고, 긍정적인 영향을 미치는 '좋은 갈등'으로서의 역할을 담당하기도 한다는 것이 밝혀졌다. 즉, 시간의 흐름에 따라 갈등에 접근하는 관점이 변화한 것인데, 조직행동론을 연구한 Robbins & Judge는 2009년의 저서에서 갈등에 접근하는 시각이 전통적 관점에서 행태적 관점으로, 행태적 관점에서 상호작용적 관점으로 변화하였다고 설명하였다(Robbins & Judge, 2009). 그러나 2011년 개정판에서는 갈등에 접근하는 관점이 상호작용적 관점에서 가장 최신의 관점인 갈등 해결에 초점을 맞춘 관점으로 변화하였음을 추가 설명하였다(Robbins & Judge, 2011). 이에 가장 최근의 시각을 반영하여 갈등에 접근하는 관점을 4개 차원으로 구분하여 살펴보았다.

- **전통적 관점**(Traditional View) 갈등의 부정적 역할에만 초점을 두고 무조건적으로 억제하거나 제거하는 것, 피하는 것이 조직 효과성에 있어 가장 합리적인 방법이라고 이해한다.
- **행태적 관점**(Behavioral View) 인간 관계, 조직 내에서 갈등은 필연적으로 발생할 수밖에 없다는 사실을 인정하고, 경우에 따라 갈등이 긍정적인 역할을 할 수 있다고 본다.
- **상호 작용적 관점**(Interaction View) 행태적 관점에서 더 나아가 갈등의 긍정적인 역할을 인정하는 것뿐만 아니라 이를 장려한다. 즉, 갈등이 없는 조직은 변화에 효과적으로 대응하지 못하고 정체, 침체되는 등의 비효율을 유발할 수 있다고 본다. 이에 적정수준으로 갈등을 유지함으로서 조직에 생동감을 불어넣고 창의성을 높일 수 있다고 본다. 다만, 상호작용적 관점이 모든 갈등을 좋은 것으로 여긴 것은 아니다. 조직에 생기를 불어넣고 혁신을 불러일으키는 좋은 갈등이 존재하기도 하지만, 조직의 효과성과 성과에 방해가 되는 나쁜 갈등도 존재한다고 인정하였다. 따라서 나쁜 갈등은 최소화 하고 좋은 갈등을 최대화하는 것이 상호작용적 관점에서의 주된 과제였다.
- **갈등 해결에 초점을 둔 관점**(Resoultion Focused View of Conflict) 상호작용적 관점이 설명한 바와 같이 갈등이 조직 내에서 좋은 갈등으로서의 역할을 하는 경우도 존재하지만, 나쁜 갈등으로서의 역할을 하는 경우도 분명 존재함을 인

그림 9-3 갈등에 대한 관점의 변화

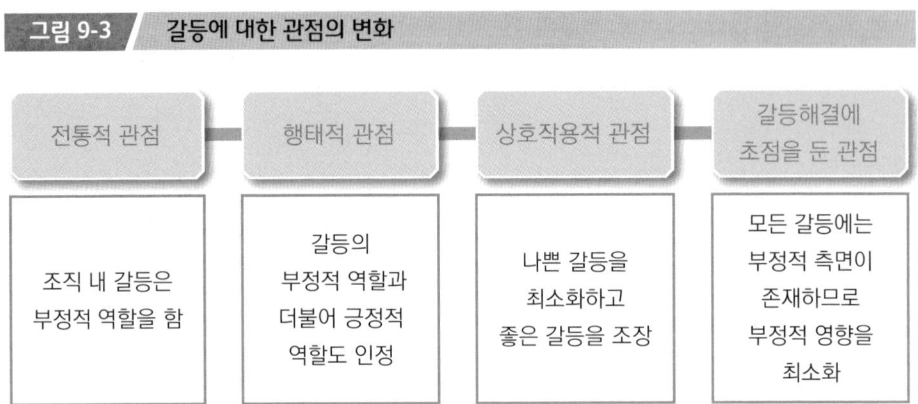

정한다. 앞서 살펴본 바와 같이 일반적으로 조직의 목표, 업무의 목표, 업무의 내용, 업무를 처리하는 방식과 관련된 업무 갈등(Task Conflict) 이나 과정 갈등(Process Conflict)은 나쁜 갈등이 아닌 좋은 갈등으로 이해되어 왔고, 관계 갈등(Relationship Conflict)의 경우 나쁜 갈등으로 이해되어 왔다. 그러나 업무 갈등이나 과정 갈등과 같이 좋은 갈등이라 할지라도 결과적으로 갈등의 발생은 조직 구성원들의 마음에 상처를 남기게 되어 구성원 간 신뢰의 저하, 협력의 저하와 같은 문제를 가져온다고 보았다. 즉, 갈등 해결에 초점을 둔 관점은 단순히 갈등을 나쁜 갈등과 좋은 갈등으로 구분하여 나쁜 갈등을 억제하고, 좋은 갈등을 조장하는 것이 아니라 좋은 갈등이라 할지라도 분명 부정적인 측면을 갖고 있기 때문에 갈등이 유발되는 원인, 갈등이 발생하는 맥락 등에 관심을 갖고 갈등의 '부정적 영향'에 사전에 대비하여 이를 최소화 하는 것에 관심을 두었다.

이처럼 전통적 견해를 중심으로 하는 초기의 접근 방식은 갈등의 무조건적인 억제에 중점을 두었으나, 행태적 견해, 상호작용적 견해, 갈등 해결에 초점을 둔 견해 등 현대적 관점은 갈등의 긍정적 측면을 인정하면서 조직 내에서 갈등을 생산적으로 활용하고 갈등의 부정적 효과를 최소화 할 수 있도록 관리하는 전략적 시각을 취하고 있음을 알 수 있었다. 이에, 조직 관리 및 인사 관리에서 갈등 해결이 아닌 갈등 관리라는 개념을 사용하는 이유는, 이처럼 갈등이 조직 내에서 부정적인 역할과 더불어 긍정적인 역할을 수행하는 경우도 있기 때문에 모든 갈등을 단순히 억제하고 해결하는 것이 아니라, 갈등의 부정적 영향은 최소화 하고, 긍정적 영향은 최대화 시킬 수 있도록 하는 전략적 갈등관리가 매우 중요하기 때문이다.

3. 갈등과 조직 성과 간의 관계

갈등 수준과 조직 성과 간의 관계에 대한 논의는 갈등의 부정적 효과에만 주목하였던 전통적 시각과 갈등의 긍정적 효과를 인정하였던 현대적 시각으로 구분하여 살펴 볼 수 있다.

전통적 관점은 갈등의 부정적 기능에만 주목하여 갈등의 억제를 가장 최선의 방법으로 여겼기 때문에 조직 성과에 있어 갈등은 적으며 적을수록 좋은 것으로 간주되었다. 이에 갈등과 조직 성과 간의 관계는 〈그림 9-4〉에서 보는 바와 같이 상충관계로 이해하였다 .

반면, 현대적 관점에서는 갈등의 부정적 역할과 긍정적 역할을 모두 인정하였고, 부정적 역할을 최소화 하기 위한 전략적 접근이 이루어진다면 적정 수준의 갈등이 사람들에게 동기를 부여하고, 문제해결을 촉진하며 창의성과 혁신을 유발하는 등 조직의 성과에 긍정적인 영향을 미친다고 보았다. 이에 현대적 관점에서는 갈등과 조직 성과 간의 관계를 〈그림 9-5〉에서 보는 바와 같이 역U형 관계로 이해하였다.

즉, 갈등이 부재하거나 낮은 조직은 무관심하고, 침체적이며, 변화에 반응하지

그림 9-4 전통적 관점에서 바라본 갈등과 조직 성과 간의 관계

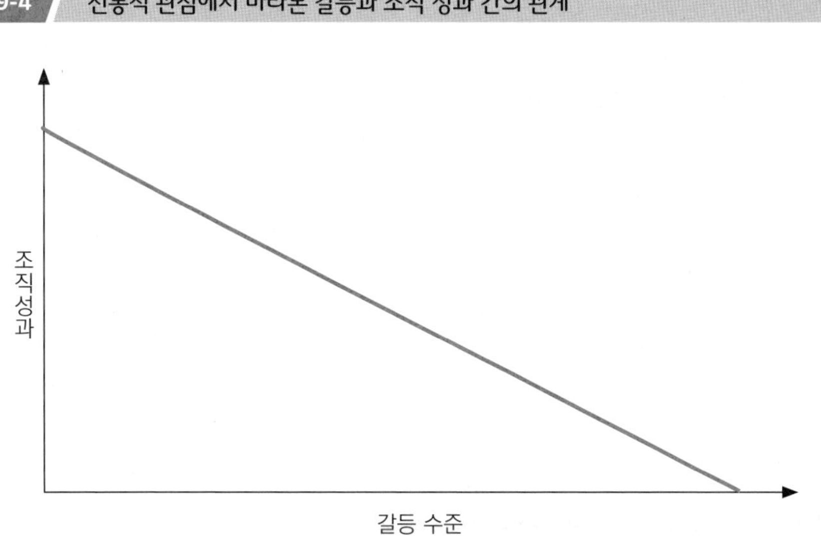

그림 9-5 현대적 관점에서 바라본 갈등과 조직 성과 간의 관계

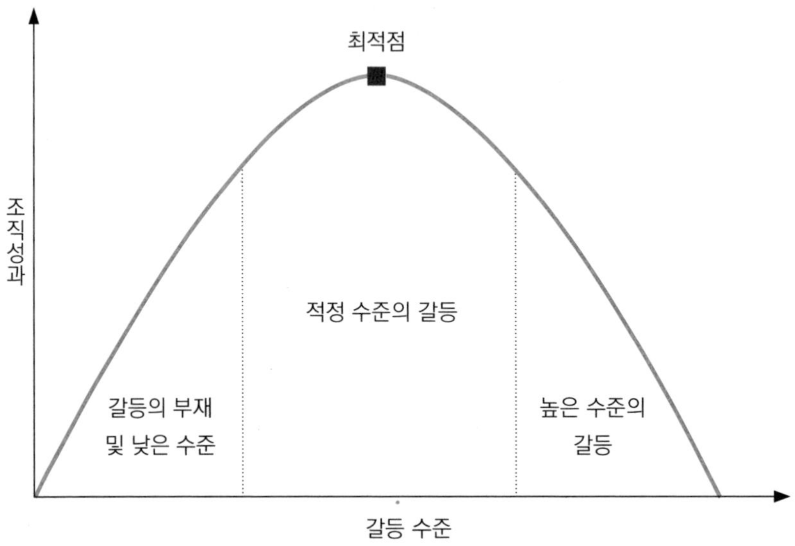

않으며 새로운 아이디어가 부재하는 등 부정적인 것으로 여겨졌다. 반면, 적정수준의 갈등을 유지하고 있는 조직은 생기가 넘치며 끊임없는 자기 비판의 과정을 거치고, 혁신을 통해 문제해결력을 향상시켜 나가기 때문에 갈등이 조직의 성과에 긍정적인 영향을 미친다고 보았다. 다만, 갈등의 수준이 지나치게 높은 조직의 경우 구성원 간 관계가 적대적이고 파괴적이며, 상호 비협조적인 행동을 취하게 되어 조직의 혼란을

표 9-1 갈등 수준과 조직 성과

갈등 수준	조직의 특성	갈등의 역할	조직의 성과
갈등 부재 및 낮은 수준의 갈등	무관심 침체적 변화에 대한 무반응 새로운 아이디어의 부재	부정적인 역할	낮음
적정 수준의 갈등	생기가 넘침 자기 비판적 혁신적	긍정적인 역할	높음
높은 수준의 갈등	파괴적 비협조적 혼란	부정적인 역할	낮음

자료: Robbins & Judge (2011)의 내용을 토대로 재구성.

가져오기 때문에 지나친 갈등은 조직의 성과에 부정적인 영향을 미친다고 보았다(〈표 9-1〉 참조).

제2절 갈등의 유형

본서에서는 갈등을 조직 구성원이 자신에게 부여된 다양한 과업과 역할을 수행하는 과정에서 경험하게 되는 내적 혼란과, 조직 구성원 간 또는 집단 내부 및 집단 간의 감정적 대립 및 의견 불일치 상태로 정의하였다. 이러한 정의에 나타나 있는 바와 갈등은 주체에 따라 개인 차원과 집단 차원으로 구분하여 살펴볼 수 있다. 개인 차원의 갈등과 집단 차원의 갈등 모두 내적 차원과 외적 차원으로 구분하여 살펴볼 수 있는데, 집단의 개별 구성 단위가 개인으로 구성되어 있으므로, 조직 내부의 갈등은 개인의 외부 갈등을 포함하게 된다.

그림 9-6 갈등의 유형

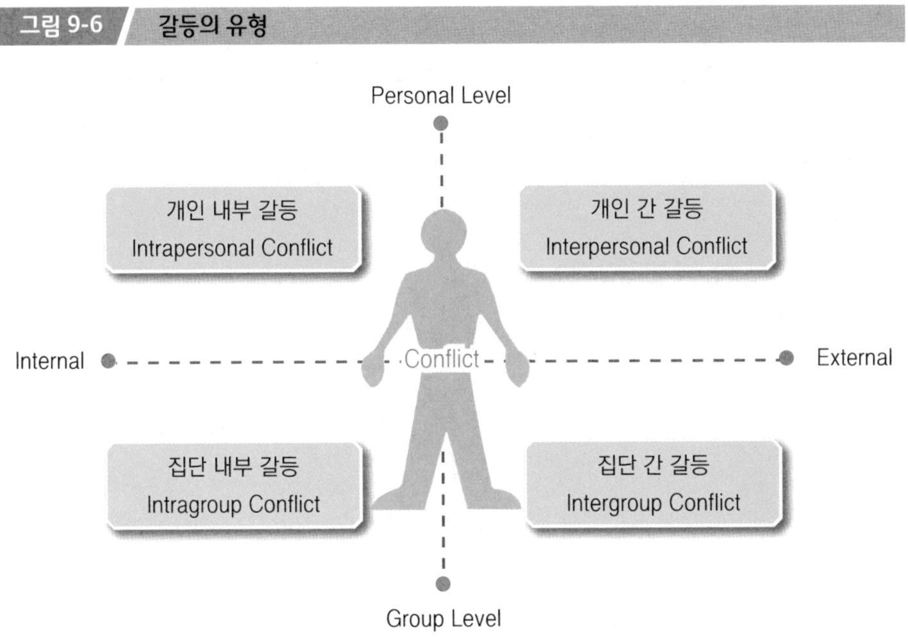

1. 개인 차원의 갈등

개인 차원의 갈등은 개인 내부 갈등(Intrapersonal Conflict)과 개인의 외부 갈등, 즉, 개인 간 갈등(Interpersonal Conflict)으로 구분하여 살펴볼 수 있다(〈그림 9-6〉 참조). 이를 구체적으로 살펴보면 다음과 같다.

1) 개인 내부 갈등

개인 내부 갈등(Intrapersonal Conflict)은 개인이 조직 구성원으로서 자신에게 부여된 과업과, 자신에게 기대되는 역할을 수행하면서 느끼게 되는 내적 혼란 상태를 의미한다. 이러한 내적 차원의 개인 갈등은 좌절 갈등, 목표 갈등, 역할 갈등 등으로 구분할 수 있다.

- **좌절 갈등** 개인이 달성하고자 했던 목표를 달성하지 못하거나, 원했던 욕구를 충족하지 못하는 경우에 발생하는 갈등을 의미한다. 즉, 과업에서 요구하는 목표가 좌절됐을 경우, 내적으로 추구했던 목표가 좌절됐을 경우를 의미하는 것이다. 업무 할당량을 채우지 못한 경우 느끼게 되는 불편함, 이달의 우수 사원으로 선정되어 타인으로부터 인정받길 원했던 구성원이 이에 선정되지 못해 느끼는 속상함 등을 좌절 갈등의 예시로 이해할 수 있다. 이렇게 개인적인 좌절을 경험하게 되어 내적 혼란을 겪는 경우 사람에 따라 반응이 다르게 나타나게 되는데, 다시 목표를 달성하기 위해 심기일전하여 더 열심히 노력하는 사람이 있는 반면, 무력감을 느껴 목표 달성을 포기하고 현실에 안주하는 사람도 있다.
- **목표 갈등** 자신이 추구하고자 하는 목표가 부정적인 측면과 긍정적인 측면을 동시에 갖고 있는 경우, 혹은 목표를 달성하기 위한 대안이 여러 가지 존재하는 경우 느끼게 되는 내적 혼란 상태를 의미한다. 전자의 상황을 이해하기 위해 어린 자녀를 둔 30대 가장에게 "해외 주재원 발령" 기회가 주어졌다고 가정해 보자. "해외 주재원 발령"은 개인으로 하여금 성취 욕구를 달성할 수 있는 좋은 기회로 여겨진다. 그런데 만약, 해외 주재원 발령을 선택하게 될 경우 가족은 동행할 수 없다는 조건이 붙는다면 어떻게 될까? 성취 욕구 충족을 위해

해외 지사로 떠날 것인지, 가족과 함께 있기 위해 한국에 머물 것인지를 두고 고민에 빠지게 될 것이다. 이러한 상황을 첫번째 유형의 목표갈등 예시로 이해할 수 있다. 두번째 유형의 목표갈등은 취업이라는 목표를 달성하기 위해 여러 조직에 원서를 제출하였는데, 뜻밖에 여러 조직으로부터 합격통보를 받아 어떤 조직을 자신의 직장으로 선택할 것인가를 두고 고민하는 상황을 예시로 이해할 수 있다.

- **역할 갈등** 개인이 자신에게 기대되는 다양한 역할 간에 충돌이 발생할 때 느끼는 부정적인 감정 상태를 의미한다(Kahn et al., 1964; House & Rizzo, 1972; Robbins & Judge 2011). 이러한 역할 갈등은 역할모순에 의한 갈등과 역할긴장에 의한 갈등으로 구분할 수 있다. 역할 모순에 의한 갈등은 한 개인이 여러 가지 지위를 갖게 되면서 각각의 지위 간에 기대되는 역할이 충돌하는 경우에 발생하는 갈등이다. 예를 들어, 결혼을 한 여성의 경우 직장에서는 조직구성원이라는 지위와 가정에서는 주부라는 두 가지 지위를 갖게 되는데 이렇게 서로 다른 지위 간에 기대되는 역할 간의 충돌로 발생하는 역할 갈등을 역할모순에 의한 갈등이라고 한다. 반면 역할 긴장에 의한 갈등은 동일한 지위 내에서 두 개 이상의 기대 역할 간의 충돌에 의해 발생하는 갈등이다. 예를 들어 가정에서 아내라는 지위에는 가정의 경제를 잘 이끌어 나가야 하는 생활력이 강한 아내로서의 역할이 요구됨과 동시에 아름답고 여성스러운 아내로서의 역할이 요구된다. 이렇게 동일 지위 내에서 기대되는 역할 간의 충돌로 발생하는 역할 갈등을 역할 긴장에 의한 갈등이라고 한다(김선아 · 김민영 · 김민정 · 박성민, 2013).

2) 개인 외적 갈등

개인 외적 차원의 갈등은 개인 간 갈등(Interpersonal Conflict)으로서 타인과의 감정적 대립 혹은 의견의 불일치 상태를 의미한다. 이는 업무 내용 및 업무 처리 방식과 관련된 의견의 불일치, 희소한 자원 배분 과정에서의 대립 등 다양한 원인에 의해 유발된다. 특히 업무의 내용 및 업무 처리 방식과 관련된 개인 간 갈등의 경우 개인 간 의견 조정을 통해 새롭고 혁신적인 방식을 창출해내는 등, 업무 처리 방식의 개선을 통해 조직의 효과성 향상에 긍정적인 영향을 미치는 경우도 있으나 적절히 해결되지 못했을 경우 관계 갈등을 유발하여 조직 내 신뢰 및 협력 저하 등의 문제를 유

그림 9-7 개인 차원의 갈등

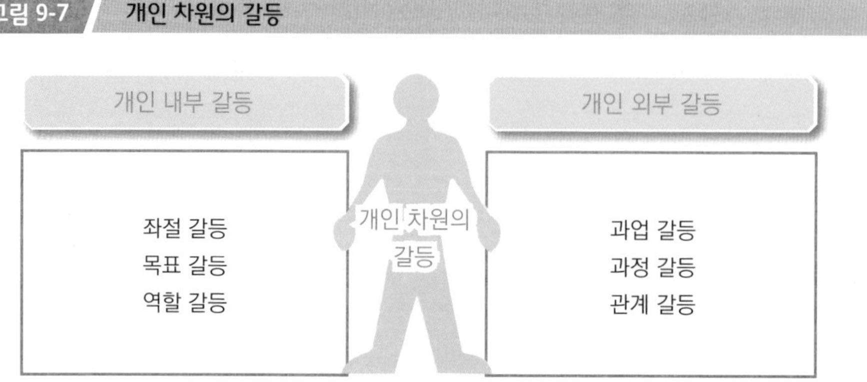

발하게 된다. 또한 개인의 내적 갈등으로 구분되었던 역할 갈등은 경우에 따라 개인 간 갈등을 유발하는 요소로 지적되기도 한다. 즉, 역할을 부여받은 사람의 내적 역할 갈등이 역할을 부여한 사람에 대한 부정적 감정을 유발하여 개인 간 갈등으로 확산되는 것이다.

2. 집단 차원의 갈등

집단 차원의 갈등은 집단 내부 갈등(Intragroup Conflict)과 집단 간 갈등(Intergroup Conflict) 등으로 구분하여 살펴볼 수 있다(〈그림 9-8〉 참조). 이를 구체적으로 살펴보면 다음과 같다.

- **집단 내부 갈등** 집단의 역동성 및 집단의 효과성에 영향을 미치는 조직 구성원 간의 갈등을 의미한다(Slocum & Hellriegel, 2011). 이에 집단 내부 갈등은 개인 간 갈등을 포함하는 것으로 이해할 수 있다. 업무 내용 및 처리 방식, 감정적 대립 등에 의해 발생하는 갈등과 더불어 집단 내부 갈등은 집단 내 서열의 문제, 책임성의 문제 등을 포함하게 된다.
- **집단 외부 갈등** 서로 다른 업무 특성을 보유하고 있는 집단 혹은 팀 간의 항의, 의견 충돌, 분쟁 등을 의미한다(Slocum & Hellriegel, 2011). 우리나라에서 자주 발생하는 노조 갈등, 즉, 노동자 집단과 관리자 집단 간의 갈등을 대표적인 집단 간 갈등 사례로 이해할 수 있다. 집단 간 갈등의 원인은 다양한 측면에서

그림 9-8 집단 차원의 갈등

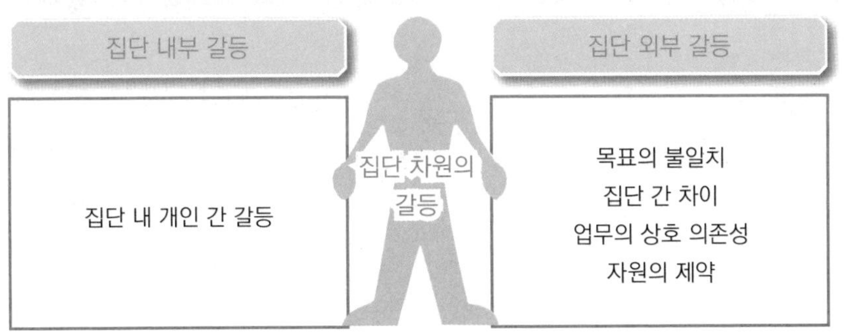

살펴볼 수 있는데, Daft(2010)는 집단 간 갈등의 원천으로 목표의 불일치, 집단 간 차이, 업무의 상호의존성, 자원의 제약 등 4가지 요소를 제시하였다. 목표의 불일치(Goal Incompatibility)란 각 집단의 목표가 양립 불가능함을 의미하는 것으로서 한 집단의 목표가 다른 부서의 목표와 상충되는 경우를 의미한다. 집단 간 차이(Differentiation)란 각 집단 간의 기능적, 정서적, 문화적 차이를 의미한다. 조직 내에서 집단과 팀은 업무 특성 혹은 기능을 기준으로 분류되는데, 이러한 분류가 구성원들의 태도, 정서의 차이를 유발하고, 결과적으로 조직 내에 각 집단별로 독특한 하위문화가 형성됨으로서 갈등이 유발되는 것이다. 업무의 상호의존성(Task Interdependency)은 조직의 목표를 달성하기 위해 집단 간 의존적 관계가 형성되는 경우가 있는데 이는, 한 집단이 다른 부서의 자원과 정보에 일방적으로 의지하는 경우와, 한 부서의 산출물이 다음 부서의 투입물이 되는 순차적 관계, 정보와 자원의 교환이 쌍방향적으로 이루어지는 경우 등으로 구분하여 살펴 볼 수 있다. 상호의존성 수준이 높아진다는 것은 정보와 자원의 공유 및 조정의 필요성이 높아짐을 의미하는 것이기 때문에 일반적으로 이러한 상호의존성 수준이 높을수록 갈등이 발생할 가능성도 높아지게 된다. 마지막으로 자원의 제약(Limited Resource)은 각 집단이 조직 내에서 한정된 예산, 설비, 시설, 인적 자원 등을 더 많이 확보하기 위해 경쟁을 하면서 발생하는 갈등을 의미한다.

제3절 갈등 관리의 이해

이처럼 조직 내에서는 구성원 개인의 내부 갈등과 구성원 간의 갈등, 집단 내부의 갈등 및 집단 간의 갈등 등 다양한 유형의 갈등이 존재한다. 따라서 조직 효과성 향상을 위해 조직에 부정적인 영향을 미치는 '나쁜 갈등'을 예방 및 해소하고, 긍정적인 영향을 미치는 '좋은 갈등'을 조장하며, 갈등의 부정적 영향력을 최소화 하는 전략적 갈등 관리가 매우 중요하다고 할 수 있다. 이에 갈등 관리 방식과 갈등 관리 원칙, 그리고 한국적 맥락의 조직 관리 및 인사 관리에서 매우 중요한 과제인 노사 간 갈등 관리에 대해 살펴보자.

1. 갈등 관리 방식

Thomas(1976)은 Blake & Mouton(1964)의 관리격자(Managerial Grid) 모형과 유사한 맥락에서 타인의 관심과 이익을 중요시 여기는 정도와 자신의 관심과 이익을 중요시 여기는 정도에 따라 갈등에 접근하는 방식을 5가지 유형으로 구분하였다. 갈등 관리 격자(Conflict Management Grid) 모형의 가로축은 타인의 관심과 이익을 중요시 여기고 이를 달성하고자 노력을 기울이는 정도를 의미하며 세로축은 자신의 관심과 이익을 중요시 여기고 이를 달성하고자 노력을 기울이는 정도를 의미한다. 즉 가로축은 얼마만큼 협조적(Cooperative)인가를 의미하는 것이고 세로축은 얼마만큼 대립적인(Assertion)가를 의미하는 것이다. 이에 2개 기준을 통해 갈등 관리 방식을 경쟁(Competing)적 접근 방식, 순응(Accommodating)적 접근 방식, 타협(Compromising)적 접근 방식, 회피(Avoiding)적 접근 방식, 협력(Collaborating)적 접근 방식 등 5가지 유형으로 구분할 수 있다. 다만, Slocum & Hellriegel(2011)은 Thomas(1976)의 격자 모형에서 경쟁(Competing)적 접근 방식을 강압(Forcing)적 접근방식으로 수정한 수정 모형을 제시하였다. 최근의 수정 모형을 바탕으로 갈등 관리 방식을 살펴보면 다음과 같다.

〈그림 9-9〉에서 보는 바와 같이 대립적이고 비협조적인 갈등 관리 방식은 강압(Forcing)적 접근이며, 비대립적이고 협조적인 갈등 관리 방식은 순응(Accommodating)

그림 9-9 갈등에 접근하는 방법

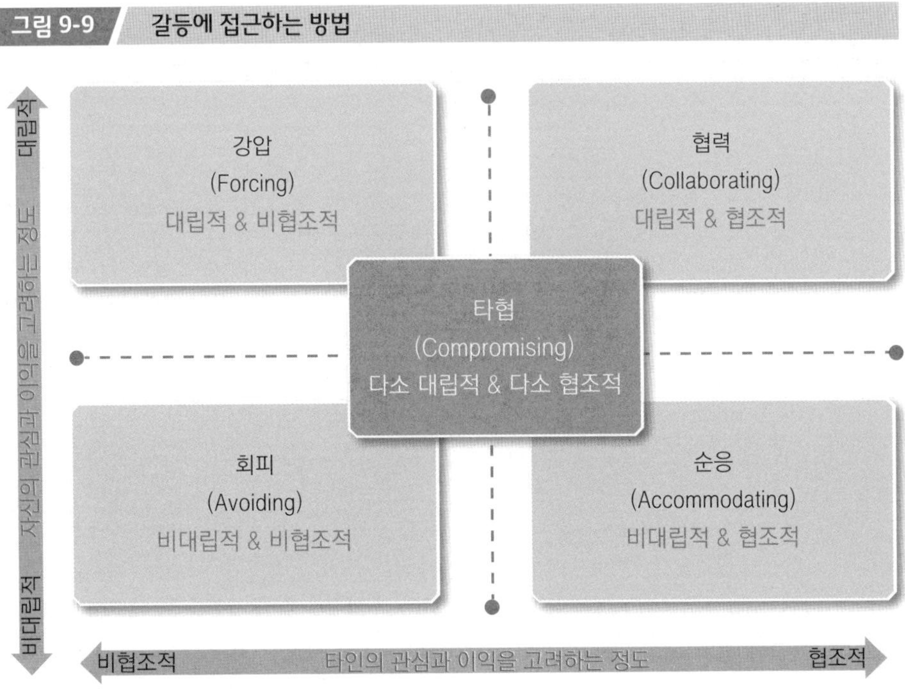

자료: Slocum & Hellriegel (2011)의 내용을 토대로 재구성.

적 접근이다. 대립과 협조 모든 측면에서 절충적 입장을 취하는 갈등 관리 방식은 타협(Compromising)적 접근이며, 가장 최악의 접근 방식이라 할 수 있는 비대립적이며 비협조적인 방식은 회피(Avoiding)적 접근이다. 반면 가장 최상의 접근 방식이라 할 수 있는 대립적이긴 하지만 협조적인 갈등 관리 방식은 협력(Collaborating)적 접근 방식이라 할 수 있다. 이러한 서로 다른 접근 방식의 특징과 각 방식이 유용하게 적용될 수 있는 상황적 특성을 살펴보면 〈표 9-2〉와 같다.

- **강압(Forcing)적 방식** 결과적으로 승자-패자 경기(Win-Lose Game)가 된다. 상사가 부하에게 자신이 갖고 있는 권력을 토대로 자신의 의견에 무조건적으로 따르게 하는 경우가 강압적 방식의 대표적인 사례라 할 수 있다. 강압적 접근 방식은 위기상황과 같이 신속하고 단호한 행동이 필요할 때, 비용 절감, 인기 없는 규칙의 강행, 훈계 등 사람들이 좋아하지 않는 중요한 행동의 집행이 필요할 때, 자신이 옳다는 것을 알고 있고, 조직의 복지에 필요불가결한 내용을

표 9-2 상황별 적절한 갈등 관리 방식

갈등 관리 방식	태도	적합한 상황
강압 (Forcing)	대립적 비협조적	• 신속하고 단호한 행동이 필요할 때(예시: 위기상황) • 사람들이 좋아하지 않는 중요한 행동의 집행이 필요할 때(예시: 비용 절감, 인기 없는 규칙의 강행, 훈계) • 자신이 옳다는 것을 알고 조직의 복지에 필요불가결한 내용을 다루어야 할 때 • 비경쟁적인 행동으로부터 이득을 취하려는 사람에게 대항할 때
순응 (Accommodating)	비대립적 협조적	• 자신이 틀렸다는 것을 발견했을 때, 듣고, 배우고, 자신의 합리성을 보여주는 데 있어서 더 나은 위치를 점하고자 할 때 • 이슈가 나보다 타인에게 더 중요할 때, 타인을 만족시키고 협력을 유지하는 것이 중요할 때 • 다음 이슈를 위해 사회적 신임의 구축이 필요할 때 • 불리한 상황이나 지고 있는 상황일 때 손실을 최소화 하기 위해 사용 • 조화와 안정이 특히 중요할 때 • 부하직원이 실수로부터 학습을 하여 개선할 수 있도록 하기 위해 사용
회피 (Avoiding)	비대립적 비협조적	• 이슈가 매우 사소하거나 보다 더 중요한 이슈가 존재할 때 • 자신의 관심을 만족시킬 만한 대안이 없다고 인식될 때 • 해결에 따라 얻는 이익 이상의 잠재적 혼란이 예상 될 때 • 사람들을 진정시키고 생각의 정리가 필요할 때 • 즉각적으로 의사결정을 하기 보다는 정보의 수집이 필요할 때 • 다른 사람이 갈등을 해결하는 것이 효과적일 때
타협 (Compromising)	다소 대립적 다소 협조적	• 목표는 중요하지만 대립적인 행동을 취하여 혼란을 일으킬 만큼 가치가 없을 때 • 동일한 권력을 갖고 있는 사람들이 상호 양립 불가능한 목표에 몰입되어 있을 때 • 복잡한 이슈에 대한 일시적인 합의를 이끌어 내야 할 때 • 시간이 부족할 때 임시적인 해결에 도달해야 할 때 • 협력이나 강압적 갈등 관리 방식이 실패했을 때 차선책으로 활용
협력 (Collaborating)	대립적 협조적	• 적당히 타협을 하기에는 양 당사자의 관심사가 모두 중요하여 통합적 해결책을 찾아야 할 때 • 배우는 것이 목적일 때 • 서로 다른 관점을 가진 사람들의 통찰력을 융합할 때 • 관심사를 합의로 결합시켜 몰입을 이끌어 낼 때

자료: Thomas (1976), Slocum & Hellriegel(2011)의 내용을 토대로 재구성.

다루어야 할 때, 비경쟁적인 행동으로부터 이득을 취하려는 사람에게 대항하는 경우 등과 같은 상황에서 효과적인 갈등 관리 방식이라 할 수 있다.

- **순응(Accommodating)적 방식** 타인과의 좋은 관계를 유지하기 위해 자신의 관심과 이익을 양보하는 갈등 관리 방식을 의미한다. 순응적 접근 방식은 자신이 틀렸다는 것을 발견했을 때, 듣고, 배우고, 자신의 합리성을 보여주는 데 있어서 더 나은 위치를 점하고자 할 때, 이슈가 나보다 타인에게 더 중요할 때, 타인을 만족시키고 협력을 유지하는 것이 중요할 때, 다음 이슈를 위해 사회적 신임의 구축이 필요할 때, 불리한 상황이나 지고 있는 상황일 때 손실을 최소화 하기 위해, 조화와 안정이 특히 중요할 때, 부하직원이 실수로부터 학습을 하여 개선할 수 있도록 할 때와 같은 상황에서 효과적인 갈등 관리 방식이라 할 수 있다.
- **타협(Compromising)적 방식** 주고 받기(Give and Take)식 갈등 관리 방식을 의미한다. 즉, 적절히 양보하고, 적절히 이익을 취하는 행태를 의미한다. 타협적 접근 방식은 목표가 중요하긴 하지만 대립적인 행동을 취하여 혼란을 일으킬 만큼 가치가 있지 않을 때, 동일한 권력을 갖고 있는 사람들이 상호 양립 불가능한 목표에 몰입되어 있을 때, 복잡한 이슈에 대해 일시적인 합의를 이끌어 내야 할 때, 시간이 부족해서 임시적인 해결에 도달해야 할 때와 같은 상황에서 효과적인 갈등관리 방식이라 할 수 있으며 협력이나 강압적 갈등 관리 방식이 실패했을 때 차선책으로도 활용할 수 있다.
- **회피(Avoiding)적 방식** 결과적으로 갈등을 억제하거나 해결하는 것이 아니라 갈등을 해결해 나가는 과정에서 잠시 논쟁을 중단시키는 접근 방식으로 이해하는 것이 바람직하다. 이에 회피적 접근 방식은 이슈가 매우 사소하거나 보다 더 중요한 이슈가 존재할 때, 자신의 관심을 만족시킬 만한 대안이 없다고 인식될 때, 해결에 따라 얻는 이익 이상의 잠재적 혼란이 예상될 때, 사람들을 진정시키고 생각의 정리가 필요할 때, 즉각적으로 의사결정을 하기보다는 정보의 수집이 필요할 때, 다른 사람이 갈등을 해결하는 것이 보다 바람직할 때와 같은 상황에서 잠시 상황을 정리하는 수단으로서 효과적일 수 있다.
- **협력(Collaborating)적 방식** 결과적으로 승자-승자 경기(Win-Win Game)가 된다. 즉, 조직 전반으로 보았을 때, 조직 성과를 가장 극대화 할 수 있는 최선의

접근방식이라 할 수 있다. 이에 적당히 타협을 하기에는 양 당사자의 관심사가 모두 중요하여 통합적 해결책을 찾아야 할 때, 배우는 것이 목적일 때, 서로 다른 관점을 가진 사람들의 통찰력을 융합할 때, 관심사를 합의로 결합시켜 몰입을 이끌어 낼 때와 같은 상황에서 효과적인 갈등관리 방식이라 할 수 있다.

2. 갈등 관리 원칙

Fisher & Ury(1991)는 갈등을 효과적으로 해결하기 위해 필요한 4개 원칙으로 사람, 이익, 대안, 기준을 제시하였다. 즉, 갈등을 해결하기 위한 협상에 있어 첫째, 사람을 문제로부터 분리하기(Separate the people from the problem), 둘째, 입장보다는 이익에 초점을 맞추기(Focus on interests rather than positions), 셋째, 합의에 이르기 전에 다양한 대안을 만들기(Generate a variety of options before settling on an agreement), 넷째, 객관적 기준에 근거한 합의를 주장하기(Insist that the agreement be based on objective criteria) 등이 중요하다고 언급하였다.

- **사람을 문제로부터 분리해야 한다.** 갈등 당사자들이 문제와 사람을 분리하지 못해 문제 해결을 어렵게 하는 실수를 저지른다는 점을 지적한 것이다. 사람과 문제를 구분하지 못하면 문제를 특정 당사자의 잘못으로 여기게 되어 감정 손상을 유발할 수 있다. 이에 사람을 문제로 분리하여, 사람은 갈등을 함께 해결해 나가야 할 파트너로, 문제는 함께 해결해 나가야 할 공동의 문제로 인식해야 보다 생산적으로 갈등을 해결해 나갈 수 있을 것이다.
- **입장보다는 이익에 초점을 맞추어야 한다.** 갈등의 당사자들이 상호 반대 입장(Position)에 놓여있다는 것에 주목하기보다는 서로가 추구하는 이익(Interest)이 무엇인지에 중점을 두어야 한다는 것이다. 만약 입장에 중점을 두게 되면 자신이 원하는 바가 관철되지 않았을 때 이를 자신의 지위에 대한 위협으로 받아들이게 되어 협상에 있어 적대적인 자세를 유발하게 된다. 이와 달리 이익에 중점을 두게 될 경우 서로 다른 이익을 충족할 수 있는 최선의 해결책이 무엇인지를 탐색하는 것이 협상의 핵심 주제로 다루어지기 때문에 보다 효과적인 협상을 가능케 한다.

그림 9-10 갈등 관리 원칙

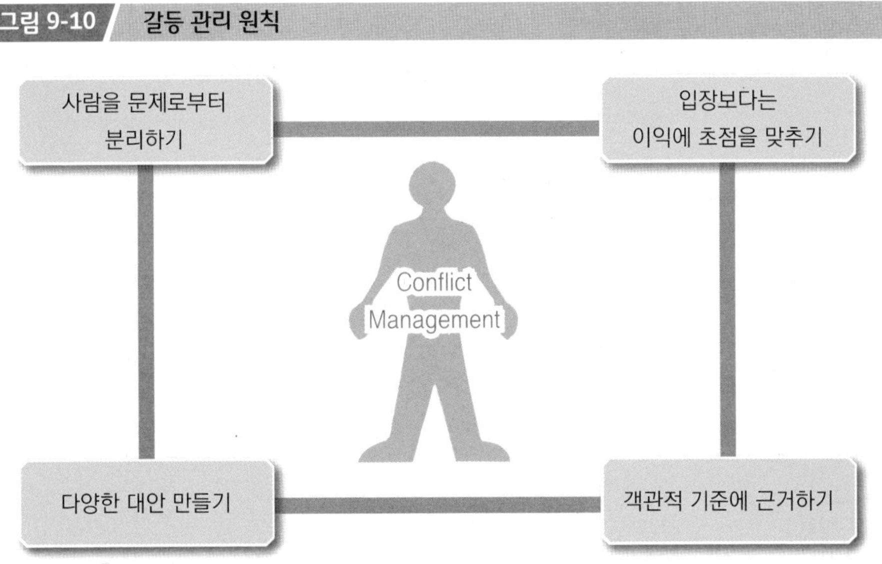

- **합의에 이르기 전에 다양한 대안을 만들어야 한다.** 대안을 탐색하는 과정에서 단 하나의 유일한 대안을 찾는 것에 주목하고, 성급하게 결정을 내리는 것보다는 공유된 이익에 초점을 맞추고 이를 극대화 할 수 있는 다양한 해결책을 모색해야 한다는 것을 의미한다. 이를 통해 모두를 만족시킬 수 있는 승자-승자 게임(Win-Win Game)을 구현해 낼 수 있을 것이다.
- **객관적 기준에 근거하여 합의를 주장해야 한다.** 공정한 절차, 과거의 전례, 법원의 판례, 과학적 발견, 전문적 표준과 같이 협상의 모든 과정이 객관적인 기준에 의해 공정하게 이루어질 때 대안의 합리적 검토가 가능할 것이며 이를 토대로 쌍방 모두가 동의하는 협상을 이끌어 낼 수 있을 것이다.

3. 노사 간 갈등 관리

조직 관리 및 인사 관리에 있어 노사갈등은 우리나라의 고질적인 문제로 자리잡고 있다. 특히, 노동의 3권이 완전히 보장되는 민간부문과 달리 공공조직에서는 공무원들의 노동 3권이 부분적으로 제한되고 있는데, 2006년 1월부터 단결권과 단체교섭권을 제한적으로 허용하고, 단체행동권은 금지하는 내용의 '공무원 노동조합 설립 및 운영 등에 관한 법률'이 시행되면서 공무원들 노동조합이 법적 지위를 부여받게 되었고, 이에 노사관리는 민간조직과 공공조직 모두에게 중요한 과제로 부각되고 있다. 이에 노사 간 갈등을 효과적으로 관리하고 예방하기 위해 노사관계 체제모형과 참여적 의사결정 모형을 살펴 보았다.

1) 노사관계 체제모형

〈그림 9-11〉은 노사관계를 체제모형의 시각으로 접근한 것이다. 노사관계도 내적 · 외적 환경의 영향을 받을 수 있다. 이에 체제 내부는 노동조합과 사용자의 구조적 측면과 실제 이들의 활동을 보여 주는 기능 측면으로 구분하여 살펴볼 수 있다. 노사관계에서 가장 관심이 모아지는 곳은 단체협약을 도출하기 위한 일련의 협상과정이다. 협상은 노동조합이 노동조건의 유지 또는 개선을 목적으로 사용자와 벌이는 합의도출과정이다. 단체교섭이라 불리는 이 단계에서 성공하지 못하면 노사 간에 분쟁이 발생하게 된다. 분쟁상태가 발생하면 노조측의 실력행사 수단인 파업이나, 사측의 실력행사 수단인 직장폐쇄와 같은 극단적인 단체행동이 발현되지 않도록 제3자가 개입하여 노사 간 조정을 실시하게 된다.

처음의 단체교섭이나 차후의 분쟁조정이 성공하게 되면 노사 간에 노동조건에

그림 9-11 노사관계 체제모형

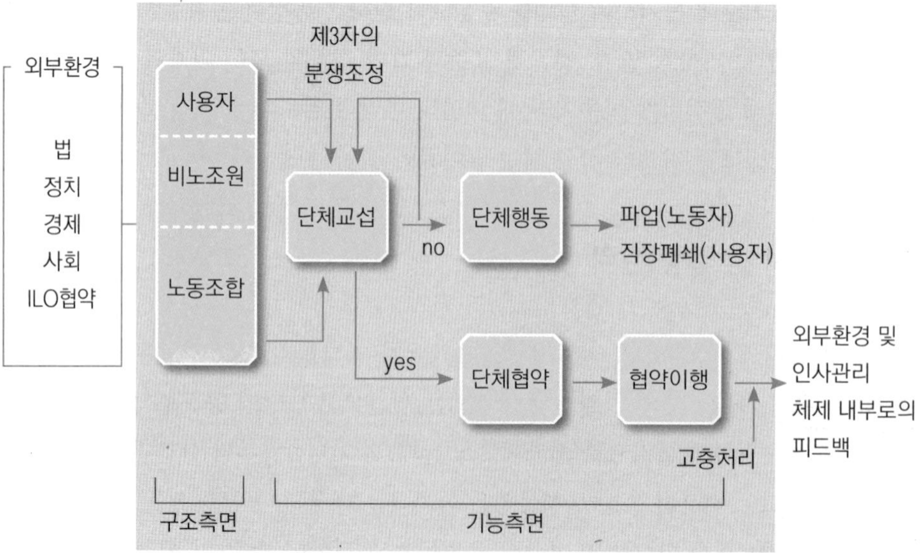

외부환경
법
정치
경제
사회
ILO협약

사용자
비노조원
노동조합

제3자의
분쟁조정

단체교섭
no
단체행동
파업(노동자)
직장폐쇄(사용자)

yes
단체협약
협약이행
고충처리
외부환경 및
인사관리
체제 내부로의
피드백

구조측면
기능측면

관한 합의가 이루어지게 된다. 이렇게 합의된 단체협약에 대해서는 재협약이 이루어질 때까지 노사 모두 이를 성실히 이행할 의무가 있다. 그러나 실제 이행과정에 있어 협약 해석에 노사 간 이견이 발생하는 등 여러 가지 불평불만이 생길 수 있다. 이러한 문제점을 효과적으로 해결하기 위해 조직은 상담제도나 고충처리제도를 운영하는 것이 일반적이다. 이와 같이 협약체결 이후의 이행과정에서 노사관계는 일상의 인사관리과정에 통합되어 진행된다.

2) 참여적 의사결정 접근

참여적 의사결정 접근(Participative Decision Making Approach)은 노사관계에 있어서 근로자들의 '참여'를 핵심으로 한다. 즉, 참여적 민주주의의 원리를 노사관계에 적용시킨 것이다. 이에 모든 근로자를 조직의 운영과 관련된 이해관계자로 인식하고 전 계층의 근로자들을 조직의 의사결정에 참여시킴으로써 협력적인 노사관계의 형성을 목적으로 한다. 이를 통해 조직 구성원의 생산성과 직무만족의 향상을 기대할

그림 9-12 노사파트너십 내부 이해관계자 모델

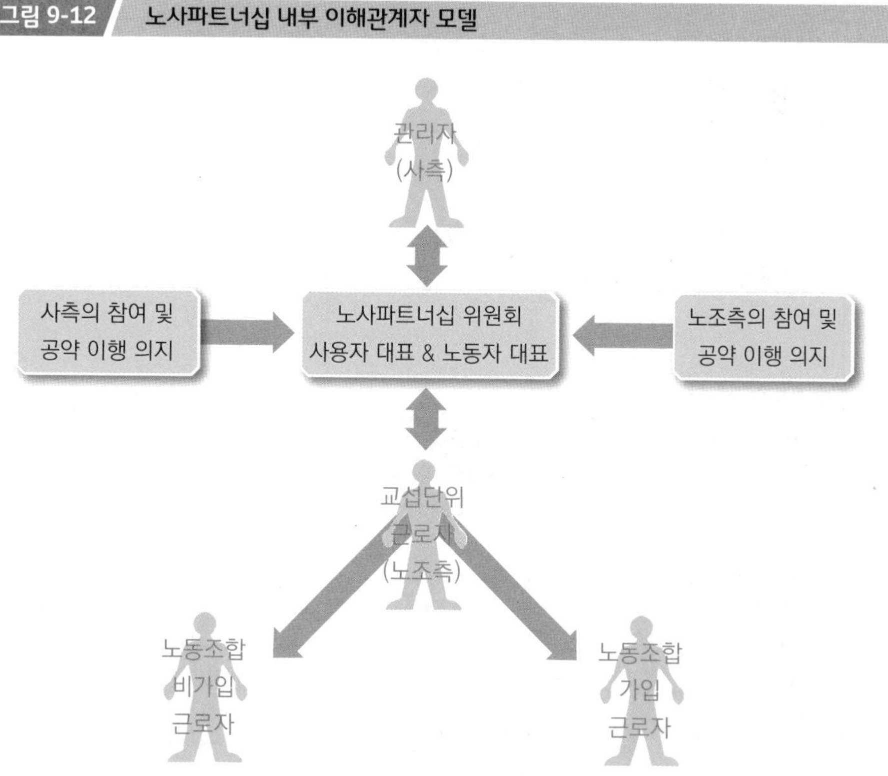

수 있으며 근로자 개인은 스스로의 발전과, 변화에 대한 의지를 갖게 되는 등 긍정적인 결과를 얻을 수 있게 된다(Hays & Kearney, 1995).

참여적 의사결정 방식이 정착되기 위해서는 관리자와 근로자 사이의 상호 신뢰가 구축되어야 하며, 서로를 대립과 갈등의 상대로 인식하기보다 조력자, 협력자로서 상생할 수 있다는 인식이 선행되어야 한다.

이러한 참여적 의사결정 접근을 노사관계 모형에 반영한 것이 '노사파트너십 모형(Labor-Management Partnership Model)'이다(〈그림 9-12〉 참조). 노사파트너십 모형은 노사가 조직의 운영과 노사관계에 대해 중요한 의제를 논의할 때, 공동협상 테이블을 통해 노조와 사용자 양측 모두 일반 조직 구성원들의 지원과 의견을 수렴하여 의사결정에 모든 구성원들의 의견이 동등하게 반영될 수 있도록 하는 협력적 의사소통 과정을 의미한다.

그림 9-13 파트너십 영향요인 모형

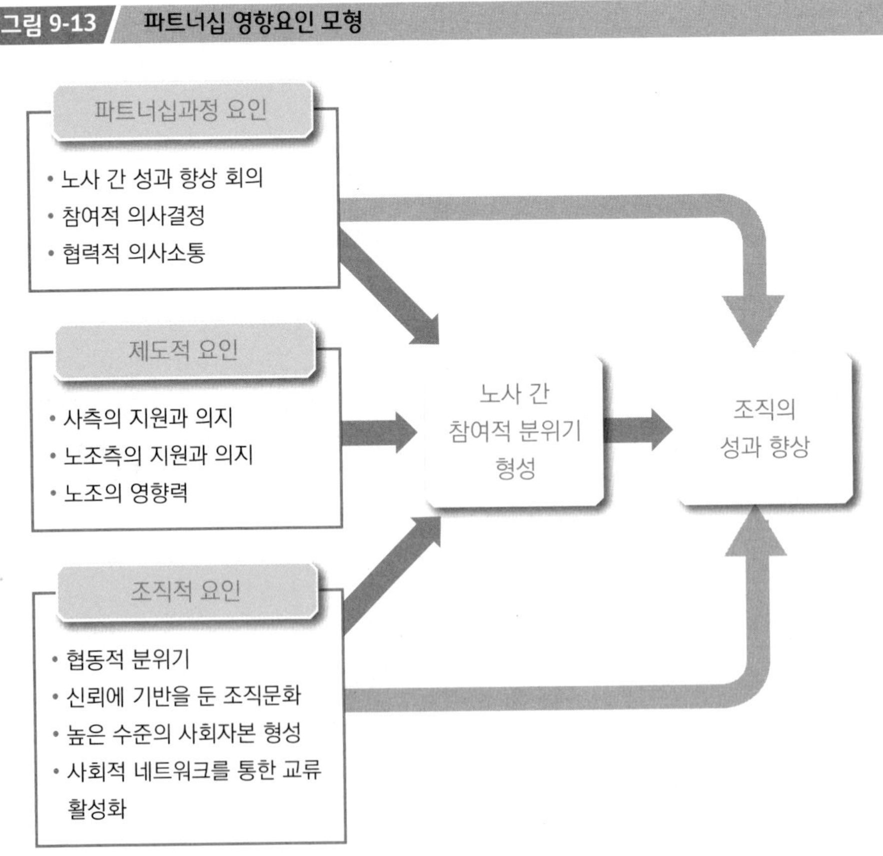

Masters & Albright(2005)는 조직 관리 및 인사 관리에 있어 노사관계 파트너십 모형이 성공적으로 구현되기 위해 필요한 요인을 파트너십 과정 요인, 제도적 요인, 조직적 요인으로 구분하여 이를 구체화시킨 '파트너십 영향요인 모형'을 제시하였다(〈그림 9-13〉 참조).

파트너십 영향요인 모형은 건전한 노사관계 형성을 위한 요건으로 첫째, 파트너십 과정 요인으로 노사 간 성과 향상 회의, 참여적 의사결정, 협력적 의사소통 등을 제시하였으며, 둘째, 제도적 요인으로 사측의 지원과 의지, 노조측의 지원과 의지, 노조의 영향력 등을 제시하였다. 셋째, 조직적 요인으로 신뢰와 협동을 기반으로 하는 조직 분위기와 문화의 조성, 높은 사회자본의 형성, 사회적 네트워크를 통한 교류의 활성화 등을 제시하였다. 파트너십 성공요인 모형은 이러한 세 가지 차원의 선행요인들이 충족될 때, 사측과 노조측 간의 친화적인 참여적 분위기가 형성되어 파트너십을 구축할 수 있으며 이를 통해 궁극적으로, 조직성과가 향상될 수 있다고 설명하였다.

현대중공업 '노사갈등' 실타래 풀었다…임단협 조인식

강길홍 기자

현대중공업 노사가 9개월간 지속된 갈등의 실타래를 풀었다. 노사는 17일 울산 본사 생산1관에서 권오갑 사장과 정병모 노조위원장을 비롯해 노사 교섭 대표들이 참석한 가운데 '2014년 임금 및 단체협약 조인식'을 가졌다.

권오갑 사장은 이날 조인식에서 "이번 잠정합의안이 높은 찬성률로 가결된 것은 경영진들이 더 열심히 하라는 의미인 것 같다"며 "임직원들이 필요로 하는 것을 더 헤아려 회사 발전을 위해 최선을 다하겠다"고 말했다.

이어 "현재 회사가 처한 현실이 어려운 것은 사실이지만 우리는 이를 슬기롭게 극복할 힘이 있다"며 "하루 빨리 영업 흑자를 달성할 수 있게 모두 힘을 모아달라"고 당부했다.

정병모 노조위원장은 "노사는 경쟁이 아닌 상생의 관계로, 손을 맞잡고 공동의 목표를 향해 나가야 한다"며 "노사가 함께 자긍심이 가득한 새로운 현대중공업을 만들어가자"고 화답했다.

현대중공업 노사는 ▲기본급 3만7000원(2.0%) 인상 ▲격려금 150%(주식 지급)+200만원 ▲직무환경수당 1만원 인상 ▲상품권 20만원 지급 ▲상여금 700% 통상임금에 포함 ▲대리(기원) 이하 임금체계 조정 ▲특별휴무 실시(2월23일) 등에 합의했다.

한편 권오갑 사장은 조인식에 앞서 정병모 노조위원장을 노동조합 사무실에서 만나 향후 회사의 발전과 노사 신뢰 구축 등에 대해 허심탄회한 대화를 나눴다.

출처: 뉴스웨이(2015.02.17)

경기광주시, 행정자치부 주관 공무원 노사문화 대상 수상

배문태 기자

경기광주시는 행정자치부로부터 '공무원 노사문화 대상'을 수상했다고 10일 밝혔다.

행정자치부는 건전 노사 관행과 상생의 노사문화를 만들어가는 공직사회 전반에 협력적 노사관계를 전파하고자 우수행정기관 인증 및 노사문화대상 선정을 매년 실시하고 있다.

시에 따르면 광주시는 그동안 노사갈등 사전예방을 위한 소통채널 구축 및 다양한 협력사업 추진으로 노사가 함께 모범적 노사문화 정착을 위해 노력을 기울여 왔다.

노사갈등 사전예방을 위한 다양한 소통의 장 마련, 법과 원칙에 따른 단체협의 성실이행, 가족 · 동료 간 단합을 위한 노사협력 가족체험 프로그램 운영, 시민과 함께 나누는 사회적 기여 실천, 예산절감을 위한 전직원 공동 노력 등 다양한 협력사업을 추진한 바 있다.

조억동 광주시장은 "갈등 없는 노사관계를 위해 노력한 광주시 노사문화가 우수함을 인정받아 대상을 수상하게 되어 매우 기쁘다"며 "앞으로도 신뢰를 바탕으로 모범적 공직자상 구현과 더불어 실천을 통한 시민과 함께하는 친환경 명품도시 건설을 위해 최선을 다하겠다"고 말했다.

이영수 직장협의회장은 "2013년 노사문화 우수행정기관 인증과 더불어 2014년 노사문화 대상 수상을 매우 영광으로 생각한다"며 "앞으로도 직원의 권익보호는 물론 시민과 함께 소통 · 화합 · 상생하는 광주시를 만들기 위해 최선을 다하겠다"고 전했다.

출처: 아시아투데이(2015.02.10)

Step 1 Wrap-Up Exercise

민간조직인 현대중공업과 공공조직인 경기도 광주시의 사례를 바탕으로 노사 간 갈등에 효과적으로 대처하기 위한 〈노사 간 갈등 관리 매뉴얼〉을 작성해 보세요.

일과 삶의 균형 정책이 조직 구성원들의 직무 및 생활만족에 미치는 영향력 연구 : 공공 및 민간 조직 내 조직몰입의 조절효과를 중심으로

본 연구는 일과 삶의 균형 정책이 개인의 직무와 생활 속에 얼마나 유의미한 영향을 주는지 살펴보기 위해, 한국의 공공부문과 민간부문 종사자들을 구분하여 일과 삶의 균형 정책, 직무만족, 생활만족, 그리고 조직몰입 간의 관계를 살펴보았다. 특히, 본 연구는 조직몰입도가 지닌 긍정적 시너지 효과에 초점을 둔 연구로써 개인이 조직에 헌신하고 일체화 하는 정도에 따라 일과 삶의 균형 정책 효과가 어떻게 달라지는가에 대한 분석을 실시하였다. 도출된 가설검증을 위해 요인 및 신뢰도 분석, t-test 분석, 상관관계 분석, 위계적 회귀 분석을 실시하였다. 분석결과, 첫째, 공공부문과 민간부문의 유형에 따라 일과 삶의 균형 정책 제공과 조직몰입, 그리고 직무 및 생활만족에는 통계적으로 유의미하게 상당한 차이가 있음을 확인하였다. 둘째, 일과 삶의 균형 정책의 단순한 시행여부 수준으로는 실제 직장과 가정의 조화로운 만족을 이루게 하는 정책적 효과로 나타나지 않았다. 셋째, 같은 일과 삶의 균형 정책이라 하더라도 친가족 정책과 개인신상지원 프로그램의 영향력이 서로 다르게 나타났으며 조직의 유형에 따라서도 그 영향관계가 서로 다름을 확인하였다. 넷째, 조직을 자신과 동일시하고 그 조직에 헌신적인 사람일수록 일과 삶의 만족도도 높은 것으로 나타났다. 다섯째, 조직몰입이 높은 사람들은 해당 조직에서 시행하는 친가족 정책에 더 긍정적으로 반응하고 그 효과 역시 극대화시킬 수 있는 반면에 개

그림 9-14 연구 모형

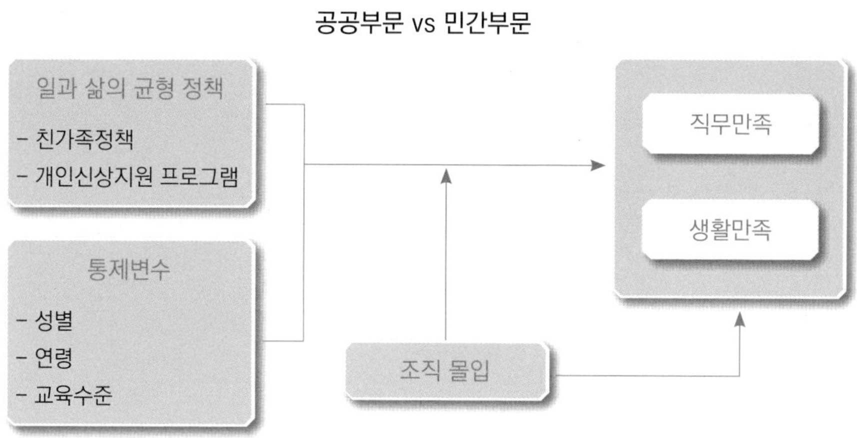

자료: 오현규 · 박성민(2014)

인의 성장과 발전을 위한 개인신상지원 프로그램의 긍정적인 효과는 오히려 반감시키는 것으로 나타났다. 본 연구는 이러한 결과들을 바탕으로 바람직한 일과 삶의 균형 정책을 구현하기 위해서는 다른 영역에서 서로 다른 동기와 목적을 위해 직무에 임하는 조직 구성원들의 내재적, 심리적 구조를 좀 더 깊게 이해하고 조직, 개인, 시대적 요구에 맞는 맞춤형 인사관리 정책을 실시해야 함을 강조하고 있다.

Step 2 Wrap-Up Exercise

오현규 · 박성민(2014)의 연구는 직무 만족 및 생활 만족 차원에서 일과 삶 균형 정책의 중요성에 대해 설명하였다. 일과 삶 균형 정책은 특히 개인의 내적 갈등을 해소하는 데 있어 중요한 역할을 담당한다. 오현규 · 박성민(2014)의 연구를 기초로 조직 생활에 있어 개인이 직면하게 되는 다양한 갈등을 최소화 시킬 수 있는 조직 관리 및 인사 관리 전략에 대해 논의해 보세요.

김선아 · 김민영 · 김민정 · 박성민. (2013). '일과 삶 균형' 정책과 정책 부합성이 조직효과성에 미치는 영향에 관한 연구: 공공조직과 민간조직 비교를 중심으로. *한국행정학보*, 47(1), 201-237.

오현규 · 박성민. (2014). 일과 삶의 균형 정책이 조직 구성원들의 직무 및 생활만족에 미치는 영향력 연구: 공공 및 민간 조직 내 조직몰입의 조절효과를 중심으로. *한국행정논집*, 26(4), 901-930.

Blake, R., & Mouton, J. S. (1964). *The managerial grid*. Gulf Publishing Co.

Coser, Lewis A. (1956). *The Functions of Social Conflict*. Free Press.

Daft, R. (2010). *Organization theory and design* (10th ed.). South-Western Cengage Learning.

Dlugos, G. (1959). The Relationship between changing value systems conflicts and conflict-handling in the enterprise sector. In G. Dlugos and K. Weiermair (Eds.), *Management under differing value system: Political, social, and economical perspectives in a changing world*. Walter de Gruyter.

Fisher, R., & Ury, W. L. (1991). *Getting to yes: Negotiating agreement without giving in* (2nd ed.). Penguin Books.

Hays, S. W., & Kearney, R. C. (Eds.). (1995). Public personnel administration: Problems and prospects. Prentice-Hall.

House, R. J., & Rizzo, J. R. (1972). Role conflict and ambiguity as critical variables in a model of organizational behavior. Organizational Behavior and Human Performance, 7(3), 467-505.

Jehn, K. A. (1997). A qualitative analysis of conflict types and dimensions in organizational groups. *Administrative Science Quarterly*, 42, 530-557.

Kahn, R. L., Wolfe, D. D., Quinn, R. P., Snoek, J. D., & Rosenthal, R. A. (1964). *Organizational stress: Studies in role conflict and ambiguity*. John Wiley.

March, J. G., & Simon, H. A. (1958). *Organizations*. Wiley.

Masters, M. F., & Albright, R. R. (2005). *Dealing with Conflict*. Jossey-Bass.

Robbins, S. P., & Judge, T. A. (2009). *Organizational behavior* (3rd ed.). Pearson.

Robbins, S. P., & Judge, T. A. (2011). *Organizational behavior* (4th ed.). Pearson.

Slocum, J. W., & Hellriegel, D. (2011). *Principles of organizational behavior* (13th ed.). South-Western Cengage Learning.

Thomas, K. W. (1976) Conflict and negotiation processes in organizations. In M. D. Dunnette., &

L. M. Kough (Eds.), *Handbook of industrial and organizational psychology* (Vol. 3, 2nd ed.). Consulting Psychologists Press.

인터넷 교보문고(http://www.kyobobook.co.kr/)
네이버 영화소개(http://movie.naver.com/)

뉴스웨어(2015.02.17)
아시아투데이(2015.02.10)

Chapter 10

커뮤니케이션

Framework

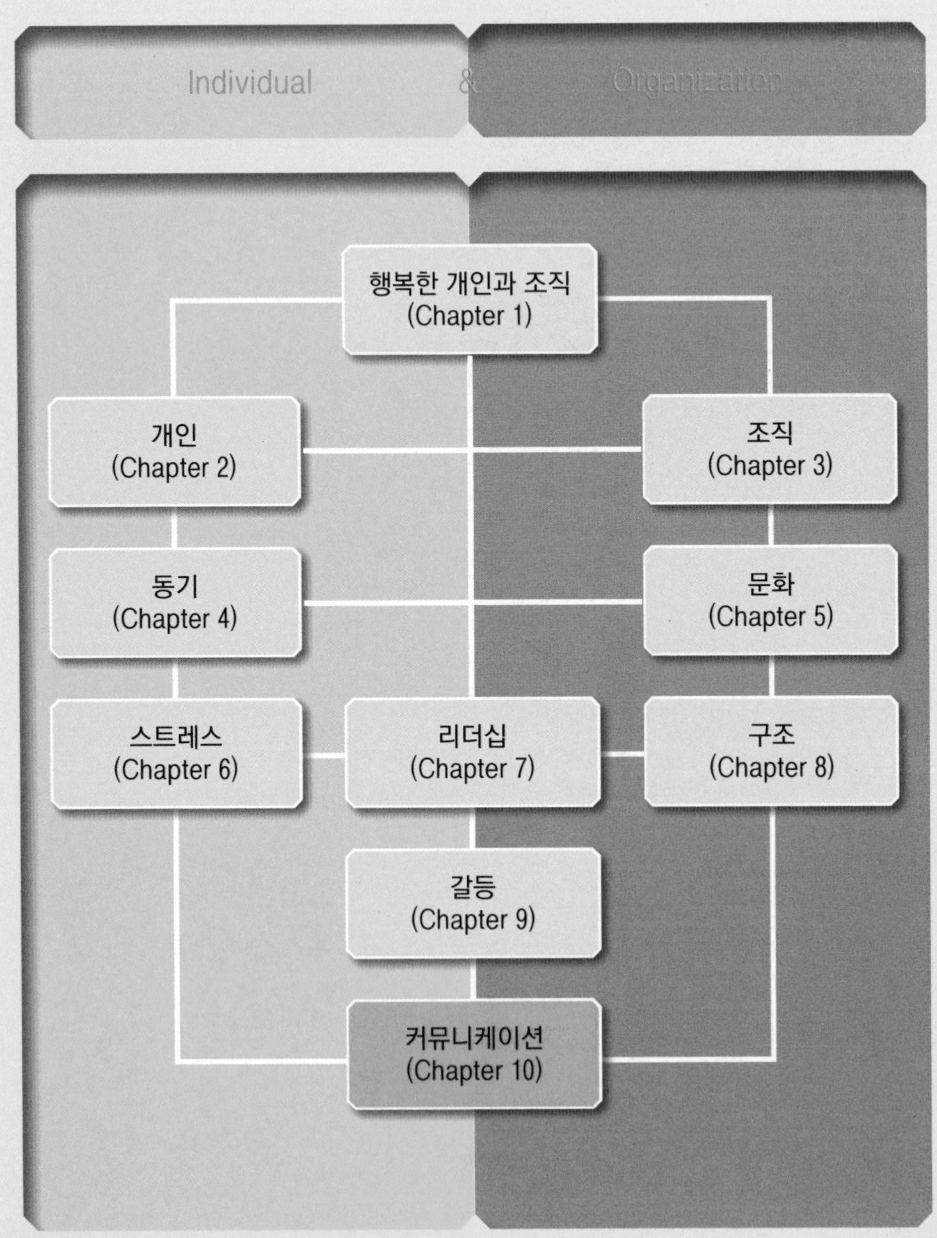
Individual & Organization
행복한 개인과 조직
(Chapter 1)
개인
(Chapter 2)
조직
(Chapter 3)
동기
(Chapter 4)
문화
(Chapter 5)
스트레스
(Chapter 6)
리더십
(Chapter 7)
구조
(Chapter 8)
갈등
(Chapter 9)
커뮤니케이션
(Chapter 10)

Keywords

- 의사소통(Communication)
- 의사결정(Decision Making)
- 발신자(Sender)
- 수신자(Receiver)
- 메시지(Message)
- 하향적 의사소통(Downward Communication)
- 상향적 의사소통(Upward Communication)
- 수평적 의사소통(Lateral Communication)
- 합리적 의사결정 모형(Rational Decision Making Model)
- 제한된 합리성 모형(Bounded Rationality Model)
- 정치적 의사결정 모형(Political Decision Making Model)

대화의 신

토크계의 전설 래리 킹에게 배우는 말하기의 모든 것

래리 킹

당신의 말하기는 달라야 한다!

가족이든 친구든 직장 동료든 모든 관계를 성공적으로 끌어가는 핵심은 '말'이다. 아무리 의도나 행동이 좋아도 말을 잘 하지 못하면 관계에서 점수를 잃고 자칫 잘못하면 오해와 함께 비난을 받기도 한다. 이 책『대화의 신』은 세계 최고의 인터뷰어이자 방송계의 살아있는 전설로 불리는 래리 킹이 지난 50여 년간 수많은 사람들과 나눈 대화를 바탕으로 도출한 대화법의 바이블을 들려준다. 저자는 제대로 된 대화 태도를 갖추고 열린 자세로 상대를 대한다면 누구와도 성공적으로 대화할 수 있다고 자신한다.

책에서는 저자 자신의 경험과 인터뷰를 통해 왜 사람들이 말하기를 겁내는지 그 이유를 조목조목 짚어준다. 또한 낯선 사람에게 말을 걸어야 할 때, 프레젠테이션을 할 때, 결혼식, 장례식 등 각종 모임에서 대화할 때, 남들 앞에서 짧은 스피치를 해야 할 때, 마음에 드는 이성을 사로잡고 싶을 때 등 상황별로 적용할 수 있는 대화의 기술을 구체적으로 담았다. 뿐만 아니라 질문만 잘해도 대화는 끊기지 않는다, 사람들 많은 곳에서는 1:1로 공략한다 등과 같이 명확하고 단순한 솔루션들을 제시함으로써 대화에 바로 써먹을 수 있도록 안내하고 있다. 책에 제시된 대화법을 숙지하고 따라해 봄으로써 모두 '대화의 신'이 될 수 있도록 해 보자.

출처: 인터넷 교보문고(http://www.kyobobook.com)

Step 1 Warm-Up Exercise

효과적인 대화 방식에 대해 설명한 책 "대화의 신"을 읽고 이를 조직 관리 및 인사 관리 전략과 연계하여 조직 내 효과적인 커뮤니케이션을 지원하기 위한 〈커뮤니케이션의 원칙 Top 10〉을 작성해 보자.

Jobs

세상을 바꾼 천재 vs 대학 자퇴생

21세기 혁신의 아이콘 vs 불교신자

애플의 창립자 vs 연봉 1달러의 CEO

누구나 안다고 생각하는 스티브 잡스
아무도 몰랐던 그의 진짜 이야기가 시작된다!

맨발로 교정을 거니는 괴짜, 자유로운 영혼의 히피였던 젊은 시절의 잡스. 대학을 자퇴하고 절친 스티브 워즈니악과 자신의 집 차고에서 '애플'을 설립해 세계 최초로 개인용 컴퓨터를 세상에 내놓는다. 그 후 남다른 안목과 시대를 앞선 사업가적 기질로 애플을 업계 최고의 회사로 만들며 세계적으로 주목 받는 CEO로 승승장구한다. 하지만 그것도 잠시, 혁신과 완벽주의를 고집하던 그의 성격으로 결국 자신이 만든 회사에서 내쫓기게 되면서 인생에서 가장 큰 좌절감에 사로잡힌다.

그리고 11년 뒤, 스티브 잡스 퇴임 후 하락세를 걷던 애플을 구원하기 위해 돌아온 잡스는 다시 한번 세상을 뒤흔들 혁신을 준비한다.

출처: 네이버 영화(http://movie.naver.com/)

Step 2 Warm-Up Exercise

영화 "잡스(Jobs)"를 보고 Steve Jobs의 소통 방식의 특징과 문제점에 대해 살펴보고, 이의 개선방안에 대해 논의해 보자. 뿐만 아니라, 자신이 속한 조직의 CEO가 스티브 잡스와 동일한 소통 방식을 취한다고 가정하고, 그러한 CEO와의 대화를 효과적으로 이끌 수 있는 방안에 대해 고민해 보자.

Chapter 10 커뮤니케이션	조직 내 소통	http://www.youtube.com/watch?v=41v3PENTEXw
	Organizational Communication	http://www.youtube.com/watch?v=e5oXygLGMuY
	Communication Process	http://www.youtube.com/watch?v=hL5OTKJhcl4

Self-Interview Project

● 영상을 시청하고, 스스로 조직의 CEO가 되어 아래 질문에 대한 인터뷰를 진행해 보세요.

Interviewer:

CEO님께서 생각하시기에 조직 내에서 발생하는 의사소통 장애의 가장 큰 원인은 무엇이라고 생각하시나요?

Interviewee:

Interviewer:

의사소통의 왜곡, 의사소통의 장애를 최소화 하기 위해 의사소통의 당사자들이 지양해야 하는 행동, 즉, 절대 해서는 안되는 행동에는 무엇이 있을까요?

Interviewee:

제1절 의사소통의 이해

1. 의사소통의 의의

의사소통(Communication)은 말 그대로 개인이나 집단, 조직이 다른 개인이나 집단, 조직에게 의견이나 의사를 전달하는 과정을 의미한다. 전달하고자 하는 의견이나 의사를 메시지라고 하는데, 이때의 메시지는 정보와 지식이 될 수도 있고, 감정이나 태도 등이 될 수도 있다. 과거에는 의사소통을 이해하는 데 있어 메시지의 전달(Transfer) 과정에 중점을 두었지만, 최근에는 의사소통을 이해하는 데 있어 메시지의 전달뿐만 아니라 이를 이해(Understanding)하는 과정까지도 강조하고 있다. 이에 본서에서는 의사소통을 조직 구성원 간 메시지의 전달 및 이해를 통한 생각과 감정의 공유 과정으로 정의하고자 한다.

조직 내에서 의사소통은 정보의 전달, 조직 구성원의 통제 및 동기부여, 갈등 해결, 친밀감 형성 측면에서 중요한 역할을 담당한다. 의사소통을 통해 조직의 목표와 가치체계, 과업에 관한 정보가 조직 구성원들에게 공유되며, 공유된 내용을 바탕으로 조직 구성원들의 행동이 통제될 수 있다. 또한 의사소통을 통해 과업 활동에 대한 평가 결과의 환류가 이루어짐으로서 동기를 부여할 수 있게 된다. 뿐만 아니라 원활한 의사소통은 갈등의 예방 및 해결, 조직 구성원 간 친밀감 형성을 통한 관계욕구 충족 등의 기능을 담당하게 된다.

특히, 조직 내에서 이러한 의사소통의 중요성은 조직 구성원과 조직의 조화, 즉, 개인-조직 적합성(P-O Fit: Person-Organization Fit) 측면에서 살펴볼 수 있다.[1] 개인-조직 적합성은 조직 구성원과 조직의 일치 정도 혹은 조화로움 정도로 이해할 수 있다. 이러한 적합성 개념은 상호 보완적 적합성(Complementary Fit)과 상호 일치적 적합성(Supplementary Fit) 차원으로 구분하여 살펴볼 수 있다. 상호 보완적 적합성(Complementary Fit)은 개인과 조직의 특성이 서로가 원하는 것을 제공할 때 발생하는 적합성을 의미한다. 즉, 개인과 조직이 서로의 약점을 상대가 보유하고 있는 강점

1 본 문단의 내용은 본서의 저자가 공동 저술한 김선아 · 김민영 · 김민정 · 박성민(2013)의 내용 중 일부를 발췌하여 재구성하였다.

으로 보완하거나 서로에게 필요한 바를 충족하고자 할 때 적합성이 발생한다고 보는 보완적 관점이다. 따라서 상호 보완적 관점에서의 적합성은 개인이 조직이 필요로 하는 기술을 갖고 있거나 또는 조직이 개인이 원하는 보상을 제공할 때 발생한다. 반면, 상호 일치적 적합성(Supplementary Fit)은 사람과 조직이 유사하거나 일치하는 특성을 갖고 있을 때 발생하는 적합성을 의미한다. 다만, 일반적으로 상호 일치적 적합성은 조직이 요구하는 능력과 개인이 보유한 능력 간의 일치 여부보다는, 가치 일치(Value Congruence) 차원에서 논의된다. 개인적 차원에서 가치란 특정상황을 초월한 믿음이며 바람직한 최종 상태 및 행동과 관련된 것이다. 이러한 맥락에서 조직적 차원의 가치 시스템은 조직의 자원이 어떻게 분배되고 조직 구성원이 어떻게 행동해야 하는지에 대한 규범을 제공한다. 따라서 이러한 가치 일치는 개인의 가치와 조직의 문화적 가치시스템의 일치를 의미한다. 특히, Cable & Edwards(2004)는 조직 구성원의 행태와 조직효과성을 다루는 데 있어, 이러한 상호 보완적 적합성과 상호 일치적 적합성에 대한 통합적 접근을 강조하였다. 이에 조직 관리 및 인사 관리에 있어

그림 10-1 의사소통의 개념

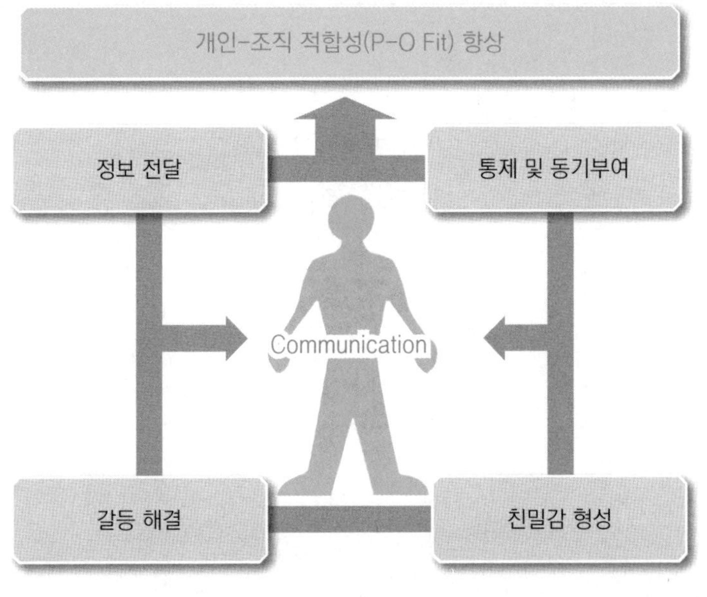

상호 보완적 적합성과 상호 일치적 적합성 수준을 통합적으로 향상시키기 위해, 조직은 조직 구성원이 보유하고 있는 기술과 능력을 파악하는 것 뿐만 아니라 조직 구성원들이 조직으로부터 기대하는 것, 즉, 욕구 체계를 파악해야 한다. 더불어 조직이 강조하는 가치체계를 개인에게 체화시키기 위한 노력도 함께 이루어져야 한다. 따라서 이러한 과정에 있어 의사소통은 매우 중요한 역할을 담당하게 된다. 관리자와 일반 조직 구성원 간의 의사소통을 토대로 개인의 기술과 능력 수준, 개인의 욕구 체계 등을 파악할 수 있으며, 최고 관리자와 조직 구성원 간, 혹은 조직 구성원 간의 의사소통을 기반으로 조직의 가치가 확산될 수 있기 때문이다.

2. 의사소통의 구성요소

의사소통은 발신자(Sender)가 수신자(Receiver)에게 메시지(Message)를 전달하는 것을 기본으로 한다. 이에 의사소통의 핵심 구성요소로서 발신자, 수신자, 메시지 등 3개 요소를 제시할 수 있다. 의사소통의 핵심 구성 요소를 바탕으로 의사소통의

그림 10-2 의사소통의 과정

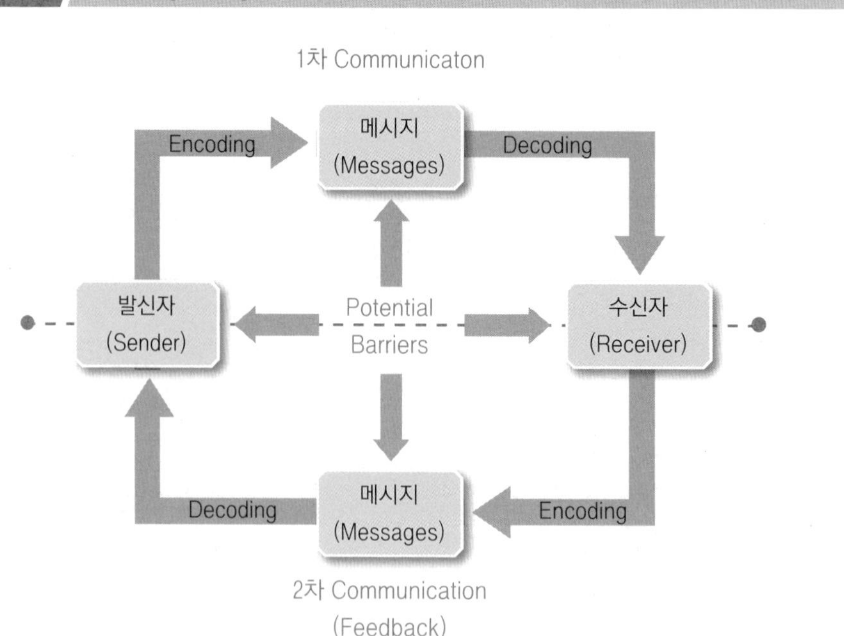

과 정을 살펴보면 〈그림 10-2〉와 같다. 발신자(Sender)는 자신이 전달하고자 하는 정보, 지식, 감정, 태도 등을 언어나 비언어적 기호로 부호화(Encoding)하며 이러한 메시지를 경로(Channel)를 통해 수신자(Receiver)에게 전달하게 된다. 그리고 수신자는 이를 해독(Decoding)하여 발신자의 메시지를 이해 할 수 있게 된다. 이 단계에서 환류(Feedback)가 일어날 경우 기존의 수신자가 발신자가 되어 새로운 의사소통이 시작된다. 단, 의사소통의 모든 과정에서는 원활한 메시지의 전달 및 이해를 방해하는 장벽이 존재하여 발신자가 의도했던 메시지의 내용이 제대로 전달되지 않는 경우가 발생할 수 있다.

- **발신자(Sender)** 발신자는 의사소통의 출발점으로써, 자신이 전달하고자 하는 정보나 지식, 태도, 감정 등을 언어 혹은 비언어적 메시지로 부호화 하고 이를 가장 효과적으로 전달할 수 있는 전달 경로를 선택하게 된다. 의사소통에 있어 발신자는 자신이 전하고자 하는 메시지의 내용을 수신자에게 정확하게 전달할 수 있도록 메시지를 작성할 때 언어 혹은 행동과 같은 비언어적 표현 선택의 적절성, 간결성, 명확성 등의 측면에서 세심한 주의를 기울여야 한다.

그림 10-3 의사소통에서 발신자의 역할

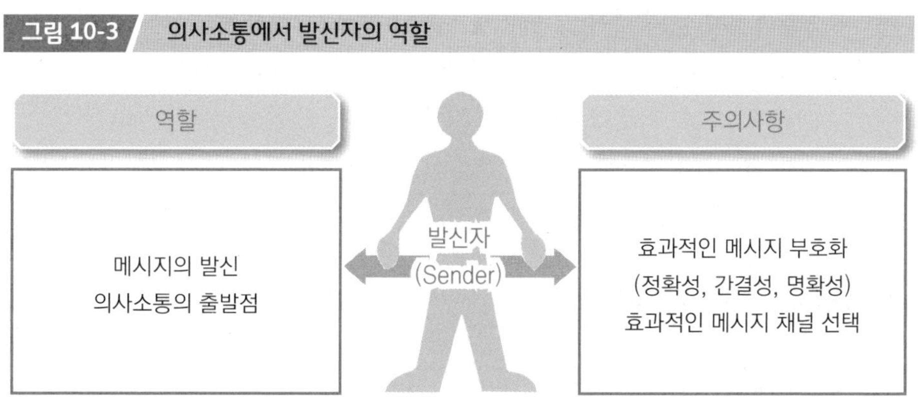

- **수신자(Receiver)** 수신자는 의사소통의 종착점으로써, 발신자가 보낸 메시지를 해석하게 된다. 이 경우 메시지를 해석하는 데 있어 발신자가 메시지를 전달할 때 처한 상황과, 수신자가 메시지를 해석할 때 처한 상황이 다르기 때문에 발생할 수 있는 메시지 내용의 왜곡을 최소화하기 위해 수신자에게는 발신자에

대한 이해, 경청, 감정의 배제, 고정관념의 탈피 등과 같은 노력이 요구된다.

그림 10-4 의사소통에 있어 수신자의 역할

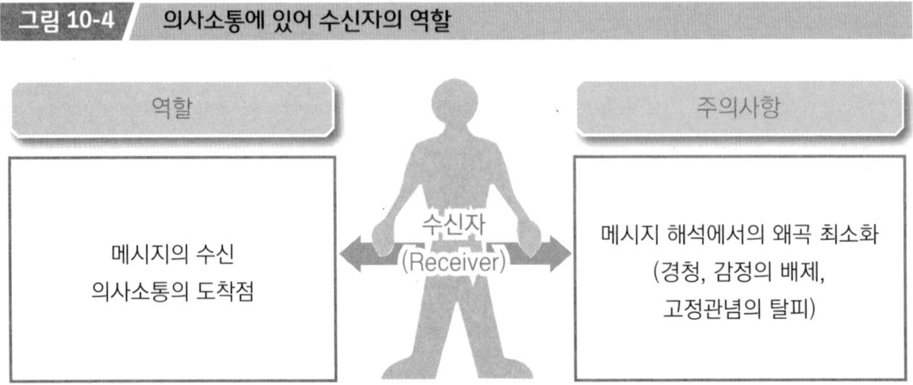

- **메시지(Message)** 메시지는 발신자가 수신자에게 전달하고자 하는 의사소통의 내용이라고 할 수 있다. 메시지의 형태는 언어적(Verbal) 메시지와 비언어적(Nonverbal) 메시지, 서면(Written) 메시지 등으로 구분할 수 있다. 언어적 메시지란 일대일 대화, 집단 토론, 공식적인 연설 등 말로써 전달하는 메시지 형태를 의미한다. 반면 비언어적 메시지란 시선, 몸동작 등으로 전달하는 메시지 형태를 의미한다. 비언어적 메시지는 일반적으로 언어적 메시지를 전달하는 과정에서 함께 전달하지만, 경우에 따라 비언어적 메시지만 독립적으로 전달하는 경우도 있다. 마지막으로 서면 메시지란 메일, 팩스, 편지 등 글로써 전달하는 메시지를 의미한다. 메시지 형태의 차이는 전달 경로(Channel)의 차이로 이어지는데, 일반적으로 언어적 메시지와 비언어적 메시지는 대면 의사소통에서 주로 활용되며, 서면 메시지는 비대면 의사소통에 주로 활용된다.

그림 10-5 의사소통에 있어 메시지의 역할

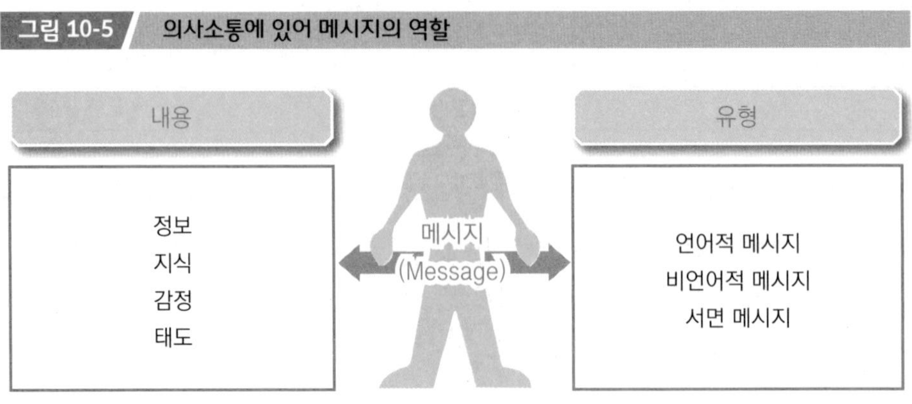

3. 의사소통의 유형

1) 공식적 의사소통

- **하향적 의사소통**(Downward Communication) 하향적 의사소통은 조직 내에서 상위수준의 조직구성원 메시지가 하위수준의 조직 구성원에게 전달되는 경우를 의미한다. 하향적 의사소통의 목적은 상위수준의 조직 구성원이 하위수준의 조직 구성원에게 조직의 목표를 전달하고, 조직 구성원들이 해야 하는 직무의 내용과 방법 등을 설명하는데 있다. 또한 하향적 의사소통을 통해 상위수준의 조직 구성원이 조직 내에서 발생하고 있는 문제점을 지적하거나 이의 해결 방안에 대해 설명하고, 조직 구성원들의 직무 수행 결과에 대한 평가 결과를 제공하여 동기부여를 기대할 수 있다. 이에 하향적 커뮤니케이션은 주로 명령, 지시 등의 형태로 나타나게 되어 다소 강압적이라는 것이 단점으로 지적되기도 한다. 따라서 하향적 의사소통에 있어 효과성을 높이기 위해서는 하위 수준의 조직 구성원들이 상위 수준의 조직 구성원이 전하고자 하는 메시지를 왜곡 없이 받아들이고, 이해할 수 있도록 충분한 배경설명이 이루어져야 한다.
- **상향적 의사소통**(Upward Communication) 상향적 의사소통은 조직 내에서 하위 수준의 조직 구성원 메시지가 상위 수준의 조직 구성원에게 전달되는 경우를 의미한다. 상향적 의사소통의 목적은 하위수준의 조직 구성원이 상위수준의 조직 구성원에게 업무 수행 과정 및 결과를 보고하고, 조직 내에서 발생하고 있는 문제 상황을 보고하는 데 있다. 또한 상향적 의사소통을 통해 조직에서 발생할 수 있는 문제점에 대한 해결 방안의 도출을 기대할 수 있다. 이에 상향적 커뮤니케이션은 보고, 제안 등의 형태로 나타나게 되는데, 수신자의 직위가 발신자의 직위 보다 높아 발생하는 커뮤니케이션 당사자 간의 심리적 거리감으로 인해 사실 및 현상을 보고하는 데 있어 부정적인 내용은 누락되고, 좋은 내용만 메시지로 선택되어 전달되는 침묵 효과(Mum Effect)의 발생이 문제점으로 지적되곤 한다. 따라서 상향적 의사소통에 있어 효과성을 높이기 위해서는 발신자와 수신자 간의 심리적 거리감을 해소하고 신뢰를 형성하기 위한 노력과 더불어 수신자의 개방적 태도가 매우 중요하다.
- **수평적 의사소통**(Lateral Communication) 수평적 의사소통은 동일 수준에 있

그림 10-6 공식적 의사소통

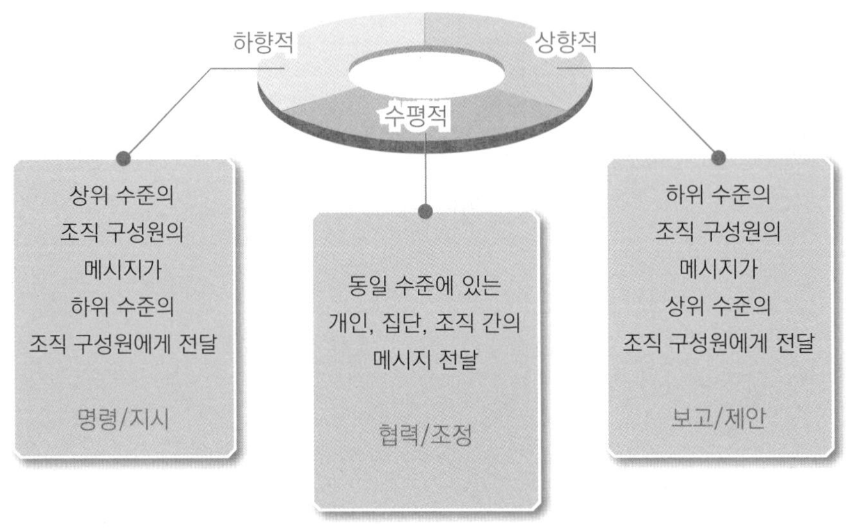

는 개인, 집단, 조직 간의 메시지 전달을 의미한다. 수평적 의사소통의 목적은 업무를 조정하거나 업무 수행과 관련하여 타 부서의 협조를 구하는 데 있다. 대등한 사람, 대등한 집단, 대등한 조직 간의 의사소통이기 때문에 심리적 거리감이 적어 원활한 의사소통이 이루어진다는 장점이 있지만, 이들 간의 경쟁심으로 인해 발신자와 수신자 간의 갈등 및 이해의 충돌이 빈번하게 발생할 수 있다. 따라서 수평적 의사소통에 있어 효과성을 높이기 위해서는 상위 관리자의 지원 및 관리 · 감독이 매우 중요하다.

2) 비공식적 의사소통

조직 내에는 구조적 특징을 기준으로 구분되는 공식적 조직뿐만 아니라, 친목 도모, 학습 활동, 취미 활동 등 다양한 목적에 기초하여 조직된 비공식적 조직이 존재한다. 이에, 학연, 지연, 취미 등의 유사성을 기반으로 구성된 네트워크가 하나의 중요한 의사소통 채널로서의 역할을 하면서 이러한 비공식적 조직 내의 의사소통을 그레이프바인(Grapevine) 즉, 포도넝쿨이라고 부르게 되었다.

이러한 비공식적 의사소통은 공식적 의사소통보다 빠른 정보 전달을 특징으로 하며, 공식적 의사소통에서 주로 공유되는 형식지(Explicit Knowledge) 뿐만 아니라 암

그림 10-7 비공식적 의사소통

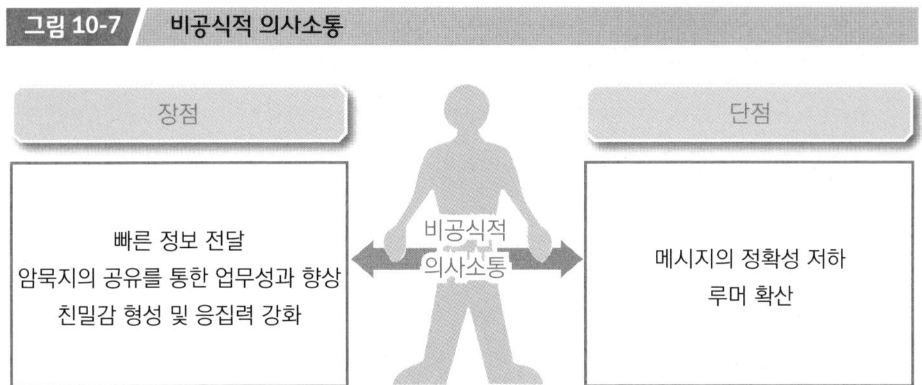

묵지(Tacit Knowledge)의 활발한 공유를 가능하게 한다는 측면에서 그 중요성을 찾아볼 수 있다. 이에, 경험을 토대로 개인에게 체화된 수준 높은 업무 지식이 구성원 간에 공유됨으로써 업무 성과 향상에 기여할 수 있다. 또한 유사성을 갖고 있는 조직 구성원 간의 의사소통을 통해 친밀감 형성 및 응집력 강화 등을 기대할 수 있다. 그러나 비공식적 의사소통을 통해 공유된 메시지는 정확성이 다소 떨어지며 루머가 생산되거나 확산될 가능성이 있으므로 주의를 기울여야 한다.

4. 의사소통의 장벽

발신자와 수신자는 서로 다른 맥락 속에서 메시지를 주고 받으며, 의사소통의 모든 과정에서 원활한 메시지의 전달 및 이해를 방해하는 장벽이 존재하기 때문에 발신자가 의도했던 메시지의 내용이 제대로 전달되지 않는 경우가 발생할 수 있다. 이에 보다 효과적인 의사소통을 위해서는 의사소통의 장벽과 이로 인한 문제점을 인지할 필요가 있다. 이에 의사소통의 장벽을 개인적 장벽과 조직적 장벽으로 구분하여 살펴보면 다음과 같다.

1) 개인적 장벽

- **다양성**(Diversity) 성별, 민족성과 같은 유전적 특성과 연령과 같은 인구통계학적 특성에 기초한 외적 다양성과 이념, 문화 등과 같은 내적 다양성은 메시지를 전달하는 방식, 메시지를 해석하는 방식 등 의사소통을 하는 방법에 있어

차이를 유발하여 메시지의 왜곡을 가져온다. 이에 의사소통을 할 때는 서로 다른 다양성을 인지하고 이해하고자 하는 개방적 태도가 필요하다.

- **필터링(Filtering)** 필터링은 메시지를 전달하는 과정에서 발생하는 장벽으로, 발신자가 전달해야 하는 메시지를 취사선택하여 의도적으로 일부 정보를 누락시키는 것을 의미한다. 일반적으로 상향적 의사소통에서 빈번하게 나타날 수 있는 문제로 의사소통 당사자 간의 심리적 거리감으로 인해 메시지의 수신자인 상위 수준의 조직 구성원들에게 좋은 정보만을 선택적으로 제공함으로써 조직 내 바람직한 정보 전달이 이루어지지 않는 문제점이 발생할 수 있다.
- **선택적 지각(Selective Perception)** 선택적 지각이란 메시지를 해석하는 과정에서 발생하는 장벽으로, 수신자가 발신자가 전달한 메시지를 자신의 취향, 욕구, 경험 등에 비추어 선택적으로 받아들이는 것을 의미한다.
- **감정(Emotion)** 감정이란 기쁨, 우울 등과 같이 개인의 마음, 기분 상태를 의미한다. 기쁘거나 슬픈 감정은 메시지를 전달하는 과정과 해석하는 과정 모두에서 장벽으로 작용할 수 있다. 메시지의 내용과 관계없이, 메시지를 전달하는 발신자의 감정이 비언어적 메시지로 수신자에게 전달되어 메시지의 내용이 왜곡되는 경우도 발생할 수 있으며, 반대로 수신자의 감정 상태에 따라 메시지를

그림 10-8 개인적 장벽

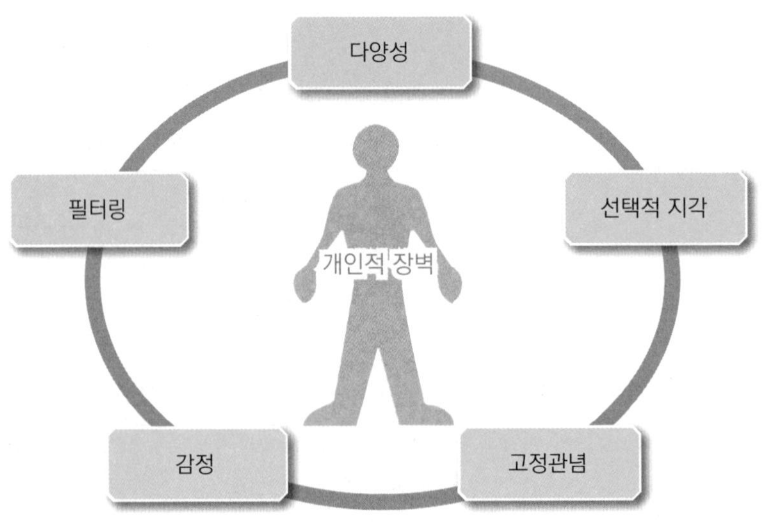

다르게 해석하는 경우도 발생할 수 있다.

- **고정관념(Stereotype)** 고정관념이란 발신자와 수신자 모두에게서 발생할 수 있는 장벽으로, 사실여부와 관계없이 자신의 생각을 지배하는 어떠한 틀 속에서 의사소통이 이루어질 경우 메시지 내용을 왜곡하는 문제가 발생할 수 있다. 즉, 개인이 갖고 있는 고정관념으로 인해 잘못된 메시지가 전달될 수도 있고, 사실과 다른 해석이 이루어질 수도 있다.

2) 조직적 장벽

- **명령체계(Chain of Command)** 명령체계는 누구에게 보고할 것인지를 의미하는 조직 구조 차원의 특징이다. 일반적으로 발신자와 수신자 간 보고체계의 단계가 많을수록 메시지의 내용이 왜곡될 가능성이 높아진다.
- **전문화(Specialization)** 전문성은 조직 내 분화 및 분업의 수준으로, 이러한 분화 및 분업의 수준이 높을수록 전문화된 각 부서가 사용하는 용어 등에서 차이가 발생할 수 있다. 이 경우 서로 간의 메시지 내용을 이해하지 못하는 문제가 발생한다.
- **직위(Position)** 조직 구성원들은 자신의 역량 및 직무 특성에 기초하여 조직

그림 10-9 조직적 장벽

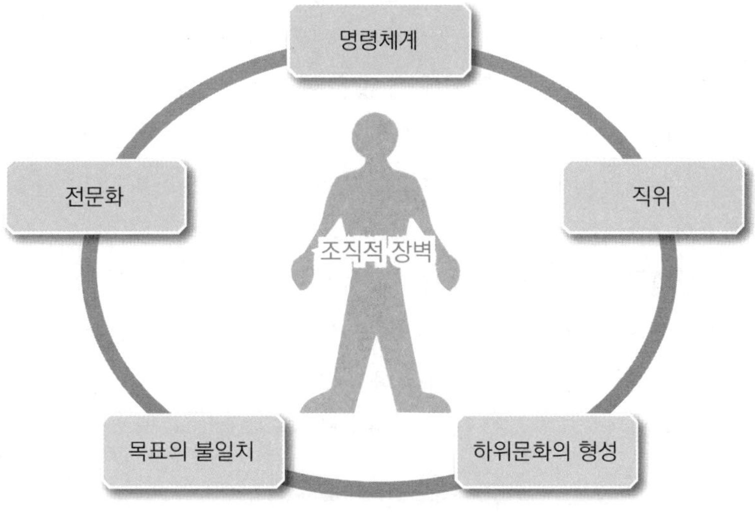

내에서 자신의 위치를 나타내는 '직위'를 갖게 되는데 이러한 직위에 따라서 알고 있는 정보, 알아야 하는 정보에 차이가 발생하게 된다. 이에 조직 전반의 차원에서 보았을 때 직위의 차이에 따라 정보의 공유 및 소통이 원활하게 이루어지지 않는 문제가 발생할 수 있다.

- **목표의 불일치** 하나의 조직은 다양한 집단 및 부서로 구성되어 있는데, 이들은 거시적 차원에서는 동일한 목표를 공유하지만, 조직 내 집단 및 부서별로 추구하는 목표가 다르거나 혹은 상충하는 경우가 있다. 보통 이러한 목표의 불일치는 조직 내 자원의 희소성으로 인해 발생하는 경우가 일반적이며 이는 의사소통에 있어 갈등을 유발하는 요소로 작용한다.
- **하위 문화의 형성** 목표와 마찬가지로 조직은 거시적 차원에서는 하나의 문화를 공유하고 있지만, 조직 내 집단 및 부서별로 개별적인 하위 문화가 형성된 경우가 있다. 이러한 문화의 차이는 의사소통 방식의 차이를 가져와 의사소통의 장벽으로 작용한다.

제2절 의사결정의 이해

1. 의사결정의 의의

조직 구성원들은 지위 고하를 막론하고 직무를 수행하는 과정에서 수많은 선택의 순간에 직면하게 된다. 어느 부서에 더 많은 예산을 분배할 것인지, 어떤 신입사원을 선발할 것인지 등과 같이 조직의 성과와 직결되는 문제, 일하는 방식을 결정하는 문제 등 수많은 질문 앞에서 최적의 대안을 찾아나간다. 조직 관리 및 인사 관리 시각에서 최고의 의사결정이란 개인 및 조직의 성과 극대화에 기여하는 것이다. 특히, 최근의 조직관리에 있어서는 의사결정 권한이 전략적 경영진뿐만 아니라 일반 조직 구성원에까지 확대되면서, 조직 구성원 모두가 적극적으로 의사결정 과정에 참여하게 되었고, 이에 의사결정의 중요성이 보다 강조되고 있다.

주어진 상황에서 언제, 어떻게, 어떠한 정보를 받고, 해석 · 평가하여 최종 선택을 하는가는 의사결정자의 인지적, 지각적 능력에 바탕을 둔 개인 고유의 권한이자

그림 10-10 의사결정의 환경적 특성

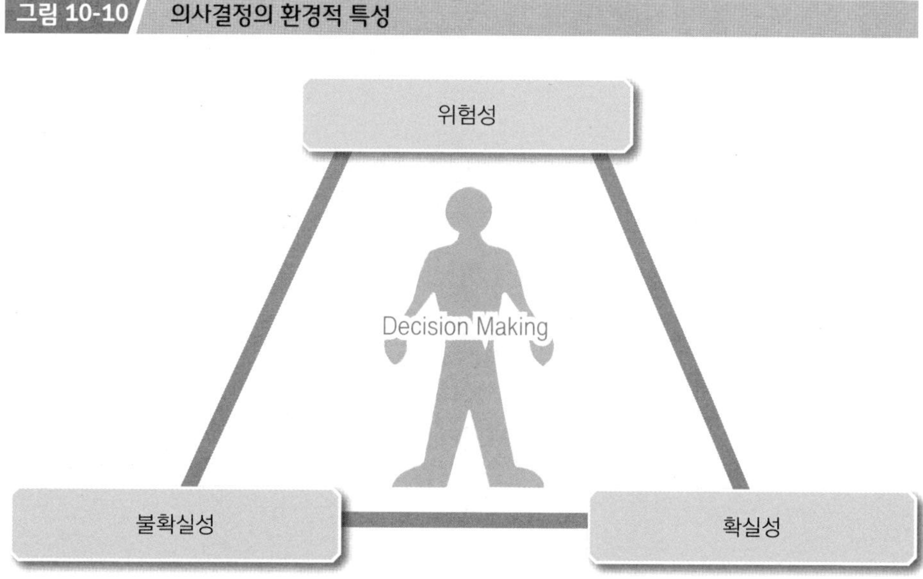

의무이기도 하지만 이러한 의사결정의 프레임과 과정은 조직의 외부환경과 내부환경, 즉, 조직의 목표, 리더십, 구조, 가치체계 등으로부터 큰 영향을 받는다고 할 수 있다. 이러한 의사결정의 환경적 요소들은 확실성, 위험성, 불확실성으로 구분하여 개념화 할 수 있다(Slocum & Hellrigel, 2011).

- **확실성** 담당자가 주어진 문제에 대한 정보를 완벽하게 가지고 있고, 가용 가능한 대안들을 인지하고 있으며 각 대안 선택에 따른 결과를 충분히 예측할 수 있는 상황 및 조건을 말한다.
- **위험성** 확실성과 불확실성의 중간수준으로서, 정책결정자들은 주어진 문제를 진단할 수 있고 어느 정도의 확률적 수준에서 대안을 제시하고 각 대안선택의 결과에 대해 예측할 수 있는 상황을 말한다. 완벽한 확실성과 애매모호한 불확실성 사이의 수준으로 바라 볼 수 있다.
- **불확실성** 대안선택의 결과에 대한 예측력과 확신성이 매우 낮고 결과 확신을 위한 관련정보가 준비되지 않은 상황을 말한다.

2. 의사결정 방식의 이해

조직 내 의사결정 과정은 조직의 외부 · 내부의 환경적 맥락에 의해 영향을 받게 된다. 이러한 환경적 맥락을 고려하여 조직내에서 의사결정이 이루어지는 방식을 이론적으로 살펴보면 합리적 의사결정 모형(Rational Decision Making Model)과 제한된 합리성 모형(Bounded Rationality Model), 그리고 정치적 의사결정 모형(Political Decision Making Model)으로 구분할 수 있다.

- **합리적 의사결정 모형(Rational Decision Making Model)** 합리적 의사결정 모형은 효용가치 극대화라는 경제학적 관점을 기반으로 문제 정의, 의사결정 기준 수립, 기준에 가중치 부여, 복수의 대안 도출, 대안 등급 부여, 최적 대안 선택 등의 과정을 거친다(Robbins & Judge, 2011). 합리적 의사결정 모형이 효과적으로 작동하기 위해서는 완벽한 가용정보가 구비되어야 하며, 정보 이용에 제약이 없어야 하며, 의사 결정자 및 정책 결정자는 다양한 대안들 중, 가장 효용성이 높은 결정을 내릴 수 있는 완벽한 합리성을 갖고 있다는 가정이 성립되어야 한다. 하지만, 현실세계에서는 이러한 3가지 가정이 성립되는 경우가 거의 없

그림 10-11 합리적 의사결정 모형

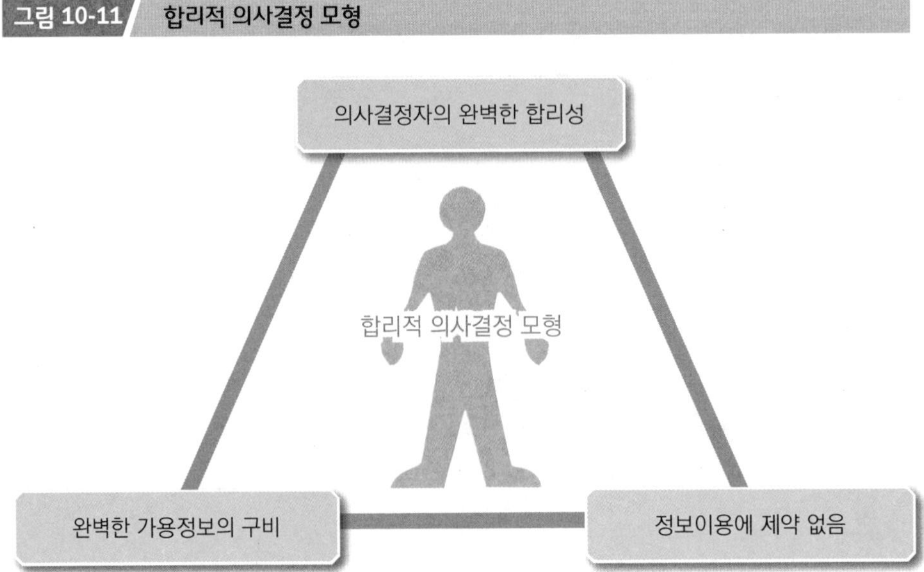

어, 다음에 살펴볼 제한된 합리성 모형이 보다 타당한 의사결정 모형으로 이해되고 있다.

- **제한된 합리성 모형(Bounded Rationality Model)** 합리 모형의 한계점을 극복하기 위해 제시된 의사결정모형으로 합리모형에서와 같은 완전한 합리성이 아닌 제한된 합리성(Bounded Rationality)에 기초하고 있다. Simon은 인간은 지식, 학습, 능력, 기억능력, 계산능력 등 각종 능력에서 제한을 받고 있기 때문에 최적의 대안을 선택할 수 없으며 어느 정도 만족스러운 대안이 나오면 그 수준에서 결정을 하게 된다고 설명하였다. 즉, 복잡한 문제를 해결할 때 완벽하게 합리적이지 못하기 때문에 사람들은 문제의 주요특징과 개요만을 살펴보면서 쉽고 충분한(난해하고 완벽함이 아닌) 대안을 찾게 된다는 것이다. 이러한 제한된 합리성 모형은 인간의 인지능력과 상황판단능력의 한계를 인정하면서 의사결정자를 둘러싸고 있는 상황과 현실적인 의사결정의 세계를 설명하고자 시도했기

그림 10-12 제한된 합리성 모형

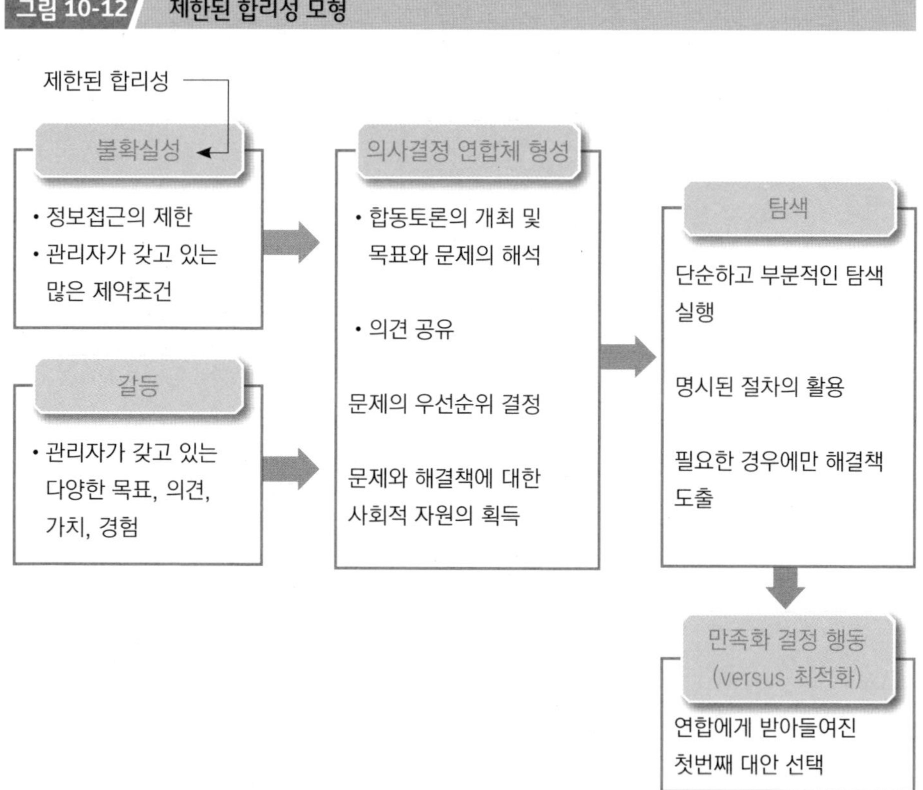

때문에 현실적, 실증적 접근법에 속한다고 할 수 있다.

- **정치적 의사결정 모형**(Political Decision Making Model) 조직 내에는 서로 다른 목표와 가치, 이해관계를 갖고 있는 조직 구성원 혹은 하부조직이 존재하는데, 이에 개인 각자의 자기본능 전략이 극단적으로 발휘될 때 자주 나타나는 의사결정 유형이 정치적 의사결정이다. 이러한 의사결정방식은 의사결정자 혹은 정책결정자가 다양하고 상이한 유형의 이익단체나 이해관계자들과 복잡하게 얽혀 있어 목표, 문제 정의, 해결책 측면에서 다양성이 수반될 경우 더욱 현저하게 나타난다.

그림 10-13 정치적 의사결정 모형

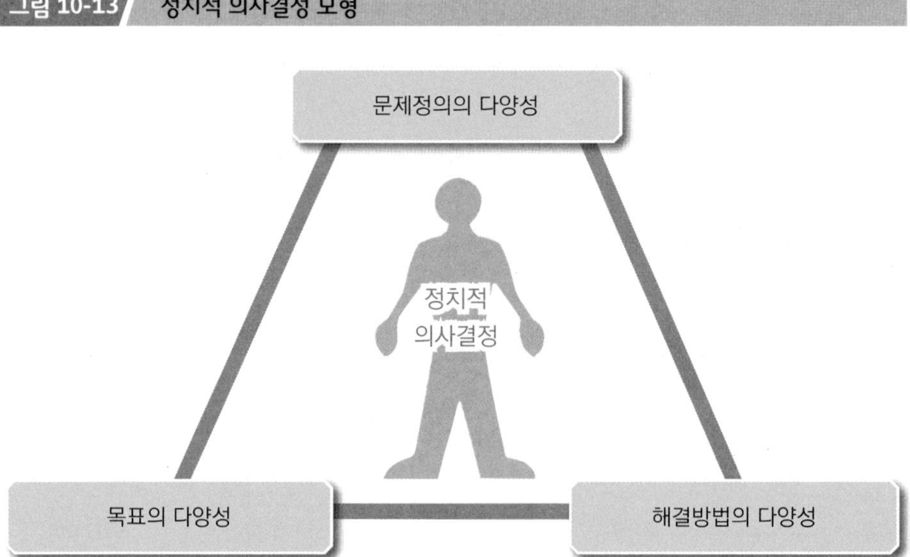

Fun 경영 위한 키워드 "몰입 · 기본 · 소통"

가인호 기자

정연진 일동제약 부회장(66, 서울대약대)은 늘 유쾌하다. 41년전 일동제약에 영업사원으로 출발해 지금까지 외길 영업인생을 걸었던 그의 이력 때문인지도 모르겠다.

평사원으로 출발해 최고경영자 자리까지 오른 그의 입지전적인 스토리는 많은 영업 후배들의 귀감이 된다.

그는 스스로도 화를 잘 내지 않는다고 말한다. 기분 좋게, 신바람내면서 일하면 능률도 쑥쑥 오른다고 강조한다.

정 부회장의 스타일을 한마디로 집약하면 'fun 경영'이다. 회사에서도 재미있어야 한다는 것이 그의 지론이다.

fun 경영을 위해서는 소통이 중요한데, 이를 위해 정 부회장은 '햄버거 미팅'이라는 독특한 문화를 만들고 있다. 이성우 삼진제약 사장이 연초면 직원들과 설렁탕 집에서 식탁을 나누는 것과 비슷하다.

얼마 전에는 신입 여직원들과 아침에 햄버거 타임을 갖기도 했다. 리더가 어떻게 직원들의 마음을 움직이느냐에 따라 회사의 성패가 좌우될 수 있다고 믿고있다.

그래서 정 부회장의 올해 경영 키워드는 몰입과 기본과 소통이다. 'ABC 경영'이라고 명명했다.

최고경영자와 직원들이 햄버거를 함께 먹는 회사

ABC는 무엇일까? 우선 A(Absorption, 몰입)는 정부회장에게 경영키워드이기 이전에 개인적인 삶의 철학이기도 하다.

일동제약 입사당시, 일동제약의 병원영업은 불모지와 다름 없었다.

혼자의 힘으로 황무지를 개척한다는 것은 여간 어려운 일이 아니었기에 생각만큼 영업이 되지 않았다. 하지만 몰입과 도전으로 원점에서부터 다시 시작하기로 했다.

그는 우선 고객을 변화시켜야겠다는 욕심을 버리고 스스로 먼저 변화하고자 했다.

고객이 원하는 제품이 무엇인지, 일동에게 필요로 하는 것이 무엇인지, 꼼꼼히 고민하고 하나 둘 고쳐나갔다. 고객만족을 위한 영업에 그야말로 '미쳐있었다'고 표현할 정도다.

병원 매출은 놀랍도록 성장해가기 시작했다. 병원 영업조직도 점차 확대되었고, 정 부회장은 본인이 현장에서 고민하고 체득한 경험을 부하들에게 전수하고 독려했다. 입사 당시 OTC 위주의 회사였던 일동제약이었지만, 지금은 매출의 70% 이상을 전문의약품이 차지하고 있다.

스스로 실천하고 체감했던 '몰입'의 위력을 잘 알기에, 직원들이 '어려움 앞에서 쉽게 포기하지 않는 근성'을 기르기 위해 직원교육과 OJT 강화, TQM활동, 기업문화 캠페인 등 다양한 노력을 지속적으로 추진하기로 했다.

정연진 부회장이 직원들에게 강조하는 또 하나의 키워드는 B(Basic, 기본기)다.

지난해 정부회장은 전 임직원들과 함께 'B2B(Back to Basic) 간담회'를 실시하며 기본이 잘 되어 있어야 위대한 회사로 도약할 수 있다고 강조했다.

기업 성장을 위한 다양한 전략도 중요하지만 무엇보다 탄탄한 기본기가 앞서야 한다는 것이다.

친절한 고객응대, 시간 엄수, 기본예절, 건전한 음주문화 등 기본기의 작은 차이가 결국 기업의 수준을 좌우하는 중요한 요소가 될 수 있음을 환기하며 흐트러진 언행이 없는지 늘 점검하고 돌아봐줄 것을 당부했다.

정연진 부회장은 C(Communication, 소통)를 중시하는 CEO로 유명하다.

대표 취임이후 매달 1일 전사원에게 이메일을 전달하고 틈나는 대로 직원들과 대화의 시간을 갖는 등, 공감과 소통을 가장 중요한 경영철학으로 삼고 있다.

매달 1회, 아침에 '햄버거 타임'을 개최하여 직원들과 함께 아침식사를 하며, 자연스러운 대화를 통해 직원들의 애로사항이나 아이디어를 직접 경청하고 이를 적극적으로 반영하고 있다.

고객들과의 소통도 중요시 한다. 일례로 지난해에는 은퇴교수들을 초청해 교양강좌를 개최하고 협력업체 대표들을 초청하여 개선사항과 상생전략을 협의하는 등 다양한 소통 아이디어들을 실천해 나가고 있다.

그는 'ABC'가 기업문화로서 굳건히 정착돼 있어야만 초일류기업 비전을 실현할 수 있다는 신념이 있다.

그는 "회사의 다양한 경영 전략들이 성공적으로 실천되고 또 성과로 나타날 수 있게 하려면, 무엇보다 모든 직원들이 공유하는 바람직한 철학과 생활양식, 즉 최적의 조직문화가 갖추어져 있어야 한다"고 말했다.

일동의 미래전략 과제는 항바이러스 신약

일동제약은 B형 간염, 항생제 내성균, 치매, 종양, 노화 등을 표적으로 하는 다양한 신약 개발 과제들을 수행하고 있다.

그는 특히 국내 개발 항바이러스제 신약이 될 베시포비어(B형 간염 치료제)에 기대를 걸고 있다.

현재 임상 3상 시험이 진행 중인 베시포비어는 뉴클레오타이드계 약물로서 만성 B형 간염 바이러스 뿐 아니라 기존 B형 간염 치료제 내성 바이러스에 대해서도 높은 치료율과 내성 발현 억제를 기대하고 있다. 임상 1상을 거쳐 현재 3상을 진행 중이며 2017년 발매를 목표로 하고 있다.

이밖에 임상 1상이 진행 중인 IDP-73152는 세균의 펩타이드 합성경로 저해를 통한 PDF(Peptide Deformylase) 저해제로 일동제약이 차세대 항생제 신약으로 개발을 기대하는 신약 후보이다.

그는 "바이러스와 항생제 내성균 등 감염증 질환 분야와 더불어 신약개발전략의 또 하나의 큰 축은 글로벌 항암 신약 개발"이라고 강조했다.

이를 위해 지속적으로 표적지향 항암제, 암전이 억제제 그리고 바이오베터 항체 항암제 개발 등을 추진했으며 이중 새로운 작용기전 항암제 IDF-11774가 임상 1상 시험을 진행중에 있고 이밖에도 PARP 저해제, 바이오베터 항체 항암제 등이 후보물질 도출이나 비임상시험 단계에 있다.

이밖에도 천연물을 소재로 한 알츠하이머 치료제와 범용 항바이러스 치료제 개발 과제 등을 수행하고 있다.

그는 "그동안 일동이 항생제 소화기 분야에 강점이 있었지만, 몇 년전부터 내분비 분야, 순환기 분야, 항암제 등에 집중하고 있다"며 "비만신약 벨빅과 함께 만성질환 약물 영업에 주력할 계획"이라고 강조했다.

출처: 데일리팜(2015.02.12)

KOTRA "딱딱한 월례조회 대신 토크콘서트"

유주희 기자

지난달 취임한 김재홍 KOTRA 사장이 내부 소통 강화를 위해 딱딱한 월례조회를 없애고 대신 토크콘서트를 도입했다.

KOTRA 임직원들은 지난 2일 서울 양재동 본사의 강당에 모여 박용준(32) 삼진어묵 실장의 강연을 들은 후 질의응답에 이어 토론을 벌였다. 박 실장은 조부가 지난 1953년 창업한 어묵집을 고급화, 차별화하는 데 성공해 유명세를 탄 강소기업인이다. 수십 종의 제품과 베이커리식 점포를 앞세워 백화점에 입점하기도 했다.

이번 토크 콘서트는 지난달 취임한 김재홍 KOTRA 사장의 지시로 이뤄진 것이다. 이전까지 KOTRA는 매월 초 사장이 주재하는 엄숙한 월례조회를 실시해 왔다. 하지만 앞으로는 토크 콘서트를 통해 내부 소통이 강화되도록 활력을 불어넣는다는 취지다.

출처: 서울경제(2015.02.03)

Step 1 Wrap-Up Exercise

민간조직인 일동제약과 공공조직인 KOTRA의 사례를 바탕으로 조직 내 커뮤니케이션의 중요성에 대해 논의해 보고, 조직 내에서 수직적 · 수평적 의사소통을 활성화 하기 위한 제도적 지원방안에 대해 논의해 보세요.

공공부문의 사회자본 확충과 지식관리 활성화를 통한 업무성과 제고방안 연구

본 연구의 목적은 사회자본을 중심으로 하는 지식관리 선행요인과 지식관리 활동, 지식관리 업무성과 간의 인과관계를 파악하고 이들 간의 연계방안을 제시함으로서 공공부문의 지식관리 활성화 정책을 제시하는 데 있다. 이를 위해 지식관리시스템을 운영하고 있는 중앙행정기관 공무원을 대상으로 설문조사를 실시하였으며, 이를 바탕으로 구조방정식 모형 분석을 실시하였다. 지식관리 선행요인(사회자본, 리더십, 보상체계 및 기술적요인)과 지식관리 활동 및 성과 간의 관계에 관한 가설검증 결과 각각의 지식관리 선행요인들은 지식관리 활동별로 차별적인 영향을 미치는 것으로 나타났다. 구체적으로 지식창출에는 사회자본의 관계적 요소와 규범적 요소, 리더십 요인, 기술적 요인이 지식공유에는 사회자본의 구조적 요소와 제도적 요인이 유의미한 영향을 미치는 것으로 나타났다. 그리고 지식창출은 지식공유에 유의미한 영향을 미치는 것으로 나타났으며, 지식공유만이 지식관리 업무성과에 유의미한 영향을 미치는 것으로 나타났다. 뿐만 아니라 지식창출 활동과 지식공유 활동의 두 변수가 사회자본 요인과 리더십 등의 선행변수와 지식관리 성과 간에 관계에 있어 중요한 매개역할을 하고 있음을 보여주고 있었다. 본 연구에서는 이러한 분석 결과를 바탕으로 지식관리 업무성과 향상을 위한 지식관리 전략을 사회자본 차원과 리더십 및 제도적 차원으로 구분하여 보다 적실성 있는 정책적 함의를 제시하였다.

그림 10-14 연구 모형

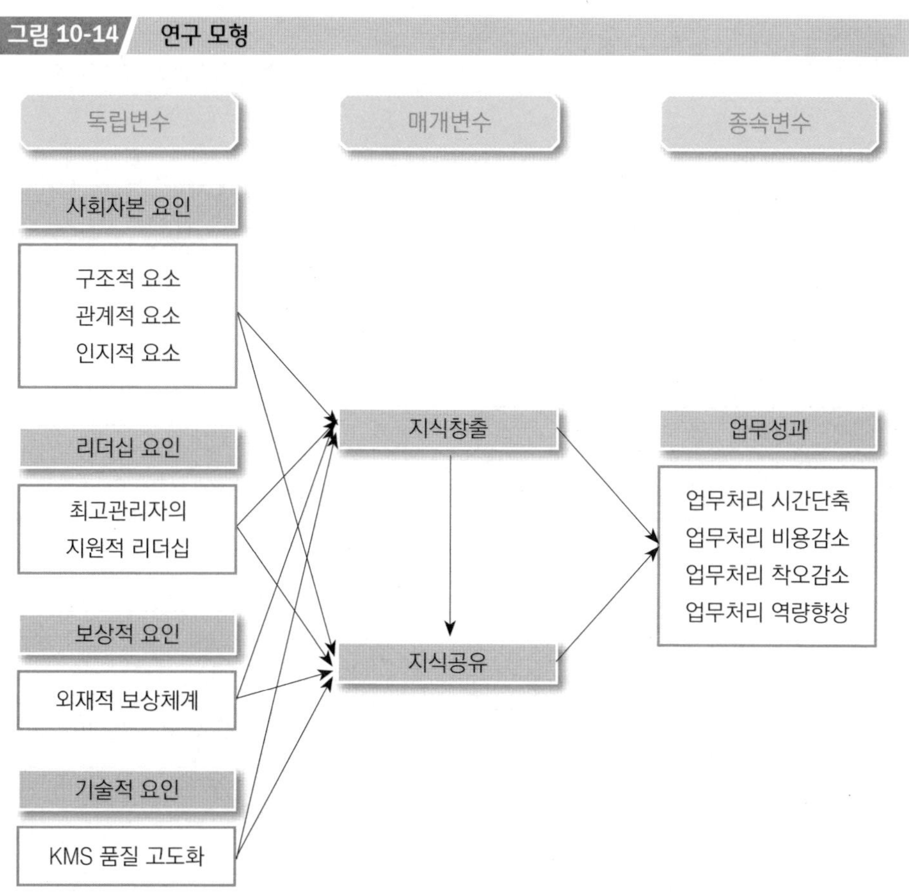

자료: 김선아 · 박성민(2013)

Step 2 Wrap-Up Exercise

김선아 · 박성민(2013)의 연구는 조직성과에 있어 사회 자본과 지식 관리의 중요성에 대해 논의하였다. 특히, 김선아 · 박성민(2013)의 연구는 사회 자본이 조직 구성원을 연결하고 엮어주는 역할을 함으로써, 구성원들의 원활한 의사소통을 지원할 수 있다고 언급하였다. 이에 의사소통의 지원 차원에서 사회자본을 제고 · 확산시킬 수 있는 조직 관리 및 인사 관리 전략에 대해 논의해 보세요.

김선아 · 김민영 · 김민정 · 박성민. (2013). '일과 삶 균형' 정책과 정책 부합성이 조직효과성에 미치는 영향에 관한 연구: 공공조직과 민간조직 비교를 중심으로. *한국행정학보*, 47(1), 201–237.

김선아 · 박성민. (2013). 공공부문의 사회자본 확충과 지식관리 활성화를 통한 업무성과 제고방안 연구. *정책분석평가학회보*, 23(3), 25–64.

Cable, D. M., & Edwards, J. R. (2004). Complementary and supplementary fit: A theoretical and empirical integration. *Journal of Applied Psychology*, 89(5), 822–834.

Robbins, S. P., & Judge, T. A. (2011). *Organizational behavior* (4th ed.). Pearson.

Slocum, J. W., & Hellriegel, D. (2011). *Principles of organizational behavior* (13th ed.). South-Western Cengage Learning.

인터넷 교보문고(http://www.kyobobook.co.kr/)

네이버 영화소개(http://movie.naver.com/)

데일리팜(2015.02.12)

서울경제(2015.02.03)

INDEX
색 인

ㄷ

ㄹ

ㅁ

저자 소개

박성민(Sung Min Park)

연세대학교 정치외교학과 졸업(1997)
미국 컬럼비아대학교 국제공공정책대학원 공공정책학 석사(2002)
미국 조지아대학교 행정학 박사(2007)
미국 네바다주립대학교(UNLV) 그린스펀행정대학원 조교수(2007-2009)
입법고시, 행정고시 시험출제위원(2011.01-현재)
한국공항공사 인적자원개발(HRD) 교육자문위원(2011.04-현재)
책임운영기관 종합평가위원회 위원(2012.02-현재)
국민권익위원회 정부업무 자체평가위원회 위원(2014.05-현재)
한국국제협력단(KOICA) 기술평가위원회 위원(2014.04-현재)
행정자치부, 국무조정실 및 인사혁신처 정책자문위원회 자문 위원(2014.11-현재)
한국인사행정학회 국제협력위원회 이사(2014.01-현재)
한국행정학보 및 International Review of Public Administration 편집위원(2012.01-현재)
한국정책학회 International Journal of Policy Studies 영문편집위원회 위원장(2015.01-현재)
성균관대학교 SKKU Young Fellow(2013.02)
현 성균관대학교 행정학과 및 국정관리대학원 부교수(2010.03-현재)

김선아(Seona Kim)

성균관대학교 국정관리대학원 행정학 석사(2011)
성균관대학교 국정관리대학원 행정학 박사 수료(2013)
성균관대학교 국정평가연구소 선임 연구원(2013.08-현재)
현 안양대학교 교양학부 겸임교수(2013.03-현재)

여성가족패널 학술대회 우수상 수상(2012.12)
고용패널 학술대회 최우수상 수상(2013.06)

조직과 인간관계

초판인쇄 2015년 3월 12일
초판발행 2015년 3월 20일

공저자 박성민 · 김선아
펴낸이 안종만

편 집 김선민 · 배근하
기획/마케팅 강상희
표지디자인 홍실비아
제 작 우인도 · 고철민

펴낸곳 (주) 박영사
서울특별시 종로구 새문안로3길 36, 1601
등록 1959. 3. 11. 제300-1959-1호(倫)
전 화 02)733-6771
f a x 02)736-4818
e-mail pys@pybook.co.kr
homepage www.pybook.co.kr
ISBN 979-11-303-0188-4 93350

정 가 25,000 원